강현숙의 농구인생

나는
국가대표
포인트가드

강현숙의 농구인생

나는
국가대표
포인트가드

초판 1쇄 **인쇄** 2018년 11월 19일
초판 1쇄 **발행** 2018년 11월 26일
초판 2쇄 발행 2018년 12월 30일

지은이 강현숙
펴낸이 이재욱
펴낸곳 (주)새로운사람들
디자인 김명선
마케팅 관리 김종림

ⓒ강현숙, 2018

등록일 1994년 10월 27일
등록번호 제2-1825호
주소 서울 도봉구 덕릉로 54가길 25(우 01473)
전화 02)2237-3301
팩스 02)2237-3389
이메일 ssbooks@chol.com
홈페이지 http://www.ssbooks.biz

ISBN 978-89-8120-568-3(03810)

*책값은 뒤표지에 표시되어 있습니다.

강현숙의 농구인생

나는 국가대표 포인트가드

글 강현숙

새로운사람들

책머리에

우리 부부가 합작한 인생 스토리

나는 자서전을 내겠다는 생각을 꿈에도 해보지 않았다.

한국 여자농구가 한창 인기를 누리던 1970년대에 국가대표 선수로 뛰면서 농구팬들의 많은 사랑을 받기는 했지만 은퇴한 지 40년도 더 지난 흘러간 선수의 얘기에 누가 그렇게 관심이 있겠느냐고 생각했기 때문이다. 그리고 나보다 더 대단한 선배 언니들도 책을 냈다는 얘기를 들어본 적이 없는데 내가 자서전을 낸다는 것이 분수에 넘치는 일처럼 느껴졌다.

내가 농구인으로 살아온 얘기를 책으로 내게 된 것은 순전히 남편의 권유에 의해서다. 거기에는 그럴 만한 이유가 있었다. 남편은 나이 50을 바라볼 즈음에 뜻밖의 중병에 걸렸다. 간암 판정을 받았던 것이다. 신문기자인 남편은 과중한 업무와 기사 경쟁에서 오는 심한 스트레스 속에서 사회부장까지 맡았고, 체질적으로 약함에도 계속 술을 마시고 담배를 많이 피워대며 하루하루를 보냈다.

그러던 중 소화가 잘 안 되고 점심을 먹은 다음 사무실에 들어오면 노곤함을 이겨내지 못하는 증상이 계속되자 건강에 이상이 생긴 것 같다는 불안감에 휩싸였다.

그러면서도 병원에 가는 것이 두려워 사회부장의 일이 바쁘다는 핑계로 차일피일 미루다가 시간 여유가 있는 편집국 부국장으로 승진하게 되자 그제야 병원을 찾았다. 늦겨울의 출근길에 찾아간 동네 내과의원에서의 진단 결과는 '마른하늘에서 날벼락이 떨어진다.'는 청천벽력(靑天霹靂)의 간암 판정이었다.

그때 남편은 병원 문을 나서면서 구름이 약간 낀 파란 하늘을 올려다보는 순간 "하늘이 노랗게 보이더라."고 나중에야 말해줬다. 나는 망연자실한 표정의 남편이 출근하기 위해 지하철역으로 힘없이 걸어가는 뒷모습을 보고 집으로 돌아온 순간부터 하루아침에 느닷없이 '시한부 인생'이 돼버린 그를 위해 기도하며 길고 힘든 간병의 싸움에 나섰다.

나는 어려서부터 가톨릭신앙을 갖고 있어서 당연히 하느님에게 매달렸다. 남편을 일찍 데려가시겠다는 것이 하느님의 뜻이라면 어쩔 수 없지만 남편이 치료를 받고 건강을 되찾을 수 있다는 신념을 갖고 모든 노력을 다할 것이라고 기도했다.

돌이켜 보면 정말 내가 그 절망적 상황을 어떻게 이겨냈는지 스스로도 대견할 정도다. 중·고생이었던 세 딸아이의 일상을 평소처럼 챙겨주면서 언제 세상을 떠날지도 모르는 남편을 간병하는 일은 체력뿐 아니라 정신력이 없으면 쉽지 않은 일이었다.

간암 판정을 받고 나서 3개월 후 종합병원에 입원해 한 달 동안의 수술 준비기간을 거친 다음 가슴 졸이는 7시간의 간 절제 수술을 받고 나서 병실에 누운 남편의 상태를 지켜보는 것은 긴장의 연속이었다. 수술 후 각종 검사가 이어지고 결과가 나올 때마다 신경이 곤두서곤 했다. 수술이 잘 됐고 경과도 좋아 남편은 입원 한 달 반 만에 퇴원했다.

퇴원 후에는 3개월마다 병원에서 수술 후 경과를 체크하기 위해 검사를 하는 남편과 동행했고, 그때마다 혹시 결과에 무슨 이상이라도 있을까 봐 겁을 먹곤 하던 시간을 보내면서 남편은 나에게 무한한 감사를 느끼는 모양이었다.

그것이 바로 남편이 내 자서전을 써주려는 동기가 되었다.

자기를 살려주었으니 그 보답으로 나의 구술을 받아 '강현숙의 농구 인생'을 써주겠다는 것이었다.

사실 남편이 기적적으로 살아난 것은 하느님의 은총이었고 나는 그 심부름을 열심히 한 데에 지나지 않았다.

물론 남편은 나에 대한 고마움의 표시를 통해 하느님에게 감사를 드리는 것이지만…….

자서전을 내기로 마음을 먹고 나자 내가 살아온 과정을 소개하는 것이 어린이들이나 젊은 학생들에게 도움이 될 수도 있겠다는 생각이 들었다. 과거에 비해 풍족함 속에서 생활하는 요즘의 젊은 세대에게 가난했던 시절의 얘기를 하면 시큰둥하고 아예 관심을 보이지 않는 경우가 많다고 한다.

그렇다고 해도 개중에는 부모와 할아버지 할머니 세대의 추억이 곁들여진 삶의 얘기를 읽고 나서 '헬조선'만 외치는 습성에서 벗어나 젊은 날의 고생을 인내심으로 이겨내며 자신의 꿈을 향해 묵묵히 나아가는 용기를 갖는 사람이 있을지 모른다.

나는 유년기와 청소년기를 불우한 환경에서 보내 자칫 나쁜 길로 빠질 수도 있었으나 여자농구 국가대표의 꿈이 있었고, 그것을 향해 모든 열정을 쏟았기 때문에 궁핍하기 짝이 없던 산동네의 생활을 이겨낼 수

있었다.

　깊은 좌절에 빠질 때도 있었지만 매주 일요일 성당에 새벽 미사를 다니던 신앙심으로 극복했다.

　나는 국가대표의 꿈을 이룬 다음 대표선수로 뛰는 8년 동안 포인트 가드인 내 포지션의 최고가 되려고 열심히 운동했다.

　그 결과로 세계대회에서 두 차례 가드 포지션의 베스트5에 선정되는 영예를 안기도 했다 이것은 내 자랑을 하려는 뜻이 아니다. 자기 분야에서 최고가 되겠다는 목표를 갖고 꾸준히 노력하면 꿈은 이루어진다는 것을 후배 운동선수들이나 사회 각 분야에서 활약하는 젊은 사람들에게 말해주고 싶어서다.

결혼해서는 딸 셋을 낳고 엄마로서 최고가 되겠다는 생각으로 딸들을 키웠다. 물론 이것은 내 위주의 판단에 불과한 것이지만 나는 그런 자부심으로 세 딸을 길러 너무 늦지 않은 나이에 모두 결혼하게 하여 독립을 시켰다.

이렇게 살아온 농구 선수로서, 아내로서의 삶을 책으로 만드는 것은 처음부터 남편의 몫으로 시작된 일이어서 나는 주로 구술을 했다. 남편은 나의 얘기를 이미 누구보다도 많이 알고 있는 상태였지만 책을 쓰기 위해서는 세세하게 구술해줘야 할 부분이 적지 않았다.

내가 직접 쓰지 않았기 때문에 저자를 남편 이름으로 하거나 공동저자로 책을 내자고 제안했으나 남편은 내가 구술한 사실을 토대로 책을 썼다는 사실을 밝히면 독자들이 양해할 수 있는 일이라고 하여 내 이름으로 출간하게 됐다. 어쨌거나 우리 부부의 합작품으로 이 책이 탄생한 셈이다.

책을 만드는 과정에서 여러 가지 조언을 해주신 조간 경제지 이투데이의 임철순 주필과, 흔쾌히 출판을 맡아주신 '새로운사람들'의 이재욱 사장님께 감사드린다.

나에게 빚을 갚았다는 남편은 물론 엄마의 책 표지를 디자인해주고 책속의 일러스트까지 그려준 막내딸 의민이에게도 고마움을 전한다.

고마워요 당신, 고마워 아이들아. 앞으로도 나는 내 포지션에 맞는 역할로 열심히 살께.

2018. 9.
강현숙

차례

책머리에…4

▲무학여고 선수시절

▲강현숙 레이업

▲은퇴 경기에서 중국 대파하다

▲1980년 9월 홍콩 아시아여자선수권대회에서 중국을 101대 68의 기록적인 스코어 차로 누르고 귀국한 뒤, 이경재 원장 신부님의 초청으로 의왕시에 있는 나자로 마을을 방문하여 어린이들에게 공을 선물하고 사인을 해줬다.

은퇴경기서 중국 대파하다 ···34

포인트가드와 나의 삶···40

나락으로 떨어진 어린 시절 ···46

"엄마, 나 농구선수 됐어!"···52

박신자를 롤 모델로 삼다 ···58

"한 우물을 팔래요!" ···63

너무나 억울했던 편파 판정 ···68

연습벌레로 지내다···75

버스비 20원과 과자 한 개의 유혹···82

성경구절을 외며 다닌 등하굣길···85

청소년대표로 태극마크 달다 ···91

▲1972년 마닐라에서 열린 아시아청소년농구선수권대회에 출전했던 선수단이 현지 동물원을 둘러봤다. 나는 뒷줄 정세훈 코치 선생님 바로 옆에 자리 잡았다.

태극마크 달고 모스크바로···96
고려인과 조선족의 이주 역사···102
"여편네 없는 박정희 괴뢰 도당"···106
잊고 싶은 한일전의 악몽···112
바스켓볼의 탄생과 한국농구···117
한 골에 땅을 친 몬트리올 프레올림픽···122
출국 하루 전 손가락 탈골 ···127
이탈리아 미국 전지훈련 ···131
깡총한 바지의 촌스러운 남자···136
새벽길의 북동 횡단···141
신동파의 '빳다' 세례···146
족두리 쓰고 중공을 연파하다···150
김 기자, 장수가 탄 말을 쏘다!···157
열성팬들···161
천호대교 투신 소동···166
미수에 그친 눈밭에 업어치기 ···171

▲모스크바 유니버시아드대회 기간 중 크레믈린 궁을 배경으로. 왼쪽부터 김정희, 신인섭, 강부임, 이옥자, 윤정로, 강현숙(당시 대표 팀의 막내).

▲모스크바 유니버시아드대회에서 한국 여자농구팀의 지휘봉을 쥐었던 방열 코치, 신인섭 선배와 함께.

▲1978년 방콕 아시안게임 개회식. 대한민국 선수단 맨 앞에서 전통혼례복의 신부 차림으로 신랑 복장을 한 남자배구의 강만수와 함께 입장했다. 바로 뒤는 태극기를 들고 있는 신동파 여자 농구팀 코치.

▲1978년 방콕 아시안게임에 출전한 여자농구 대표선수들이 한복 차림으로 신동파 코치를 둘러싸고 있다.

▲서울 세계여자농구선수권대회의 하이라이트였던 미국전에서 75%의 놀라운 슛 적중률로 미국을 누르고 나니 기쁨의 눈물이 저절로 나왔다. 왼쪽부터 조은자, 정미라, 강현숙, 박찬숙, 조영란.

서울 세계여자농구선수권대회 〈상〉···176
서울 세계여자농구선수권대회 〈중〉···182
서울 세계여자농구선수권대회 〈하〉···187
스포츠강국을 일군 태릉선수촌···192
김 기자의 철야전투 첫날···195
김 기자의 철야전투 둘째 날···201
김 기자의 철야전투 셋째 날···207
모스크바 프레올림픽의 회한···213
세계 베스트5···218
체육연금 농구 1호···221
호리덕(胡利德) 감독과의 인연···225
그리운 아버지···231

▲서울 세계여자농구선수권대회 이탈리아와의 대전에서 박찬숙이 상대 수비를 막아주고 있는 사이 드라이브 인을 시도했다.

▲서울 세계여자농구선수권대회 한국선수단 부단장을 맡았던 윤덕주 회장님(왼쪽). 일제 강점기에 숙명여고 농구부 주장을 역임했던 윤 회장님은 한국농구 발전을 위해 물심 양면으로 지원을 아끼지 않으셨다.

▲서울 세계여자농구선수권대회 미국과의 경기에서 드라이브 인으로 골밑을 파고들었다.

▲서울 세계여자농구선수권대회 기자단 투표에서 가드 포지션의 베스트5에 뽑혔다. 왼쪽부터 박찬숙, 강현숙, 뱁스미드(캐나다), 브래재워스키(미국), 실비아(캐나다). 나는 이듬해 불가리아에서 열린 모스크바 프레올림픽에서 가드 포지션의 베스트5로 다시 한 번 선정돼 세계베스트5를 두 번 차지하는 영예를 누렸다.

▲1980년 5월 불가리아에서 열린 모스크바 프레올림픽 한국대표팀. 결승리그에 오르지는 못했지만 참가국 중 유일하게 미국을 89대 88로 꺾었고, 중국에도 승리했다. 왼쪽부터 김영희, 박찬숙, 조영란, 김화순, 박진숙, 전미애, 황영숙, 송금순, 강현숙, 홍혜란, 방신실, 정미라.

▲8년 동안 대표선수로 뛰면서 체육훈장 기린장, 백마장, 거상장을 받았다.

▲불가리아에서 열린 모스크바 프레올림픽에서 미국에 89대 88로 극적인 역전승을 거두는 순간, 마치 우승이라도 한 듯 선수들이 부둥켜안고 기쁨의 눈물을 쏟아냈다. 위쪽 사진은 관중석에서 박찬숙과 함께 앞으로 대결하게 될 팀의 경기를 지켜보고 있을 때 불가리아 소녀로부터 꽃 한 송이를 선물로 받았다.

▲결혼하여 딸 셋을 낳고 육아에 정신이 없던 1984년 봄, 호리덕(胡利德) 중국 팀 감독이 뜻밖에 한국을 방문해 세 살 된 큰딸을 데리고 명동에 나가 4년 만에 반가운 재회를 했다. 당시 한국과 중국은 미수교 상태여서 호 감독은 중국 청소년대표팀을 이끌고 언론에 노출되지 않은 채 서울에서 열린 아시아청소년농구대회에 출전했다. 가운데는 중국 팀 코치.

제3부
긍정과 지성(至誠)으로 지킨 가정

▲혼인서약을 받아주셨던 김병일 신부님과 나자로마을 이경재 원장 신부님 두 분의 미사 집전으로 명동 성당에서 결혼식을 올렸다.

신혼여행에서 있었던 일 ···238

밥을 태우는 여자 ···243

엄마가 되다 ···249

다섯 집의 인연 ···254

두 번째 출산에서 쌍둥이 낳다 ···259

아이 셋 키우기···264

늑막염에 걸리다···269

봉사활동···273

남편의 노조활동 ···278

미국 연수와 자동차 여행···284

가정 최대의 위기-①···290

가정 최대의 위기-②···296

가정 최대의 위기-③···302

가정 최대의 위기-④···308

가정 최대의 위기-⑤···314

제4부
다시 농구장으로

▲한국농구연맹(KBL) 심판위원장을 맡아 심판들에게 업무 관련사항을 전달하고 있다.

22년 만의 귀환 ···322

선수촌장 선수단장···328

대표 팀 구성의 갈등···333

뜻밖의 '女 포청천' 제안···339

심판위원장 24시 ···345

아들 셋 얻고 할머니 되고···350

▲1978년 방콕 아시안게임 결승에서 한국이 중국을 꺾고 우승하자 일본 농구 전문지가 레이업 슛하는 나의 경기 장면을 표지에 실었다.

▲15년간 선수생활을 하는 동안 모았던 각국 선수단 기념 배지를 세계 지도 위에 붙여 만든 은퇴기념 선물.

▲1980년 9월 홍콩 아시아여자농구선수권대회에서 중국을 꺾고 대형 우승 트로피를 치켜들었을 때의 행복감을 어떻게 표현할 수 있을까. 기록적인 대승을 거두고 8년간의 긴 대표선수 생활을 마감하는 국제대회 은퇴 경기를 명예롭게 장식할 수 있었다는 것은 정말 더할 수 없는 기쁨이었고, 넘치는 자부심이었다. 오른쪽은 정미라.

은퇴경기서 중국 대파하다

"여기는 적지야. 먼저 기 싸움에서 이기지 않으면 안 돼. 기선을 제압해야 해. 체육관이 떨어져나가라고 고함을 치며 연습하자. 알겠지?"

"네에에~, 언니."

우리는 실내체육관 라커룸 옆에 있는 반코트 크기의 연습경기장에서 옥타브를 최고로 높인 채 "파이팅! 파이~티~이~잉!"을 외치고 스피디하게 패스를 주고받으면서 요란하게 뛰었다. 그리고 "좋아, 좋아!" 하고 서로를 격려하면서 기합이 잔뜩 들어간 결기의 목소리로 고함을 질러댔다. 바로 복도 건너편 연습경기장에서 우리처럼 워밍업을 하고 있는 중국 선수들의 기를 꺾어 놓기 위해 벌이는 기선 제압의 전술이었다.

1980년 9월 21일 홍콩의 엘리자베스여왕 체육관.

2만 명에 가까운 홍콩 관중의 일방적 응원 속에 우리는 제8회 아시아여자농구선수권대회(ABC)의 패권을 놓고 중국과 격돌했다. 중국은 2년 전인 1978년 7월 제7회 콸라룸푸르 ABC대회에서 한국에 우승을 뺏긴 이후 그해 12월 방콕 아시안게임 결승에서도 한국에 패했다. 그리고 이번 홍콩 ABC대회가 열리기 4개월 전인 1980년 5월 불가리아에서 열린 모스크바 프레올림픽 예선에서 또 한국에 패배해 국제대회에서 3연패를 당하고 있던 처지였다.

그런 만큼 중국은 사실상의 홈코트인 홍콩대회에서 반드시 설욕하겠다고 벼르던 참이었고, 우리 한국 팀은 중국에게 3연승한 여세를 몰아 적지에서 아시아 정상의 위상을 더욱 확고히 다지겠다는 결의에 차 있었다.

특히 나에게는 이 대회가 8년간의 국가대표 선수생활을 마감하는 은퇴전이어서 유종의 미를 거둬야겠다는 열망이 어느 때보다도 강했다. 또한 한국대표팀의 주장으로서 책임감도 무겁게 느끼는 일전이었다.

우리는 체육관 플로어에 들어와 워밍업을 하면서도 연습경기장에서 하던 것처럼 계속 기 싸움을 전개했다. 자신감이 넘치는 큰 목소리로 파이팅을 외치고 드라이브인 슛과 중거리 슛을 하면서 중국 선수들을 심리적으로 압박했다. 의연한 모습으로 벤치에 서 있는 신동파 감독과 조승연 코치 두 분의 모습도 너무 든든해 보였다.

드디어 점프볼로 인플레이가 됐다. 우리는 장신인 중국의 골밑 공격을 차단하는 데 주력하면서 서두르지 않고 안정감 있게 공격을 펼쳐 나갔다. 포인트가드인 나는 박찬숙 조영란 정미라 김화순 등 스타팅 멤버들과 윙크로 사인을 주고받으며 볼을 넣어주었다가 빼고 다시 반대쪽으로 보냈다가 되받는 빠른 패스워크로 중국 수비를 흔들었다.

우리의 작전은 잘 먹혀 들어갔다. 중국 수비가 박찬숙을 막느라 몰리는 순간 외곽에 있던 조영란이 나의 윙크 사인을 받고 전광석화처럼 대각선 방향으로 뛰어 들어가면 정확한 타이밍에 볼은 조영란의 손으로 넘어갔다. 그리고 어김없이 중거리 슛은 폭발했다.

1m 84cm의 장신포워드 조영란은 당시 여자선수로는 유일하게 원핸드 슛을 구사했다. 큰 키에 원 핸드로 점프슛을 하는 모습은 정말 날렵했다. 운동뿐 아니라 노래도 잘하고 춤도 잘 추어 예능에도 끼가 많았던 '기분파' 조영란은 신이 나면 120%의 역량을 발휘하는 선수였다.

그도 나와 같이 홍콩대회가 대표선수로서 마지막 은퇴경기였기 때문에 신명나게 뛰었던 것 같다. 그리고 그것이 한국 팀의 압승을 견인하는 기폭제가 되었다.

우리 한국 팀은 경기 초반 박찬숙이 골밑슛을 성공시키고 바스켓 카운트를 얻어 5대 4로 앞선 이후 줄곧 중국을 압도하는 경기를 벌여나갔다. 박찬숙이 중국 골밑을 휘젓는 틈에 조영란이 중거리 슛을 터뜨리고 김화순이 드라이브 인을 하는가 하면 정미라가 외곽 슛을 날렸다. 전반 12분께 33대 20으로 앞섰고 스코어 차를 더 벌려 51대 34로 전반전을 마쳤다. 후반 11분에는 김화순의 골밑슛이 터지면서 82대 46으로 최대 점수 차인 36점을 앞서기도 했다.

후반 15분경 90대 56으로 한국의 승리가 거의 굳어지자 한국 벤치는 홍혜란 홍영순 박양계 차양숙 김영희 등을 교체 기용하면서 부상한 전미애를 제외하고 선수 전원이 뛰게 했다. 전미애는 예선전에서 점프했다가 떨어지면서 엉덩이 부분을 크게 다치는 바람에 중국전에서 뛰지 못했고 그 사이에 막내 선수인 김화순이 들어가 대타 역할을 충분히 해냄으로써 대표선수의 자리를 굳히는 계기가 되었다.

중국 선수들은 기(氣) 싸움에서 우리에게 처음부터 지고 있었던 탓인지 평소 실력을 거의 발휘하지 못하고 홈코트에서 33점차로 참패하는 수모를 겪었다. 중국 팀의 주득점원인 장신 포워드 송효파(宋曉波)는 가장 경계하는 선수였으나 우리의 압박수비에 막혀 별로 힘을 쓰지 못했고, 2m 10cm가 넘는 장신센터 진월방(陳月芳)도 고공농구의 위력을 과시하지 못했다.

중국은 홈코트나 다름없는 홍콩대회에서 자기 팀이 이길 것으로 판

▲1980년 홍콩 아시아연자농구선수권대회 우승 귀국 환영식. 왼쪽부터 조승연 코치, 강현숙, 박찬숙, 조영란.

단했던지 중국 본토에 최초로 컬러TV 생중계를 했다. 당시 중국에는 컬러TV가 많이 보급돼 있지 않아 중국인들은 주로 흑백TV로 위성중계를 보았다고 했다. 어쨌든 중국 선수들은 결승전이 자기네 나라로 처음 생중계된다는 사실과 관중의 호떡집에 불난 것 같은 요란한 응원에 오히려 심적 부담을 크게 느꼈던 것이 아닌가 싶었다.

한국은 중국을 101대 68로 대파해 한국 언론의 표현대로 '압압승'을 거두고 대중국전 사상 깨지기 어려운 4개의 대기록을 세웠다. 첫째는 33점차의 대승이고, 둘째는 100점대를 돌파한 득점력이며, 셋째는 선수 전원을 기용한 것이다. 그리고 나머지 하나는 홍콩 ABC대회의 승리로 대중국전 4연승이라는 대기록을 아시아 농구 역사에 새겨놓았다.

우리는 적지에서 중국에게 압승을 거둬 국내 농구팬들의 성원에 보답한 것이 가장 큰 보람이었지만 나중에 중국 동포(조선족)들이 결승전 생중계를 지켜보면서 감격의 눈물을 흘렸다는 얘기를 전해 듣고 가슴이 찡하기도 했다. 이 사실은 결승전 날 상하이(上海)를 여행 중이던 한 새비동포가 중국 동포들이 흑백TV로 생중계를 지켜보면서 열광하는 모습을 국내 언론에 전함으로써 알려지게 되었다.

당시는 우리나라가 중국과 국교를 수립하기 전이어서 중국 본토에 한국 기자들이 들어가 취재할 수 없었다. 이들 중국 동포는 150여 년 전 조선의 고종이 즉위할 무렵 수년간 계속된 혹독한 가뭄으로 굶어죽을 상황에 내몰리자 생존을 위해 만주 땅으로 넘어가 농사를 지은 것이 계기가 돼 중국에 정착했던 우리 선조의 후손들이다.

나는 홍콩 ABC대회에 출전했을 때 이미 결혼 날짜를 잡아 놓고 있었다. 말은 안 했지만 솔직히 마음속으로 은퇴경기를 잘못 치르면 무슨 뒷

얘기를 듣게 될지 모른다는 걱정도 했다. 그런 우려까지 말끔히 날려 버린 채 '압압승'을 거두고 개선하게 됐으니 날아갈 것 같은 기분이었다.

"하느님 감사합니다."

"성모님 사랑합니다."

한없이 이렇게 외쳐대도 모자랄 것 같았다.

폐회식에서 우승 트로피를 높이 치켜들고 한국 응원단의 환호에 답하는 순간, 15년간의 선수생활이 주마등처럼 스쳐 지나갔다.

철없던 초등학교 5학년 종례시간에 담임 선생님이 "농구선수하고 싶은 사람 손들어." 하는 소리에 번쩍 손을 들고 나서 집에 돌아가 문턱을 넘어서자마자 "엄마, 나 농구선수 됐어." 하고 소리쳤던 일……

무학여고 시절 컴컴한 새벽길을 나서 학교 체육관으로 달려가 1교시 시작 전까지 혼자 개인연습을 하고 정규수업이 모두 끝난 뒤 농구부 훈련을 마치고 나면 또 혼자 남아 밤늦게까지 연습벌레처럼 슛을 쏴대던 일……

그리고 나서 학교 앞 버스정류장에서 버스를 기다리다가 너무 배가 고파 버스비 20원으로 과자 한 개를 사먹어 버리고 흐르는 눈물을 훔치면서 밤길을 걸어갔던 기억에 이르자 가슴이 촉촉이 젖어드는 것을 어쩔 수 없었다.

포인트가드와 나의 삶

초등학교 5학년 때 농구부에 들어가겠다고 손을 번쩍 든 이후 1980년 9월 홍콩 아시아여자농구선수권대회(ABC)에서 중국을 기록적인 스코어 차로 대파하고 2개월 뒤 국내대회에서 고별경기를 치를 때까지 15년간 나는 줄곧 가드 포지션에서 뛰었다. 가드 중에서도 포인트가드의 자리를 맡아 팀을 이끄는 역할을 했다.

농구경기에서 선수 5명은 가드 포워드 센터로 포지션이 분류된다. 가드는 다시 포인트가드(point guard)와 슈팅가드(shooting guard)로 역할이 나누어지고 포워드는 스몰포워드(small forward)와 파워포워드(power forward)로 분화된다. 슈팅가드는 포인트가드를 도와 볼 배급에도 참여하지만 중·장거리 슛으로 득점에 올리는 데 치중한다. 포워드 가운데 스몰포워드는 공수 양면에서 다재다능한 기술을 구사하는 득점원이고 파워포워드는 센터와 함께 리바운드 경쟁에도 뛰어드는 선수다.

슈팅가드로 유명한 한국 선수로는 '농구대통령' 허재가 있고 130년 농구역사상 가장 위대한 선수라는 미국 NBA 출신의 농구 황제 마이클 조던도 슈팅가드로 분류된다. 그런데 지금은 슈팅가드와 스몰포워드의 역할이 한계가 모호해져서 두 포지션을 겸해서 활약하는 것이 일반화됐고 이런 선수를 스윙맨이라고 부르기도 한다. 한국 남자농구의 '슛쟁이'로 통했던 이충희는 스몰포워드로 분류되지만 넓은 의미에서는 마이클 조던이나 허재처럼 슈팅가드와 스몰포워드 역할을 동시에 해낸 스윙맨이라고 할 수 있다.

어쨌든 나는 포인트가드로서 플레이메이커(playmaker)의 임무를 수행했다. 상대 진영으로 넘어 들어가면 탑의 위치에서 좌우 외곽으로 기민하게 패스를 돌리면서 수비를 교란한다. 그러다가 기습적으로 골 밑을 파고드는 센터에게 볼을 찔러 넣었다가 수비가 쏠리면 패스를 되받아 반대편의 포워드에게 넘겨 중거리 슛을 하게 하는 등 적재적소(適材適所)의 어시스트로 득점 찬스를 만들어 준다. '코트 위의 감독'이 되어 작전을 구사하고 팀을 지휘하는 포인트가드의 역할은 미식축구의 쿼터백에 비유되곤 한다.

내가 대표선수로서 은퇴 경기를 치른 홍콩 ABC대회 중국과의 결승전은 포인트가드의 진가를 유감없이 발휘한 적진 속의 '대전투'였다는 자부심을 갖고 있다. 나는 중국 팀 진영 탑에서 패스를 돌리면서 중국 선수들이 알아볼 수 없는 윙크로 우리 선수들에게 사인을 내고 작전을 구사했다. 내 윙크는 오랫동안 대표 팀에서 같이 뛴 후배들이 너무나 잘 아는 '전매특허' 같은 것이었는데 이따금 후배들이 윙크 흉내를 내며 놀리기도 했다.

어쨌든 나는 중국 수비가 센터 박찬숙을 막기 위해 골밑에 몰려드는 순간 파워포워드인 조영란에게 볼을 투입해 중거리 슛을 하게 했고 조영란을 막으려고 박찬숙을 놓칠 때는 골밑으로 총알 패스를 넣어 골밑 슛이 작렬하도록 했다. 이러한 작전이 잘 먹힌 결과 조영란이 가장 많은 24득점을 올렸고 박찬숙이 23득점을 기록했다. 스몰포워드인 막내 선수 김화순도 중국수비가 박찬숙 방어에 쏠린 틈에 과감한 드라이브인 등으로 골밑을 파고들어 21득점을 올렸다.

　중국과의 결승전에서 센터 박찬숙 파워포워드 조영란 스몰포워드 김화순 등 3명의 장신트리오는 한국팀의 101 득점 가운데 3분의 2에 해당하는 68득점을 합작해 대승의 원동력이 됐다. 한국 팀이 평균 키가 훨씬 큰 중국 팀의 골밑을 얼마나 효과적으로 유린했는가를 보여주는 결과인데 포인트가드의 상황 판단과 작전 구사가 톱니바퀴처럼 잘 맞물려 들어간 결과라고 말할 수 있다. 포인트가드를 도우면서 중·장거리 슛에 주력하는 슈팅가드 정미라는 중국전에서 10득점했고 홍혜란 홍영순 김영희가 각각 4득점을 올렸다. 나는 6득점을 기록했다.

　그렇지만 중국전의 경우와 달리 자기 팀 센터나 포워드가 밀착 압박 수비에 잡혀 있어 슛 찬스를 만들어주기가 여의치 않을 때는 포인트가드가 개인기로 상대 수비를 돌파해 들어가 레이업 슛을 날리기도 한다. 수비를 흔들어대는 것이다. 또 상대팀이 골밑 수비에 집중해 있어 외곽에 공간이 생길 때는 길게 날아가는 장거리 슛을 쏜다. 상황에 따른 포인트가드의 이러한 대처능력은 수비를 밖으로 끌어내는 효과를 가져와 자기 팀 센터와 포워드에게 다시 득점 찬스가 주어지는 결과를 만들 수 있다.

　홍콩 ABC대회 한 해 전인 1979년 서울에서 열린 제8회 세계여자농구선수권대회 미국과의 경기에서 나는 박찬숙과 집중적으로 호흡을 맞춰 골밑 슛과 장거리 슛으로 미국의 수비를 흔들어 완승을 거둘 수 있었다. 외곽에서 볼을 돌리던 내가 윙크 사인을 하면 박찬숙이 골밑으로 달려 들어갔고 투 핸드 오버헤드 패스로 '총알 볼'을 꽂아주면 박찬숙의 골밑슛이 어김없이 터졌다. 장신의 미국 선수들이 수비할 생각조

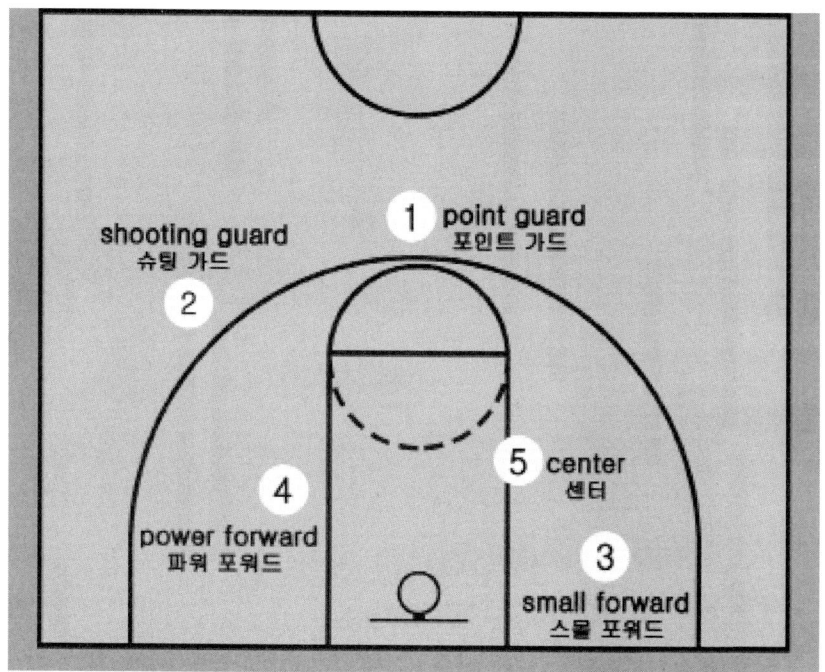

▲농구 포지션 개념도.

차 못하는 사이에 전광석화처럼 이루어지는 포인트가드와 센터의 합작이었다.

　미국 수비가 박찬숙에 쏠리면 포워드인 조영란과 전미애에게 볼을 투입해 중거리 슛 찬스를 만들어주었고 나한테 공간이 생길 때는 포물선이 긴 장거리 슛을 날렸다. 또한 슈팅가드 정미라가 중·장거리 슛 득점에 가세했다. 이와 같은 작전 구사로 우리는 미국 팀을 줄곧 리드하면서 후반 10분께는 점수 차를 20점까지 벌렸고 막판에 추격을 당했으나 94대 82로 여유 있게 승리를 거뒀다. 미국전에서 박찬숙이 28점을 득점했고 내가 20점을 올렸으며 정미라 16점 조영란 13점 전미애 11점 송금순 5점 등의 득점을 기록했다.

나는 포인트가드로 선수생활을 하면서 포인트가드는 가정에서 어머니가 하는 역할을 수행하는 것 같다는 생각을 자주 하곤 했다. 포인트가드는 팀을 이끄는 데 있어 희생과 배려의 정신을 기본으로 삼아야 한다. 공격할 때 상대 진영의 탑에서 전체 상황을 파악해 가며 작전을 구사하고 팀 선수들에게 슛 찬스를 만들어 주는 일이 그런 느낌을 갖게 했다.

나는 대표 팀에서 은퇴하기 전까지 3년간 주장을 하는 동안 경기 때마다 후배 선수들의 심리상태까지 신경을 써가면서 팀을 리드했다. 멋진 슛을 터뜨린 선수를 큰 몸짓으로 격려하는 것은 너무 당연하지만 그보다는 결정적인 슛 찬스를 무산시킨 선수에게 의기소침하지 말도록 엉덩이를 두들겨 주는 일이 더 중요했다. 내가 '영원한 포인트가드'로 팀을 이끄는 역할을 하는 동시에 주장까지 겸하고 있었던 동안은 더 이상 좋을 수 없을 정도의 팀워크로 대표 팀이 최상의 전력을 유지했다고 감히 말하고 싶다.

국내 대회에서 고별경기를 치르고 사흘 뒤에 결혼해 아이를 셋이나 낳아 키우면서 나는 포인트가드의 역할이 내 삶에 그대로 녹아 있는 것이 아닌가 하는 생각을 할 때가 많았다.

남편이 직장생활을 즐겁게 할 수 있도록 최대한 어시스트하면서 아이 셋을 건강하게 키우는 일은 정말 희생과 배려의 정신으로 무장해야 가능하다는 사실을 실감했다. 딸 셋을 고집스럽게 혼자 힘으로 키우며 보람과 자부심을 느꼈지만 그 바람에 늑막염이 걸려 1년간 인내심이 필요한 투약치료로 건강을 회복하기도 했다.

아이들이 중·고교생으로 성장했을 무렵 남편이 간암에 걸려 사선(死線)을 넘나드는 비상사태를 맞이했다. 나는 이 위기상황에서도 남편의 병환 추이에만 매몰되는 모습을 보이지 않고 눈을 들어 넓은 시야로 상황을 판단해 보면서 최악의 상황까지 염두에 두고 대처하려 애썼다.

물론 나는 중학 시절부터 성당을 다닌 천주교 신자여서 기본적으로 신앙의 힘에 의지했지만 선수 시절 포인트가드로 활약하면서 몸에 익힌 상황 판단과 작전 이해능력이 남편의 간암 투병을 뒷받침하는 데 큰 도움이 된 것은 틀림이 없다.

한 가지 에피소드가 있다.

내가 딸을 셋이나 낳자 남편 회사의 선·후배와 동료들이 여자농구팀 하나 만들라는 농을 건네곤 했다고 한다. 친정 엄마가 계시니 5명의 선수로 팀을 구성할 수 있다는 계산이고 남편에게는 감독을 맡으라고 놀려댔다는 것이다. 정말 그렇게 우리 가족 농구팀을 만들었다면 그때도 포인트가드는 역시 내가 맡았어야 하지 않을까 싶다.

나락으로 떨어진 어린 시절

나는 어렸을 때 서울 왕십리에 살았다.

우리 집은 1960년대에는 흔치 않았던 2층 양옥집이었다. 마당에 연못까지 만들어서 금붕어를 넣어 길렀다. 어느 잡지사에서 우리 집을 소개한다고 사진을 찍어 가기도 했다. 우리 집 아래쪽에는 그때 한국영화에서 아버지 역할을 많이 했던 배우 최남현 씨 집이 있었다.

아버지는 왕십리에서 큰 목재소를 경영하셨는데 사업이 잘 됐기 때문에 남이 부러워하는 2층 양옥집에 살게 되었던 모양이다. 거의 매일 엄마 친구 분들이 찾아와 2층에서 놀다 가시는 일이 많았다. 나는 어린 나이여서 좋은 집에 사는 것에 대한 특별한 느낌이나 감정 같은 것이 없었고 잘 몰랐다. 또 내성적인 성격이라 친구들을 집에 놀러오게 하는 일도 많지 않았다.

광희초등학교 2학년 무렵이었던 것 같다. 어느 날 갑자기 우리 가족이 2층 양옥집에서 빈털터리로 쫓겨나는 상황이 벌어졌다. '청천하늘에 날벼락' 같은 일이 생긴 것이다. 웬 일꾼 아저씨들이 몰려와서 집안에 있던 가구들까지 모조리 밖으로 들어내 가져가 버렸다. 나는 너무 놀라 엉엉 울면서 엄마의 치맛자락을 움켜쥐고 따라다녔다.

나중에 커서 알게 됐지만 아버지의 목재소가 부도를 맞는 바람에 채권자들에게 2층 양옥집은 물론 가구까지 모두 차압당했던 것이다. 그때 어른들이 나누는 얘기를 듣고 어렴풋이 기억하기로는 목재사업을 하는 아버지가 어느 지역의 산림을 사놓았다가 사기를 당하는 바람에 사업이 큰 타격을 입었고 결국 부도가 나게 되었다는 것이었다. 그러나 부도의 원인에 대해 나중에 아버지로부터 직접 들은 얘기가 없었기 때문에 이러한 기억도 추정에 불과하다.

어쨌든 아무런 대비책도 없이 집이 파산하자 우리 가족은 하루아침에 거리로 나앉는 신세가 되었다. 엄마는 아버지가 자살 충동에 빠져들지 않도록 신경을 곤두세우면서 어쨌든 살길을 찾으려고 평소 가깝게 지내던 친구 분들에게 도움을 청했다. 그래서 엄마 아버지와 외할머니, 그리고 나까지 우리 4인 가족은 엄마 친구 분들 집의 방 한 칸을 빌려 기거하는 떠돌이생활을 시작하게 되었다. 천당에서 지옥으로 떨어진 상황이었다.

우리 가족에게 방 한 칸을 내주었던 사람들은 2층 양옥집 시절 자주 놀러오셨던 엄마의 친구 분들이었다. 의리를 지키느라고 많은 도움을 주셨다. 우리 가족은 엄마 친구 분들의 집 여러 곳을 전전했다. 한곳에 너무 오래 신세를 지는 것도 못할 일이어서 몇 달 간 지내다가 다른 친구 분 집으로 옮기곤 했다.

떠돌이생활 중 공포에 떨었던 일 하나가 기억에 오래 남아 있다.

엄마가 무릎을 다쳤을 때였다. 여러 날 침을 맞아야 하는데 침집이 우리가 신세를 지던 엄마 친구 분의 집에서 꽤 떨어져 있어서 아픈 다리를 끌고 다니기가 힘들었다. 그래서 엄마는 침집에서 가까운 다른 친구 분의 집에 가서 며칠간 묵으면서 침 치료를 받는 중이었다.

그런데 하루는 아버지가 밤늦게 오셔서 엄마 약을 지어 왔으니 지금 갖다드리고 오라는 것이었다. 이미 밤이 깊어진 데다 기상 악화로 천둥

번개가 치고 폭우가 쏟아져 우산을 펴기가 힘들 정도의 날씨였다. 나는 밖에 나가기가 너무 무서웠으나 아버지 심부름인 데다 엄마 약이라고 해서 아버지가 입혀주는 비닐 우의를 입고 칠흑 같은 밤길의 빗속을 가슴 졸이며 달려갔다. 초등학생의 걸음이어서인지 꽤 먼 거리였던 것으로 느껴지는 빗길을 달려가서 마침내 엄마를 만나는 순간 품에 안겨 '으앙!' 하고 울음을 터뜨렸다. 공포에서 벗어나는 순간이었다.

"아니, 니 아부지 정신 나간 거 아니냐? 이 날씨에 어린애를 밤길에 보내다니……."

"아버지가 엄마한테 약 갖다드리고 다시 오라고 했어."

엄마는 당연히 나를 폭우가 쏟아지는 밤에 돌아가지 못하도록 했고 그 집에서 같이 잤다. 나는 악천후의 날씨인데도 아버지가 심부름을 보낸 데 대해 원망하는 마음은 전혀 없었다. 다만 무서워서 싫었을 뿐이다.

아버지가 나를 끔찍하게 예뻐하고 사랑한다는 것을 너무나 잘 알았기 때문에 그런 불만은 아예 갖지 않았고 훗날 무학여중·고 농구부 시절에는 아버지가 나에게 제대로 담력훈련을 시킨 결과가 되었다고 생각했다.

우리 가족은 엄마 친구 분들의 집 서너 곳을 전전하다가 서울 성동구 금호동의 응봉산 산동네로 옮겨 자리를 잡았다.

지금의 금호동사거리 부근에 위치한 그때의 산동네는 주변에 가로등 하나 없는 썰렁한 곳이었다. 지금은 응봉산공원이란 이름으로 팔각정이 세워져 있고 맞은편에는 금호삼성래미안아파트 등 여러 아파트 단지가 들어차 있지만…….

어쨌든 우리 가족은 굵은 모래와 시멘트를 섞어 찍어내는 블록으로

담을 쌓고 그 위에 지붕을 얹은 어설픈 집에 일단 정착하게 되었다. 말이 집이지 단칸방에 불과했다. 나락으로 떨어졌던 어린 날의 산동네 생활은 이렇게 시작되었다.

금호동 산동네에는 우리처럼 단칸방 집에 사는 사람들이 많았다. 정확히 알 수는 없지만 수십 가구가 넘었다. 나는 근사한 2층 양옥집에서 살다가 산동네 단칸방으로 추락한 것에 대해 우울하거나 비참하다는 생각은 해보지 않았던 것 같다. 산동네로 오기 전에 남의 집 방 한 칸을 빌려 셋방살이를 해보는 과정에서 충격이 어느 정도 흡수된 데다 무엇보다도 부모와 같이 산다는 사실이 어린 나에게 안도감을 주었을 것이다.

나는 2층 양옥집에 살 때부터 머리를 길게 길러서 땋았다. 땋은 머리가 등 뒤로 치렁치렁 늘어질 정도였다. 그런데 어느 날 나를 목 놓아 통곡하게 만드는 사건이 발생했다.

1960년대는 우리나라의 주력 수출 품목 중 하나가 가발이어서 머리카락을 사려고 수집꾼들이 전국을 휘젓고 다녔다. 그 머리카락 장수가 우리 산동네에도 찾아왔을 때 외할머니가 나에게 머리를 잘라서 팔자고 했다. 나는 당연히 싫다면서 울상을 지었지만 외할머니가 머리는 또 자라는 것이니까 괜찮다고 하면서 등을 떠미는 바람에 할 수 없이 긴 머리를 머리카락 장수에게 자르도록 맡겼다.

그런데 이게 실수였다. 옆에서 어른이 지켜보지 않자 머리카락 장수가 자기 욕심에 탐나던 나의 긴 머리를 인정사정 볼 것 없이 뭉텅 잘라버리고 내 머리를 거의 까까중 수준으로 만들어 놓았던 것이다. 나는 방바닥에 펄썩 주저앉아 양다리를 구르면서 동네가 떠나가라고 통곡을 했으나 이미 기차는 떠나버린 상황이었다.

초등학생의 어린 나이에도 까까중머리가 된 것이 너무 창피해 산동네에서 바로 내려다보이는 무수막강으로 빨래를 하러 갈 때 머리에 보자기를 둘러쓰고 가파른 비탈길을 내려갔던 일이 아련한 추억으로 남아 있다. 그때 중랑천이 한강 본류와 만나는 지점 일대를 무수막강이라고 불렀는데, 그 부근에 무쇠 솥을 구워내는 가마터가 있어서 무수막강이라는 이름이 유래되었다고 한다.

우리나라가 1960년대에 수출을 가장 많이 한 품목은 가발과 함께 의류와 합판이었다고 한다. 특히 만드는 데 손이 많이 가는 가발은 1970년에 수출액이 1억 달러를 넘어 액수 규모로는 의류 합판에 이어 3위의 수출상품이었다. 당시 미국으로 이민 간 재미동포 가운데 많은 사람들이 한국산 가발 장사를 했기 때문에 '가발' 하면 '코리언'이 연상될 정도였다는 것이다. 한국산 가발의 인기가 높아 가발장사를 했던 재미동포들은 상당히 돈을 많이 벌었다고 했다.

나의 금호동 산동네 생활은 유년기인 초등학교 시절을 끝내고 사춘기 청소년 시절인 무학여중·고를 거쳐 실업팀에 입단해 신참생활을 할 무렵까지 계속됐다. 빈한했던 가정환경은 자칫 나를 비뚤어진 길로 내몰 수도 있었으나 성당을 열심히 다녔던 신앙심과 오직 태극마크를 꿈꾸며 농구에 몰입했던 선수생활이 나를 지켜주었던 것 같다.

산동네 생활은 이곳의 판잣집들을 정비하려는 서울시의 계획에 따라 마침표를 찍게 되었다. 동고동락하던 산동네 주민들이 1970년대 중반 강동구 명일동 허허벌판에 지은 13평형 시영아파트로 모두 이주하게 된 것이다. 나는 실업팀 선수가 된 뒤 월급에서 꼬박꼬박 입주비를 갚아 나갔다.

금호동 산동네 꼭대기에는 응봉산공원 팔각정이 세워지고 초봄이 되면 개나리가 만발해 한강변을 달리는 차량들에게 봄기운을 만끽하게 해준다. 이곳을 지나다보면 산동네 시절 빨랫감이 가득한 양동이를 들고 중랑천이 한강 본류와 만나는 지점의 무수막강으로 비탈진 산길을 내려갔던 기억이 떠오르곤 한다.

산동네 생활을 청산하고 이주했던 강동구 명일동의 13평형 시영아파트 자리에는 민간아파트가 재건축되는 등 이 일대도 상전벽해가 되듯 옛 모습은 간데없이 완전히 변했다.

"엄마, 나 농구선수 됐어!"

　금호동 산동네에서 광희초등학교에 다니던 어린 시절은 울기도 많이 했다. 산동네에서 걸어 내려와 금호사거리에서 시내버스를 타고 지금의 지하철 6호선 신당역 부근에 있는 학교로 가는 등굣길은 험난한 '여정'이었다. 요금 2원으로 만원버스를 타고 내리는 일이 키가 작고 비쩍 마른 여자 초등학생에게는 여간 큰일이 아니었다.

　버스 안내양이 있던 그 시절은 승객을 가득 밀어 넣고 안내양이 버스 문을 '탕탕' 두드리면서 "오라이~잇!" 하고 소리 지르면 버스기사는 출발하자마자 핸들을 왼쪽으로 홱 꺾었다. 그랬다가 다시 오른쪽으로 확 틀어서 승객들이 버스 안으로 쏠려 들어가게 만들었다. 정말 승객을 짐짝 취급했다.

　그랬으니 어린 내가 가방까지 들고 만원버스 안에서 노상 울보가 되지 않을 수 없는 일이었다. 한 번은 학교 앞에서 내리지 못하고 장충체육관 앞까지 가서야 겨우 버스에서 하차해 울면서 학교까지 걸어갔던 일이 또렷하게 기억에 남아 있다.

　초등학교 시절 겪었던 또 하나의 아픈 기억은 육성회비를 내지 못해 수업시간에 쫓겨났던 일이다. 3학년 때인지 4학년 때인지는 분명하지 않지만 하루는 선생님이 수업시간 중에 나와 다른 아이 한두 명의 이름을 부르며 일어나라고 했다. 한 반의 학생 수가 60명이 넘는 '콩나물교실'에서 몇 명만을 꼬집어서 일으켜 세우니 그것만으로도 위축감이 느

꺼지는 일이었다.

선생님은 지금 당장 집으로 가서 부모님에게 육성회비 밀렸다는 말씀을 드리고 내일 등교할 때는 꼭 가져오라는 것이었다. 수줍은 내 성격에 얼굴이 빨개졌을 것이 틀림없고 울면서 산동네 길을 올라갔던 일이 한동안 마음의 상처가 되었다. 같이 쫓겨났던 친구들의 심정도 마찬가지였을 것이다.

엄마에게 이 사실을 말씀드렸더니 왜 여태 얘기를 안 했느냐고 야단을 치셨다. 그러나 나는 집에 돈이 없는 것을 알고 있었기 때문에 엄마에게 육성회비 얘기를 꺼낼 생각은 아예 하지 않았다. 아침에 학교에 가려고 문을 나서다 부엌에 있는 엄마에게 육성회비를 가져가야 한다는 말을 꺼내려고 했다가 차마 얘기를 못 하고 그냥 학교로 가곤 했던 것이다.

산동네 길을 내려와 한강변에 있는 배추밭까지 먼 길을 걸어가서 무 배추 등을 뽑는 밭일을 해주고 품삯으로 국거리용 채소를 얻어 오는 일까지 마다하지 않았던 엄마를 보면서 내가 어떻게 육성회비를 가져가야 한다고 징징거릴 수 있을 것인가. 무언가를 해보려고 지방을 다니시던 아버지는 며칠에 한 번꼴로 집에 오셨으나 빈손으로 왔다 가시는 날이 많았던 모양이다. 그렇지만 나는 아버지를 만나면 반갑고 좋기만 했다.

그런데 5학년이 되었을 때였다.
나의 미래를 결정하는 중요한 순간이 찾아왔다.
하루는 종례시간에 광희초등학교 농구부 감독을 맡고 있던 담임 선생님이 "농구선수 하고 싶은 사람 손들어 봐." 하시는 것이었다.

나는 무슨 생각에서였는지 분명치 않지만 손을 번쩍 들고 옆자리 단짝친구의 손까지 잡아끌어 올리면서 "저요, 저요." 하고 소리를 쳤다. 단짝은 내가 억지로 잡아 올린 손을 끝내 뿌리쳤지만 나는 그날 무턱대고 농구선수가 돼 보겠다고 손을 들어올렸다.

그것이 나의 농구인생을 결정하는 순간이 될 줄은 미처 알지 못했다. 어느 누구나 세월이 한참 흐른 뒤에 문득 지난날의 특정한 사건이 자신의 삶을 결정하는 계기가 되었다는 것을 알게 되듯이 나에게는 5학년 때의 종례시간이 바로 그런 순간이었던 셈이다.

나는 그날 집으로 돌아가 집 문턱을 들어서며 엄마를 보자마자 "엄마, 나 오늘 농구선수 됐어." 하고 소리쳤다. 엄마는 뜬금없다는 표정을 지었으나 아버지는 그날 밤 내 얘기를 들으시고 나더니 내가 도시락을 넣어 갖고 다니던 빨간색 헝겊 주머니에 '농구선수 강현숙'이라고 써주셨다. 나는 이 도시락 주머니를 신나게 흔들어대며 학교와 집을 오갔다. 벌써 농구선수가 다 된 기분이었다.

그때 광희초등교 농구부는 운동을 잘해서 우승을 많이 했다. 재학생들 중에서 운동하고 싶은 생각이 있거나 소질이 있어 보이는 학생을 감독 선생님이 선발해서 운동부에 들어오게 한 뒤 선수로 키웠는데, 광희초등교는 특히 여자팀이 강해서 우승을 도맡아 했다.

남자농구 스타플레이어 출신으로 국가대표를 거쳐 남자 프로팀 감독, 한국여자농구연맹(WKBL) 총재를 지낸 신선우 씨도 광희초등교 출신이다. 나와 초등학교 동문이라는 점 때문에 신 총재에 대해 친근감을 갖고 있지만 선·후배를 굳이 따지자면 내가 한 학년 위다.

내가 광희초등교 농구부에 들어갔던 5학년 한 해 동안은 먼저 농구

▲초등학교 운동회 때 엄마와 함께.

제1부 산동네에서 키운 태극마크의 꿈 - 55

부에 들어와 주전으로 활약하던 선수들 틈에 끼어 같이 훈련을 하지 못했다. 옆에서 지켜보기만 하면서 나는 언제나 저렇게 잘할 수 있을까 하고 부러워했다. 그러다가 '나도 잘할 수 있어, 뭐!' 하며 틈 나는 대로 드리블을 열심히 하면서 농구공과 씨름을 했다. 그렇게 농구와 친숙해지는 시간을 보낸 뒤 6학년이 됐을 때 마침내 공식 경기에 출전할 수 있는 최초의 기회가 찾아왔다.

어떤 대회였는지는 기억이 없지만 결승전이었다.

경기 종료 3분 정도를 남기고 있을 때 갑자기 감독 선생님이 나보고 출전하라는 것이 아닌가. 나는 생각지도 않고 있던 터에 느닷없이 나가서 뛰라는 지시를 받자 좋은 것은 고사하고 겁부터 덜컥 났다. 잔뜩 긴장한 상태로 플로어에 나가긴 나갔는데 우리 진영인지 상대 진영인지도 분간하지 못한 채 왔다갔다 정신없이 뛰어다니기만 했다.

그런데 경기종료 총성이 울리고 나서 보니 3분 동안 나는 한 번도 볼을 손에 잡아보지 못했던 것이다. 우리 팀 선수들이 나를 투명인간으로 알았는지 패스를 단 한 차례도 해주지 않았던 것이고 나는 그냥 우리 팀 선수들을 쫓아서 뛰어다니기만 했던 것이다.

감독 선생님이 여유 있게 이기는 경기여서 후보 선수에게도 출전 기회를 주려고 나를 내보냈던 것인데 3분 동안 볼은 한 번도 잡아보지 못하고 소득 없이 발품만 열심히 팔고 들어온 결과가 됐으니 그렇게 멋쩍을 수가 없었다.

돌이켜보면 그런 수준으로 시작했던, 무작정 농구선수 지망생이 훗날 어떻게 국가대표 선수까지 될 수 있었는지 내가 생각하기에도 신기할 때가 있다. 무학여중에 진학해 처음 농구대회에 출전했을 때도 어이 없는 실수를 해 응원을 해주던 무학여고 선배 언니들이 배꼽을 잡게 했던 일까지 있어서 더욱 그랬다.

   지나고 나서 보니 나는 늦게 터지는 그런 경우였던 것 같다. 초기에는 별로 주위의 관심을 받지 못하지만 한 가지 목표를 향해 묵묵히 꾸준하게 나아감으로써 늦게 결실을 보는 경우였던 것이다. 많은 시간을 들인 노력 끝에 큰 것을 이룬다는 대기만성(大器晩成) 형의 선수였다고 자평하고 싶다.

박신자를 롤 모델로 삼다

"고국에 계신 동포 여러분, 안녕하십니까. 여기는 제5회 세계여자농구선수권대회가 열리고 있는 이역만리 동유럽 체코의 수도 프라하입니다."

KBS의 이광재 아나운서가 특유의 애국심 넘치는 목소리로 라디오 생중계를 시작하면 벌써부터 가슴은 쿵쾅거렸다. 지구 반대편에서 대륙을 넘고 바다를 건너 윙윙거리며 날아오는 KBS 전파에 청각을 곤두세우고 경기실황을 들었다.

나는 네모난 큰 건전지를 붙여 고무줄로 칭칭 감은 트랜지스터라디오 앞에 아버지와 같이 앉아 라이브 중계를 들으며 소리를 지르고 손뼉을 치며 난리를 피웠다.

1967년 4월 프라하 세계선수권대회에 출전한 한국 여자농구 대표팀은 예선 첫 경기에서 이탈리아를 가볍게 누른 뒤 홈 팀이자 전 대회 준우승 팀인 체코와 맞붙었다. 이 경기를 이겨야 결승리그 진출이 가능했다. 경기 내내 흥분된 목소리로 열을 올리며 중계를 하던 이광재 아나운서가 한국 팀의 주전센터인 박신자 선수가 5반칙 퇴장을 당하게 됐다고 낙담하는 상황을 전하자 나는 울어버릴 것만 같았다.

이젠 틀렸구나 하고 있을 때 기적 같은 반전이 일어났다. 마지막 공격권을 쥔 체코 팀이 우리 진영에서 패스를 돌릴 때 김추자 선수가 전광석화 같은 인터셉트에 성공했고 제비처럼 체코 진영으로 날아 들어가 레이업 슛을 성공시킨 것이다. 67대 66, 1점 차의 극적인 대역전이었다. 고함에 가까운 아나운서의 목소리가 귀청을 때렸다.

한국 팀이 6강 결승리그에 올라 동독 일본을 연파하면서 심금을 울리는 국민 아나운서 이광재의 중계방송이 거듭되자 국민들은 흥분하기 시작했다. 결승리그 세 번째 경기에서 전 대회 우승팀인 구소련과 격돌했으나 평균 신장이 25cm나 뒤지는 열세를 극복하지 못해 60대 81로 패했다. 이제 유고와의 마지막 경기를 남겨놓고 있었고 이 경기에서 승리하면 준우승을 차지해 한국 스포츠 사상 최초의 구기 종목 세계대회 메달 획득의 개가를 올리는 것이다.

한국 팀은 경기마다 신장의 열세로 고전하고 있다고 라디오중계는 계속 안타까움을 전했다. 센터 박신자 선수가 1m 76cm에 불과했으니 그럴 수밖에 없었겠지만 스피디한 플레이로 단신의 핸디캡을 극복하는 경기를 펼쳐 관중의 박수갈채를 받고 있다고 했다. 한국 팀은 유고에 전반을 40대 42로 리드당한 채 끝냈으나 후반에 들어 빠른 속공으로 장신인 반면 스피드가 떨어지는 유고의 수비를 뒤흔들었다.

나는 박신자 선수의 슛이 터지고 김추자와 김명자의 드라이브인과 외곽 슛이 터질 때마다 '슈우~웃, 꼬오린!'을 고함쳐대는 라디오중계에 손뼉을 치고 환성을 지르면서 신바람이 났다. 박신사가 이끄는 한국 여자농구 대표 팀은 유고를 78대 71로 누르고 끝내는 기적의 역사를 써내고 말았다.

내가 무학여중에 막 입학했을 때 벌어졌던 한국 여자농구의 꿈같은 도약과 비상은 나를 충격에 빠뜨렸다. 트랜지스터라디오 앞에서 환호와 탄식을 뒤섞어가며 한국 팀의 매 경기에 몰입하는 사이 나도 모르게 마음속에서는 이미 프라하의 영웅 박신자 선수가 '롤 모델'이 돼가고 있었다. 초짜 농구선수였던 나는 '나도 박신자 같은 선수가 되겠다.'고 다짐에 다짐을 하게 된 것이다. 나는 사진앨범 첫 장에 세로로 길게 써 놓았다.

「박신자 선수와 같이 훌륭한 선수가 되기 위해 피눈물 나는 노력을 하자.」

프라하 세계대회는 최우수선수(MVP)의 영예를 한국 팀 주장 박신자 선수에게 선사했다. 준우승 팀의 선수에게 MVP를 주는 것은 이례적인 일로 그만큼 먼 동양의 나라에서 온 단신의 한국 선수들이 세계 농구 관계자들과 관중에게 깊은 인상을 남겼기 때문일 것이다.

그리고 체코 전에서 게임 종료 7초를 남기고 물 찬 제비처럼 레이업 슛을 성공시켜 대역전극을 연출한 김추자 선수는 미기상을 수상했다. 당시 구소련의 지배를 받는 공산국 체코는 자유진영 국가인 한국 팀이 준우승을 차지하자 시상식 참석을 불허해 한국 팀은 폐회식 하루 전날 오스트리아로 급히 떠나게 되었고 그곳에서 준우승 컵을 전달받았다.

한국 선수단은 5월 7일 귀국해 한국 스포츠 사상 처음으로 김포공항에서 서울운동장(지금의 동대문 DDP)까지 카퍼레이드를 펼치며 국민들의 대대적인 환영을 받았다. 선수단이 귀국 환영 퍼레이드를 펼치기 나흘 전인 3일에는 제6대 대통령선거가 치러졌고 박정희 후보가 51.4%를 득표해 40.9%를 획득한 윤보선 후보를 누르고 대통령에 당선됐다.

박신자 선수는 귀국 도중 인터뷰에서 "프라하에서 경기를 치르는 동안 상대팀이 무서운 게 아니라 분위기가 더 무서웠다."고 말하기도

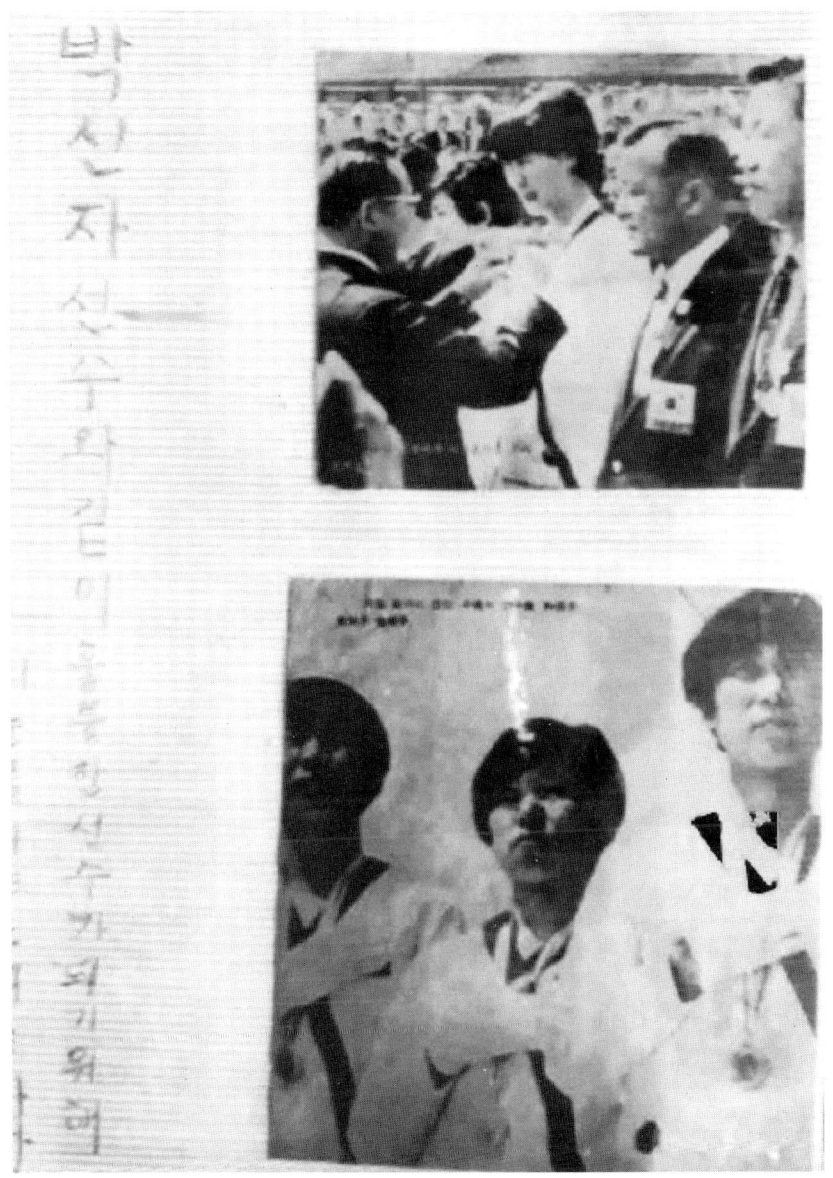

▲무학여중 2학년 때인 1967년 프라하 세계여자농구선수권대회에서 박신자가 이끄는 한국여자대표팀이 구소련에 이어 준우승을 차지해 세상을 깜짝 놀라게 했다. 나는 한국 선수단이 개선해 국민의 환영을 받는 신문 사진을 앨범에 붙여놓고 "박신자 선수와 같이 훌륭한 선수가 되기 위해 피눈물 나는 노력을 하자."고 써놓았다.

했다. 북한 사람들이 한국 선수들을 쫓아다니며 "왜 인사를 하지 않느냐?"고 시비를 걸고 위협을 가해서 화장실도 단체로 다녀야 했던 어려움을 털어놓은 것이다. 북한은 프라하 세계대회에 출전하려 했으나 국제농구연맹(FIBA)에 의해 거부당했고 북한과 오랜 동맹관계인 쿠바가 이에 항의해 불참했다. 그 바람에 한국은 예선리그에서 쿠바와 대결할 기회를 갖지 못했다.

박신자 선수는 귀국한 뒤 국내 기자들과 가진 인터뷰에서 후배들과 팬들에게 도움이 될 한 마디를 해달라는 요청에 다음과 같이 답변했다.

"무엇에나 한 가지 일에 미치는 거예요. 미쳐야 꿈을 이룰 수 있어요."

미쳐야 할 정도의 열정을 갖고 있는 사람만이 목표를 성취할 수 있다는 이 말은 중학교 1학년생에 불과한 어린 나에게도 큰 울림을 주었다. 실제로 나는 산동네에서 태극마크의 꿈을 키우는 동안 잠잘 때도 농구공을 팔에 끼고 잤다.

박신자 선배는 1999년 미국 테네시 주 녹스빌에 세워진 '여자농구 명예의 전당'에 아시아 출신으로는 유일하게 헌액(獻額)되어 있다. 전체 26명 가운데 한 명이 된 그에 대한 소개 내용은 '당대 아시아 최고의 농구선수' '1967년 세계선수권에서 한국을 준우승으로 이끌며 MVP를 차지한 선수' 등이다.

"한 우물을 팔래요!"

나는 무학여중에 진학해 본격적으로 농구선수의 꿈을 키우게 됐지만 하마터면 진학 자체가 무산될 뻔했다. 그때는 중학교도 입시가 있어서 가고 싶은 학교에 지원서를 내고 시험을 치러야 했다. 농구부가 있는 무학여중은 내가 사는 금호동 산동네에서 멀지 않고 또 우리 집이 왕십리에서 오래 살았기 때문에 그곳을 지원했는데 무난히 합격했다.

그런데 입학금을 낼 돈이 없는 것이 문제였다. 난감하고 다급해진 엄마는 오래 전부터 잘 알고 지내던 담뱃가게 아줌마를 찾아갔다. 그때는 지금의 한국담배인삼공사(KT&G) 전신인 전매청이 있었고 전매청이 허가한 담뱃가게만 담배를 팔 수 있었다.

주택가에 있는 담뱃가게는 대부분 구멍가게 수준이었지만 모두가 어렵게 살던 시절이어서 담뱃가게를 하면 집안 살림에 크게 보탬이 됐다고 한다. 어쨌든 엄마는 딸이 중학교에 합격은 했는데 입학금이 없어 보내지 못하게 될 판이니 어쩌면 좋으냐고 하소연을 하셨던 모양이다.

나와 같은 학년의 아들이 있던 이 아줌마는 "남은 시험에 떨어져서 못 보내는 판인데 합격을 하고도 학교에 보내지 못하면 되겠느냐?"고 하면서 선뜻 입학금을 빌려주셨다고 한다. 그렇게 해서 나는 무학여중에 들어갈 수 있었고 농구를 계속할 수 있게 되었다.

그런데 무학여중에 입학한 뒤에도 농구를 포기하게 될 뻔했던 일이 또 한 차례 있었다. 그때는 담임교사가 학부모와의 개별 상담을 위해 학교수업이 끝난 뒤 집을 찾아가는 '가정방문'이 있었다. 생물을 가르치던 1학년 여자 담임 선생님은 산동네 길을 올라와 우리 집을 방문한 자리에서 엄마에게 "따님이 농구하는 것을 그만두게 하시는 것이 어떻겠느냐?"고 권유했다.

가정을 방문해 집안 형편을 보니 나를 운동선수로 키우는 것이 무리라고 판단했던 것 같고, 또 내가 비쩍 마른 체구여서 운동선수로 성공하기 힘들다고 본 모양이었다. 담임 선생님은 "현숙이가 공부도 곧잘 하니 운동을 그만두게 하고 공부를 하도록 뒷받침해 주시는 것이 좋겠다."고 말했다는 것이다.

엄마는 담임 선생님의 말을 듣고 나에게 농구를 그만두라고 하셨지만 이미 나는 농구선수가 되겠다는 목표가 확고했다. 아버지도 나의 꿈을 꺾으려고 하지 않으셨다.

나는 무학여중 농구부에 들어가 정말 열심히 그리고 성실하게 훈련에 임했다. 그 덕분에 2학년이 되면서부터 주전으로 뛰었다. 그때 이후 무학여고를 거쳐 외환은행 팀에 적을 두고 8년간 국가대표 선수생활을 하다가 은퇴할 때까지 대표 팀에서 막내 선수 신분이었던 때를 제외하고는 줄곧 주전으로 뛰었다.

그런데 무학여중 시절 조금 부끄럽기도 하고 재미도 있는 추억의 한 장면이 있다. 1969년으로 기억되는 중학교 2년생 때 전주에서 열린 전국남녀농구종별선수권대회에 출전했다. 종별대회는 초·중·고·대학 및 실업팀이 모두 출전해 우승을 다투는 경기로, 모든 구기 종목의 협회가 주최하는 국내 대회 중 가장 큰 규모다.

그때 무학여중이 어느 팀과 대결했는지는 기억이 나지 않지만 심판이 하프라인 중앙에서 점프볼을 던져 올려 경기가 '인 플레이' 되는 순간이었다. 점프볼이 양 팀 센터선수의 손을 맞고 튕겨 나오는 것을 내가 잽싸게 낚아챘다. 나는 볼을 잡아채자마자 전력을 다해 드리블을 하며 텅 빈 무인지경의 골대를 향해 질풍노도처럼 질주했다. 그리고 내 딴에는 드라이브인 슛을 멋지게 시도했는데 볼은 그만 링을 맞고 튕겨 나와 노 골이 되고 말았다.

그 순간 우리 팀 벤치를 쳐다보자 감독 선생님과 응원하러 온 무학여고 선배 언니들이 박장대소를 하고 박수를 쳐대면서 난리를 피우는 것이 아닌가.

내가 점프볼에서 튕겨 나온 볼을 잡아 상대팀 골대로 공격한다는 것이 순간적인 착각으로 우리 팀 골대를 향해 달려갔던 것이다. 아무도 없는 우리 쪽 플로어로 드리블을 하며 돌진할 때 우리 팀 벤치에서 "현숙아, 현숙아, 아냐! 아냐! 거기 아냐!" 하고 고함을 치고 난리를 피웠지만 내 귀에는 들리지 않았던 것이다.

내가 무학여중을 졸업할 때가 되자 다른 여러 여고 팀에서 나를 스카우트해 가려는 움직임이 있었던 것을 나중에 알게 되었다. 어느 날 아버지는 나에게 모 사립여고 농구팀에서 스카우트 제의가 왔는데 그 학교로 진학하는 것을 어떻게 생각하느냐고 물으셨다. 그제서야 나는 앞서 선배 언니들의 경우처럼 타교에서 나를 데려가고 싶어 한다는 것을 알게 되었다.

나는 아버지가 조심스럽게 하시는 말씀을 듣고 나서 특별히 머뭇거림 없이 그냥 "우물을 파도 한 우물을 팔래요." 하고 대답했다. 무학여중을 나와 무학여고로 진학하지 않는다는 사실이 그 무엇을 배신하는 것 같은 기분이 든 데다 스카우트 대상이 되어 여기저기서 사람들의 입에 오르내리는 것이 싫기도 했다.

아버지는 내가 타교로 진학하는 것은 싫다고 하자 그대로 수용해주셨다. 그때 나를 스카우트하려 했던 모 사립여고에서는 장학금은 물론이고 이와 별도로 상당한 물질적 혜택까지 제안했다고 한다. 아버지는 그러나 자식이 반대 의사를 밝히자 강요하는 일 없이 이런저런 유혹들을 모두 뿌리치고 나의 생각을 존중하는 결단을 내려주셨다. 나는 그때의 일을 생각하면 나이 70을 넘기지 못하고 일찍 돌아가신 아버지가 지금도 너무 고맙고 자랑스럽다.

산동네 단칸방에서 살던 그때 우리 집 형편에서는 모 사립여고의 유혹을 뿌리치기가 쉽지 않았을 것이다. 그런데 아버지가 부모라는 이유로 일방적인 결정을 할 수 있었는데도 먼저 딸의 의사를 물어볼 생각을 하셨고 또 내가 타교로 옮기는 것은 싫다고 하자 그대로 수용해주신 데 대해 존경하는 마음이 절로 생겨났다.

아버지는 한때 왕십리에서 큰 목재소를 경영하면서 큰돈을 만져보셨던 분이기 때문에 물질적인 유혹에 쉽게 흔들리지 않으셨던 것이 아닌가 싶다.

만일 내가 무학여고로 진학하지 않고 스카우트 제의를 했던 모 사립여고로 갔다면 나의 농구인생이 어떻게 달라졌을까 하고 이따금 생각해보기도 한다. 아마 장학금을 넉넉히 받으면서 운동을 하고 우리 집도 산동네를 일찍 탈출할 수 있었을지 모르지만 지금처럼 '강현숙의 농구인생'을 쓸 수 있었을지는 의문이다.

나는 유혹에 흔들리지 않았던 아버지의 사려 깊은 판단과 한 우물을 파겠다는 나의 순수한 생각이 태극마크의 꿈을 성취하게 해주었다고 믿고 있다. 몇몇 운동종목에서 대성할 수 있는 자질을 보인 유망 선수들이 부모의 과도한 욕심이나 아집에 의해 꽃을 피우기도 전에 시들어 버리는 경우를 반면교사(反面敎師)로 삼는다면 아버지의 결정은 정말 탁월한 것이었다.

내가 여러 사립고교의 스카우트 제의를 뿌리치고 무학여고로 진학하자 공립인 탓에 사립학교와 같은 재정적인 여유가 없었던 학교 측에서 나에게 특별히 수업료 면제 등의 혜택을 주었고 무학여고 총동창회에서 장학금을 주기도 했다. 나만 수업료를 안 내고 장학금까지 받는 것이 똑같이 어려운 집안 형편 속에서 운동하는 선·후배와 같은 학년 친구들에게 괜히 미안한 생각이 들어 그 사실을 숨기고 지냈다.

너무나 억울했던 편파 판정

1972년 6월 중순. 녹음이 짙어가는 가운데 초여름의 이른 무더위가 다가올 한여름의 폭염을 예고하는 듯했다. 서울 중구 장충동 장충체육관은 1만 명이 넘는 남녀 고교생 응원단이 내뿜는 열기로 뜨겁게 달아올랐다.

제8회 쌍용기 쟁탈 전국남녀우수고교초청 농구연맹전 4강전에서 우리 무학여고 팀은 S여고와 격돌해 초반부터 경기 종료 때까지 한순간도 마음을 놓을 수 없는 박빙의 접전을 펼쳤다. 체육관을 입추의 여지없이 꽉 메운 양교 응원단 여학생들은 슛이 터질 때마다 괴성에 가까운 환호성을 토해내고 슛이 불발되면 장탄식을 내쏟아 장내는 줄곧 터져나갈 것 같은 분위기가 이어졌다. 응원 열기가 얼마나 격렬했던지 흥분을 주체하지 못한 응원단 속의 몇몇 여학생들은 까무러치는 일까지 빚어졌다.

남녀 우수고교 각각 12개 팀씩 출전하는 쌍용기 대회에서 제5회 대회 여고부 우승을 차지했던 관록의 무학여고는 제8회 대회에서도 유력한 우승 후보의 하나였다. 물론 우리가 준결승에서 맞붙게 된 S여고나 또 다른 4강 진출 팀인 숭의여고와 신광여고도 역시 우승을 다투는 강호들이었다. 4강 팀 모두 똑같이 2승1패 동률을 이룬 채 준결승에서 격돌할 정도로 전력이 막상막하였고 그만큼 경기는 불꽃 튀는 접전이 될 수밖에 없었다.

우리 무학여고는 S여고와의 준결승 전날 숭의여고와 대결하여 8번의 역전극을 펼친 끝에 69대 64로 승리했다. 무학이 숭의를 꺾고 나자 언론은 '여고농구의 히로인 강현숙이 36점을 올리는 대활약으로 라이벌 숭의를 격파했다.'고 보도했다. 나는 쌍용기 대회에서 매 게임 평균 30점 안팎을 득점했는데 3점 슛 제도가 없던 시절임을 감안하면 높은 득점력을 보인 것이다.

드디어 S여고와의 준결승전이 점프볼로 인플레이 되자 나는 상대 진영의 탑 위치에서 포인트가드 역할을 하면서 무학여고 팀을 이끌었다. 골밑으로 파고드는 선수에게 빠른 패스를 찔러 넣어서 슛 찬스를 만들어 주거나 그것이 여의치 않으면 직접 드라이브 인을 하고 들어가 골밑슛을 터뜨렸다. 그런가 하면 외곽에서 패스를 주고받으면서 공격 찬스를 노리다가 상대 수비가 약간의 틈을 보이면 중거리 슛을 날렸다.

포물선을 그리며 날아간 볼이 그림처럼 S여고의 바스켓 그물을 출렁하고 흔들면서 클린 슛이 터지면 그야말로 장내는 열광의 도가니였다. 무학여고 응원단의 환호성에다 남고부 경기를 응원하러 온 남학생들이 터뜨리는 함성이 함께 뒤섞여 체육관이 떠나갈 것 같았지만 경기에 몰입하고 있는 우리 선수들에게는 아련하게 들릴 뿐이었다.

그런데 S여고와의 경기는 5대 7의 기울어진 싸움이었다. 경기 내내 우리 무학여고 팀은 심판 2명의 불 공정한 판정 때문에 승기를 잡을 수 있는 계기를 계속 잃어버리곤 했다. 일진일퇴의 공방을 주고받으며 접전을 펼치다가 우리가 2, 3점 앞서면서 치고 나갈 순간이면 심판은 맥을 끊는 휘슬을 불어댔다.

상대 선수가 우리 골밑을 파고들어 슛을 시도했다가 실패하면 수비

▲1972년 숙대 총장배 여고농구대회 결승전에서 등번호 11번을 달고 신광여고와 리바운드 싸움을 벌였다. 무학여고가 이 대회 3연패를 자랑하던 신광여고를 75대 72로 꺾고 우승을 차지했다.

반칙이 일어나지 않은 것으로 판단되는 상황에서도 우리 선수에게 파울을 선언해 상대팀에게 자유투를 줬다. 반대로 우리가 상대 골밑을 공격하다 수비 반칙이 일어나고 상대 선수의 손을 맞고 볼이 아웃됐는데도 상대팀의 볼을 선언하기도 했다. 정말 우리 무학여고 팀으로서는 미치고 팔짝 뛸 노릇이었다. 그러니 무학여고 응원단 속에서 흥분과 격분을 참지 못해 까무러치는 학생까지 나왔던 것이다. 당시에는 비디오판독이라는 것이 없던 시절이어서 심판이 한 번 판정을 내리면 억울해도 어찌 해볼 도리가 없었다.

심판은 S여고와의 경기에서 나를 조기에 5반칙 퇴장시키려는 '음모'도 갖고 있었던 것으로 보였다. 나는 우리 선수들 중 가장 많은 28득점을 올리며 팀을 이끌었는데 내가 상대 골밑을 드라이브 인으로 파고들어갈 때 수비 반칙이 일어나자 심판은 더블 파울을 선언하고 나에게도 파울을 주는 것이었다. 어이가 없다는 표정으로 내가 이의를 제기하고 우리 벤치에서도 항의했지만 받아들여지지 않았다. 나는 되도록 파울 없이 경기를 하는 습관을 길러왔기 때문에 심판의 그런 '흑심'에 상관없이 5반칙 퇴장당하는 일은 없었다.

그러나 피 말리는 전후반 40분간의 격전에서 5대 7의 불리한 상황을 극복하지 못해 S여고에게 69대 73으로 패하고 말았다. 경기가 끝나고 하프라인에 모여 S여고 선수들과 인사를 나눈 뒤 나는 바로 플로어 바닥에 주저앉아 발버둥을 치며 통곡했다.

체면이고 뭐고 너무 분하고 억울해서 견딜 수가 없었다. 도대체 심판의 고의가 뻔해 보이는 오심으로 경기를 도둑맞았다는 사실을 어떻게 받아들일 수 있겠는가. 내가 플로어에 주저앉아 울음을 터뜨리자 무학여고 응원단의 분심(憤心)은 극에 달했고 기절하는 학생들이 속출했다.

경기가 끝난 다음 날 무학여고 농구부는 대한농구협회에 정식으로 심판 판정의 고의성에 대한 진상조사와 해당 심판에 대한 적절한 조치를 요구하는 진정서를 제출했다. 농구협회는 이에 대해 충분한 이유가 있다고 받아들여 해당 심판을 징계조치했다. 그러나 이미 경기는 지고 말았고 결과를 뒤집을 수도 없는 일이었다. 고의적인 오심이 인정됨으로써 편파판정에 졌을 뿐 경기에 진 것은 아니라는 사실을 입증할 수 있게 되어 그나마 다행이었다.

우리 무학여고 선수들은 4강전에서 졌기 때문에 그 다음 날부터 평소처럼 정규수업을 받기 위해 교실로 돌아갔다. 수업을 모두 마치고 집에 돌아와 저녁을 먹고 나자 그동안 쌓인 피로가 몰려와 일찍 잠이 들어 버렸다.

한참 잠에 빠져 있는데 아버지가 집에 오셔서 나를 막 흔들어 깨우시는 것 같았다. 아버지는 내가 쌍용기 대회 최우수선수상(MVP)을 받았다고 하시면서 일어나라고 재촉했다. 아버지는 황도 캔을 한 개 사들고 오셔서 나를 일으켜 세우려고 유혹하셨으나 나는 물먹은 솜이 되어 좀처럼 일어나지 못했다.

그때만 해도 깡통에 든 황도는 비싼 편이어서 보통 가정에서는 일부러 사 먹기가 쉽지 않았다. 그런 황도 캔을 사들고 무학여고가 4위에 그쳤는데도 나에게 MVP가 주어졌다는 기쁜 소식을 알리러 달려왔는데 딸은 잠에서 헤어나지 못하고 있었던 것이다. 그런데 아버지가 황도 캔을 따서 잠에 취해 있는 내 입에 달콤하고 맛좋은 황도 조각을 하나씩 넣어주시자 내가 잘도 받아먹었던 모양이다.

▲1972년 한국일보 제정 신인체육상 부문에서 최우수 장려상을 받았다. 한국축구 최고의 스트라이커 차범근 선수가 최우수 신인상 수상.

다음 날 아침에 깨어 일어나 보니 머리맡에 빈 깡통이 놓여 있는 것이 아닌가. 나는 순간 내가 먹을 것은 한 알도 안 남기고 엄마와 아버지가 다 먹어버린 채 빈 깡통만 남겨놓은 것으로 착각했다. 엄마에게 어쩌면 그럴 수가 있느냐고 마구 골을 냈더니 이러셨다.

"얘가 지금 무슨 잠꼬대를 하고 있나? 아버지가 입에 넣어 줘서 혼자 다 받아먹고 나서는……."

모든 대회에서 최우수선수는 당연히 우승팀 선수 중에서 뽑히는 것이 상례다. 특별한 경우 준우승 팀에서 선정되는 경우가 있지만 그것도 흔한 일은 아니고 거의 모두 우승팀에서 최우수선수상을 차지하게 된다. 그런데 제8회 쌍용기 대회에서는 무학여고 팀이 4위에 그쳤는데도

MVP가 나에게 주어졌다. 개인적으로 큰 영예였고 우리 무학여고 팀에게는 안타까운 4위에 대한 보상이라는 생각이 들기도 했다.

그때 나와 같은 3학년생으로 박옥자 문경임이 뛰었고, 2학년생으로 조경자 양연정 김영주, 그리고 1학년생으로 신경숙 이정자 김영순 김진부 김혜란 등이 함께 끈끈한 팀워크를 이뤘었다. 특히 1년 후배인 김영주는 나중에 사회에 나가 노동운동에 투신했다가 정치인으로 변신해 국회의원 3선에 성공했고 고용노동부장관까지 되었다. 여고 시절 한솥밥을 먹으면서 함께 농구를 했던 운동선수 출신으로 장관이 되었다는 사실이 자랑스럽다.

나는 그 해에 상복이 터져서 한국일보 제정 1972년 신인체육상 부문에서 최우수 장려상을 받았다. 한국이 낳은 최고의 축구 스트라이커 차범근은 함께 최우수 신인상을 수상했다.

연습벌레로 지내다

무학여고에 진학한 뒤 정규 수업시간을 제외하면 나의 하루하루는 오직 농구에 올인 하는 생활이었다. 정말 연습벌레처럼 모든 것을 농구에 다 쏟아 부었다. 나는 집에서 잠을 잘 때도 농구공을 껴안고 잤다. 무학여고의 교훈은 단순명료한 단어 하나로 된 '지성(至誠)'인데 교훈 그대로 모든 성실함을 다해서 농구에 열정을 바쳤다.

우리 농구부 선수들은 학교 수업을 1시간도 빼먹지 않고 모두 받았다. 농구부 감독은 학교 선생님이 하셨지만 실제로 운동을 가르치는 코치는 외부에서 오신 농구인 출신이 맡으셨다. 무학여고 농구부 코치는 임계삼 선생님이셨는데 우리에게 "너희들은 선수이기 전에 학생이고, 운동이 너희들 인생의 전부가 아닌 만큼 학교 공부도 열심히 해야 한다."고 강조하셨다. 그래서 우리 농구부는 정상적으로 수업을 모두 받고 나서 오후 4시가 넘어서야 훈련에 들어갔다.

다른 학교 농구부 선수들도 우리처럼 학교 수업을 모두 받으면서 운동을 했는지는 잘 모르겠지만 어쨌든 나는 임 선생님의 방침이 학교 스포츠의 정도라고 생각했고 실제로 운동과 공부를 병행했기 때문에 사회에 나와서도 많은 도움이 되었다. 나는 가정시간에 뜨개질과 수를 놓는 것을 배웠는데 나중에 결혼해서 가정을 꾸린 뒤 아이들에게 털 스웨터를 짜서 입히고 털장갑을 만들어 주기도 했다.

그런데 학교 수업을 정상적으로 모두 받고 나서 운동을 하는 것은

▲무학여고 농구부원들. 박옥자 강현숙 이금숙 김성순 문경림 김영주 양연정 김만의 손명민 조경자(뒷줄 왼쪽부터 시계방향으로)

사실 몇 배로 힘이 드는 일이었다. 우리 선수들은 훈련을 끝내고 지친 몸으로 밤늦게 귀가하면 곯아떨어지는 일이 흔해서 공부 실력이 약할 수밖에 없었다.

한 번은 수학시간이었다. 선생님이 칠판에 문제를 적어놓고 학생들을 지명해서 칠판 앞으로 나와 풀어보도록 하곤 했다. 그런데 갑자기 "이 반에서 제일 키 큰 학생 나오세요." 하면서 나를 불러내는 것이 아닌가. 그러자 옆에 있던 한 친구가 어느 틈에 잽싸게 문제를 푼 종이쪽지를 나에게 살짝 넘겨주었다. 나는 시치미를 뚝 떼고 칠판 앞으로 걸어 나가 종이쪽지를 곁눈질해가면서 거뜬히 문제를 풀어냈다.

자리로 돌아와 앉았더니 선생님이 "잘 풀었다."고 유난스럽게 칭찬을 해주는 바람에 웃지도 못하고 참느라고 혼이 난 적이 있다. 물론 수학 선생님은 내가 친구의 도움을 받아 문제를 풀었다는 것을 잘 알고 있었다. 그때 학교 선생님들은 농구부 선수들이 수업을 모두 정상적으로 받으면서 운동하는 것을 기특하게 여겨 여러 가지 배려를 많이 해주셨다.

우리 농구부는 무학여고생들 사이에서 우상과 같은 존재였다. 정말 재학생들로부터 사랑을 넘치게 받았다. 물론 타교의 경우도 마찬가지였을 것이다. 농구뿐 아니라 야구 축구 배구 등 운동부가 있는 학교의 재학생들에게 자기 학교 운동부의 존재는 자랑이 아닐 수 없다. 더욱이 운동부가 각종 대회에 나가 좋은 성적을 거두면 열광하게 마련이고 그것이 애교심으로 연결되는 것은 지극히 당연한 일이다.

자기 학교 운동부를 성원하고 응원하는 과정을 통해 협동심을 기르고 일체감을 느끼면서 모교 사랑을 배우게 된다. 그런 면에서 운동부의 존재는 단순히 경기에 출전해 좋은 성적을 내서 학교의 명예를 높이고 우수선수들을 길러내는 것을 떠나서도 중요한 의미가 있다고 생각한다. 지금은 대학입시 교육에 너무 치중하다 보니 중·고교 운동부 육성이 어려워지고 학교체육이 갈수록 위축되는 것 같아 안타깝기만 하다.

어쨌든 우리 농구부는 인기가 대단해서 많은 재학생들이 수업이 끝난 뒤 귀갓길에 체육관에 들러 농구부가 연습하는 것을 지켜보고 격려를 아끼지 않았다. 그런 재학생 중 한 명이었던 후배를 우연히 만난 일이 있었다. 언젠가 대표선수 시절 국제대회 출전을 위해 항공기에 탑승했는데 여승무원 한 명이 찾아와 반갑게 인사했다. 무학여고 시절 나를 무척 좋아해 열렬한 팬이었던 이 후배 승무원 덕분에 최상의 서비스를 받는 호강을 누렸다.

▲졸업축하 꽃다발을 든 농구부 선배 언니들과 무학여고 체육관 앞에서. 사진 가장 오른쪽이 임계삼 코치 선생님.

나중에 내가 또 국제대회에 출전할 때 후배 승무원은 일부러 일정을 맞춰 같은 비행기에 타고 우리 한국 선수들에게 이것저것 많은 서비스를 제공해 주기도 했다. 나는 은퇴 후 결혼해서 서울 구로구 시흥동의 한 아파트에서 살았다. 이때 같은 아파트에 살던 또 다른 무학여고 후배로부터도 반가운 인사를 받았다. '소진이 엄마'와는 그때의 만남 이후로 지금도 부부가 함께 교류하면서 지낸다.

우리 농구부 선수들은 매일 마지막 교시가 끝나고 오후 4시쯤 체육관에 모였다. 이때부터 몸을 풀고 나서 훈련을 시작하면 오후 7시가 넘어서야 끝났다. 고되게 연습을 하고 난 터여서 뱃속에서는 꼬르륵 소리가 절로 나왔다.

우리 선수들은 양은으로 된 도시락을 싸갖고 다녔는데 내 도시락이 가장 컸다. 평면 크기는 같아도 훨씬 깊어서 보통 도시락의 거의 두 배 가까이 밥과 반찬이 들어갔다. 엄마가 달걀을 넓게 부쳐서 밥 위에 올려준 도시락을 점심 때 먹고 나면 든든했지만 수업이 모두 끝난 뒤 훈련이 시작될 때가 되면 벌써 배가 고팠다. 교내 매점으로 달려가 10원짜리 크림빵 하나를 사 먹고 운동을 시작하지만 에너지 소비가 극심한 훈련을 견디어 내기에는 턱도 없었다.

무학여고에는 실내체육관이 있다. 그러나 기숙사 시설은 없어서 타교 농구부와 달리 합숙하는 일은 없었다. 합숙훈련은 여름방학 때 교실을 임시 숙소로 삼아서 짧게 하는 것이 전부였다. 우리도 평소에 기숙사 시설이 있는 타교 농구부처럼 합숙을 했더라면 훈련이 끝나고 배고픔을 걱정하거나 참을 필요가 없었을 것이다. 기숙사에서 해주는 저녁을 배불리 먹을 수 있었을 테니까.

어쨌든 나는 오후 7시가 넘어 농구부 단체훈련이 끝나면 배고픈 것을 참아가면서 늦게까지 개인연습을 했다. 같은 학년인 박옥자도 남아 둘이서 함께 개인훈련을 하는 날이 많았다. 이렇게 개인훈련을 마치고 난 뒤 귀가해 늦은 저녁을 먹고 나면 그 자리에서 곯아떨어지기 일쑤였다. 밥을 먹다가 숟가락을 입에 문 채 목을 뒤로 젖히고 잠이 들어 버리는 날도 많았다. 허기를 채우고 몸이 녹으니 눈꺼풀이 저절로 내려앉는 것을 막을 길이 없었다.

그래도 다음 날 아침이면 어김없이 새벽에 일어나 일찍 등굣길에 나섰다. 1교시 수업이 시작되기 전에 개인연습을 더하기 위해서다. 겨울에는 새벽에 별을 보며 나서서 학교에 도착하면 교문이 닫혀 있게 마련이라 담을 넘어 들어가 체육관으로 달려갔다. 무학여고 실내체육관은 천장이 유난히 높았는데 천장 위에서 비둘기들이 내는 소리가 무슨 아기들 울음소리처럼 들려서 너무 무서웠다.

그 바람에 나는 체육관 2층에 있는 전등 스위치를 켜러 올라가지도 못하고 컴컴한 상태에서 슛 연습을 하는 날도 많았다. 주위의 소음이 거의 없는 새벽의 고요함에 휩싸여 있을 때 실내체육관 플로어에 볼을 내리치며 드리블을 하면 그 울림소리 자체도 혼자 연습하는 사람에게는 공포감을 느끼게 했다. 그래서 더 미친 듯이 슛을 하며 플로어를 뛰어다녔다. 그러다 어느새 날이 밝아오면 무서움은 연기처럼 사라졌다.

나는 일요일에도 학교 체육관에 가서 연습하는 날이 많았지만 학교에 안 갈 때는 집 앞마당에 있던 널찍한 디딤돌판 위에서 드리블 연습을 했다. 집 앞의 울퉁불퉁한 계단에서는 계단 뛰기를 하면서 스피드와 순발력을 키우는 훈련을 했다.

나는 잠잘 때도 공을 팔에 끼고 잤을 정도로 정말 농구에 미쳐 있었다. 롤 모델이었던 박신자 선배가 1967년 체코 세계여자농구선수권대회에서 한국 팀이 준우승을 차지하고 개선했을 때 언론 인터뷰에서 "미치면 꿈은 이루어진다."고 했던 말을 정말 실천한 셈이었다. 나는 한눈팔지 않고 외길을 가듯 산동네 집에서 학교 사이만을 오가며 연습벌레처럼 살았다.

버스비 20원과 과자 한 개의 유혹

나는 배고픈 것을 잘 참지 못한다. 그래서 친구들에게 나한테서 항복받고 싶은 일이 있으면 굶기면 된다고 농담하곤 한다. 내가 허기를 잘 견뎌내지 못하는 것은 아마 에너지 소비가 많은 운동선수 생활을 오랫동안 했기 때문이 아닌가 싶다. 그렇게 따지면 모든 운동선수들이 다 마찬가지겠지만 하여튼 나는 유난히 배고픈 것을 잘 참지 못하는 체질이다. 갓난아기 때 모유를 많이 못 먹고 자란 사람들이 허기를 잘 견디지 못한다는 얘기도 있는데 정말 그런 이유 때문인지도 모르겠다.

본격적으로 강도 높은 훈련에 몰입한 무학여고 시절, 나는 늘 배고픔을 느끼면서 운동을 했다. 물론 나뿐이 아니고 농구부 선수들이 거의 모두 그랬다. 서울 성동구 행당동에 위치한 무학여고는 저소득 서민층 자녀들이 많이 다녔다. 사식이 농구부에 들어가 힘든 운동을 한다고 해서 특별히 신경을 써줄 여유가 있는 부모들이 많지 않았다. 게다가 공립학교여서 다른 사립학교처럼 학교 측이 지원해준다는 것도 기대할 수 없었다.

따지고 보면 1970년대 초반 우리나라 국민들의 궁핍함은 너나 할 것 없이 비슷했다. 한 국제기구가 발표한 자료를 찾아보니 1970년 한국의 1인당 국민소득(GDP)이 미화 300달러에도 미치지 못했다. 북한의 380달러보다도 적었고 일본의 2,000달러에 비하면 한참 뒤졌다. 한국은 경제개발에 박차를 가하면서 고도성장을 이뤄 1975년경부터 북한을 제치기 시작했고 2018년 현재 3만 달러를 바라보는 잘사는 나라가 됐지만 그 당시는 정말 배를 곯아가면서 이를 악물고 운동을 했다.

바로 '헝그리정신'으로 이겨낸 것이다. 국립국어원은 헝그리정신에 대해 '끼니를 잇지 못할 만큼 어려운 상황에서도 꿋꿋한 의지로 역경을 헤쳐 나가는 정신'이라고 정의했다. 우리 무학 농구부가 끼니를 잇지 못할 정도까지는 아니었지만 정말 아무리 배가 고프고 힘들어도 참고 견디면서 꿈을 성취하자고 훈련에 몰입했던 것에 늘 자부심을 느낀다.

나는 단체훈련이 끝나면 혼자 남아 체육관에서 밤늦게까지 개인연습을 했다. 배가 고파 기운이 없었지만 극기(克己)훈련을 한다는 각오로 독하게 참고 견뎠다. 그러던 어느 날 개인연습을 마치고 별빛이 흐르는 밤늦은 시각에 학교 앞 버스정류장에서 버스를 기다렸다. 늦가을 이어서 날은 스산한데 버스는 좀처럼 오지 않았다. 그 바람에 정류장 바로 뒤편에 있는 문방구 안을 기웃거리며 들여다보게 됐는데 문방구 안의 큰 유리병에 들어 있는 과자가 눈에 확 들어오는 것이 아닌가. 먹고 싶은 충동이 불같이 일어났다.

내 주머니에는 달랑 버스비 20원이 들어 있었다. 이 돈으로 과자 한 개를 사 먹는다면 나는 지친 몸으로 무거운 책가방을 들고 네 정거장이 족히 넘는 어두운 밤길을 걸어가야 하고 그곳에서 다시 산길을 타고 집까지 올라가야 했다. 나는 '과자를 사 먹고 걸어가느냐, 마느냐.'를 놓고 한참을 갈등했다.

그러나 끝내 먹고 싶은 욕망을 이겨낼 수가 없었다. 결국 문방구 문을 열고 들어가 20원을 내고 유리병에서 과자 한 개를 꺼내 입에 넣고는 밤길을 걷기 시작했다. 과자를 한 입 베어 먹는 순간 왈칵 눈물이 쏟아졌다. 어느 누구를 원망하는 눈물은 아니었다. 부모님이 원망스러운 것도 아니었다. 그냥 울고 싶었다. 눈가를 훔치고 훌쩍거리면서 가로등조차 없는 어두운 밤길을 혼자서 걸어갔다.

무학여고 농구부의 헝그리정신은 여러 경우에서 많이 나타났다. 농구부가 대회에 출전하게 되면 학교에서 선수 1인당 출전비로 100원씩이 나왔다. 이 100원의 돈은 빵 한 개와 유유 한 병을 사먹으면 딱 맞는 돈이었다. 우리는 공립학교니까 어쩔 수 없다고 이해하고 빵과 우유를 유쾌한 마음으로 사먹고 경기에 출전하곤 했다. 경기장에는 우리가 알아서 가야 했기 때문에 4명씩 조를 짜서 20원씩을 갹출한 다음 학교에서 장충체육관까지 택시를 타고 가기도 했다.

언젠가 한 번은 대회 출전을 앞두고 연습 중인데 감독 선생님이 찾아와 학교에서 출전비가 나오지 않아 참가할 수 없게 됐다고 말했다. 출전비가 얼마나 된다고 저러나 하는 생각에 우리는 기가 막혀서 말도 못 했다. 결국 선수들끼리 문제를 해결하고 대회에 나가 분풀이라도 하듯 신나게 경기를 치르고 우승까지 차지했다.

2002년 월드컵 축구에서 한국 팀이 1차 목표인 16강 진출을 달성했을 때 히딩크 감독은 "I'm still hungry(나는 아직 배가 고프다)!"라는 유명한 말을 남겼다. 한국 팀은 그런 헝그리정신으로 싸워 마침내 월드컵 4강의 꿈을 이루는 데 성공했다.

우리 무학여고 농구부도 굴하지 않고 역경을 헤쳐 나가는 헝그리정신으로 여고 농구의 상위권을 지킬 수 있었고 나 또한 배고픔을 강인한 극기정신으로 이겨내 농구인생의 꿈을 성취해 나갈 수 있었다.

성경구절을 외며 다닌 등하굣길

나는 가톨릭신앙을 갖고 있다. 중학교 2학년 때 엄마 손에 이끌려 금호동성당에 간 것이 계기가 됐다. 영세를 받고 나서 일요일이면 늘 오전 6시에 시작하는 새벽미사에 다녔다. 성당에 가려면 산동네를 내려와 금호동사거리를 건너야 했다. 제법 먼 길이었지만 어린 나는 무슨 생각이었는지 고집스럽게 새벽미사에 다녔다. 그 습관은 결혼해 첫 아이를 낳은 뒤에도 계속됐으나 두 번째 출산에서 쌍둥이를 낳고 나서는 중단할 수밖에 없었다.

나는 하느님이 가장 든든한 '빽'이라고 말하곤 한다. 그만큼 어려운 상황이 닥쳤을 때 학창 시절이나 대표선수 시절이나 그리고 손녀를 돌봐주는 할머니가 된 지금도 늘 신앙에 의지해 헤쳐 나가려고 노력한다. 기도하는 것을 하느님이나 성모님이 다 들어주시는 것은 아니지만 기도를 통해 하느님과 대화함으로써 어려운 일을 이겨나가는 의지와 지혜를 얻게 된다.

내가 하느님이 좋아하실 만한 일을 행한 것을 한 가지 든다면 나의 신앙생활 모습을 지켜본 주위 사람들 중 여러 명이 가톨릭신앙을 갖게 된 것이다. 내가 국가대표 선수가 돼서 태릉선수촌에서 생활할 때 매일 잠자리에 들기 전 내 방에서 미사포를 쓴 채 기도하곤 했는데 이 모습이 좋아 보였는지 후배 몇 명이 천주교 신자가 되었다.

대표선수 생활을 같이 했던 홍혜란과 홍영순이 영세를 받겠다고 해서 성당 세례식 때 내가 증인이 되는 대모를 서주었다. 이외에도 차양숙 장문영 등 농구 후배 여러 명이 더 가톨릭신앙을 갖게 되었고 그때마다 대모가 돼 주었다.

초등학교 3학년 무렵부터 무학여고를 졸업하고 실업팀 초년생 때까지 내가 살았던 금호동 산동네 집에서 무학여고에 가려면 10분가량 산길을 내려와 큰길에서 버스를 타고 네 정거장 정도를 통학해야 했다.

지금 생각하면 네 정거장 거리가 그다지 먼 길은 아니지만 그때는 시내버스가 지금처럼 성능이 좋은 차량도 아니고 씽씽 달리지도 못했다. 그리고 도로변에는 가로등이 하나도 없었고 행인도 많지 않아 통학길이 멀게 느껴질 수밖에 없었다. 아마 어른이 아닌 학생 시절이어서 통학길이 더 멀게 느껴졌는지도 모르겠다.

통학 길은 아침에 등교할 때보다 밤늦게 귀가할 때가 당연히 더 멀게 느껴졌다. 농구부 훈련이 끝난 뒤 개인연습을 하고 나면 피로와 허기가 몰려와 귀가길이 정말 힘들 수밖에 없었다. 그런데 이것 말고도 또 하나 힘든 것이 있었다. 가로등도 없는 밤길을 여학생이 혼자 걷는다는 것은 늘 공포 그 자체였다.

무학여고에서 성수대교 쪽으로 조금 올라가다가 오른쪽으로 돌면 지금은 도로명이 '독서당로'로 돼 있는 도로가 쭉 이어진다. 현재 독서당로 좌우에는 아파트단지가 도열하듯 길게 늘어서 있지만 그때는 여기저기 단독주택이 산재하는 정도에 불과했다. 내가 밤늦은 시각에 귀가하려면 버스 네 정거장을 타고 응봉고개를 넘어가서 내린 뒤 길을 건넌 다음 산동네 길을 올라가야 했다. 그 산동네가 지금은 응봉산 팔각정공원으로 변했고 응봉고개에는 금호삼성래미안아파트와 금호벽산

아파트 등이 들어서 있다.

물먹은 솜 같은 몸으로 무거운 책가방을 들고 컴컴한 밤길을 걸어 귀가할 때 나는 무서움을 이겨내기 위해 항상 성경구절을 계속 외면서 다녔다. 시편 23장 4절에 나오는 '죽음이 그늘진 골짜기를 간다 해도 주 함께 계시오니 무서울 것 없나이다.' 하는 성경 말씀을 산동네 집에 도착할 때까지 쉼 없이 반복해서 외웠다. 그 덕택인지 나는 가로등 없는 밤길과 시커먼 숲이 무슨 괴물처럼 덮쳐올 것 같은 산동네 길을 안전하게 다닐 수 있었다.

그런데 한 번은 주머니에 버스비가 없었던 날 학교에서부터 걸어서 집으로 올 때였다. 집 부근에 거의 다 와서 응봉고개를 오르는데 반대편에서 웬 술 취한 남자 어른이 고래고래 소리를 지르면서 내려오는 것이 아닌가. 나는 놀라서 줄행랑을 치듯 응봉고개 아래로 다시 내려가 버스정류장이 있는 곳에 숨어 있다가 그 취객이 지나간 다음에야 잰걸음으로 집으로 달려갔다. 지금 생각해보면 무학여고 시절 내가 밤길을 안전하게 다닐 수 있었던 것은 신앙에 의지한 덕택이 컸지만 또 한편으로는 우리나라의 치안이 그만큼 잘 돼 있었기 때문일 것이다.

내 딴에는 신앙심이 꽤 깊다고 믿고 있는데 정말 그런 믿음 덕분에 나는 어려운 집안환경도 잘 극복할 수 있었던 것 같다. 사실 내가 살던 금호동 산동네 단칸방은 모래블록으로 사빙에 벽을 쌓은 뒤 그 위에 지붕을 얹어놓은 것에 불과했다. 비라도 오는 날에는 지붕이 새어 빗방울이 방바닥으로 떨어졌고 낙하지점에 '바께쓰'를 받쳐놓고는 빗방울을 피해서 새우잠을 자기도 했다.

내가 초등학교 2학년 때까지만 해도 목재업을 크게 하셨던 아버지는 사업이 실패해 하루아침에 거리로 나앉는 신세가 됐지만 그래도 뭔가를 해보려고 지방을 다니셨고 그 때문에 한동안은 산동네 집에 며칠에 한 번꼴로 들르셨다. 그런 가운데서도 딸이 농구선수로 크는 것은 어떻게 해서든지 뒷받침하겠다는 생각에 거의 매일 학교 체육관으로 찾아와 내가 훈련하는 모습을 지켜보셨다. 물론 농구대회에 출전할 때는 어김없이 경기장에 오셨다.

나는 단칸방에서 엄마와 함께 외할머니를 모시고 살았다. 외할머니는 외동 손녀인 나를 끔찍이 아껴주셨다. 내가 개인연습을 마치고 밤늦게 귀가하면 그때까지 집 앞에 웅크리고 앉아서 나를 기다리셨다. 할머니는 누가 잡수시라고 사탕을 드리면 먹지 않고 육각형 성냥갑 통에 잘 넣어두었다가 내가 학교에서 돌아오면 주곤 하셨다.

할머니가 담배를 피우셨기 때문에 사탕 알에 담배가루가 묻어 있는 경우가 많았지만 챙겨주시는 할머니가 너무 고마워서 나는 아무렇지도 않게 담배가루를 살짝 털어내고 맛있게 먹었다. 밤에 잠을 잘 때도 할머니 옆에서 잤는데 운동하는 꿈을 꾸다가 할머니를 발로 걷어차는 일도 종종 있었다.

한 번은 초등생 시절 외할머니와 같이 재강이라는 것을 달콤한 맛에 멋도 모르고 먹고 나서 정신없이 곯아 떨어져 자다가 치마에 오줌을 흥건히 싼 일이 있었다. 재강은 양조장에서 술을 걸러내고 남은 찌꺼기를 말한다. 이 재강에 물을 조금 섞고 흑설탕이나 단맛이 강한 인공감미료 사카린을 타서 살짝 데우면 달콤한 것이 입맛을 당긴다. 그러나 술 찌꺼기여서 알코올 성분이 남아 있기 때문에 취할 수도 있다. 할머니는 이런 사실을 모르고 어린 손녀에게 먹인 것 같았고 당신도 재강을 잡수

시고 취하셨다는 것이다. 변변한 간식이 없던 그 시절에 흔히 일어났던 일이기도 하다.

남편도 초등학교 시절 재강을 먹어본 적이 있다면서 어느 날 같은 반 친구 한 명이 재강을 먹고 얼굴이 빨개져서 등교했다가 영문을 파악해 보려고도 하지 않은 담임교사로부터 "어린놈이 아침부터 술을 먹고 왔다."고 뺨따귀를 얻어맞고 혼이 난 일화가 있다는 이야기를 들려줬다. 모두 가난했던 시절의 에피소드인 셈인데 그때는 장사꾼들이 재강을 독에 넣어 지게에 지고 다니면서 팔기도 했다.

나는 어릴 때부터 외할머니에게 정이 깊어진 탓에 무학여고를 졸업한 뒤 소속 실업팀이나 국가대표 팀에서 합숙훈련을 하는 동안에도 주말이 되면 엄마 아버지도 그렇지만 할머니가 더 보고 싶어 한걸음에 집으로 달려가곤 했다.

내가 무학여고를 졸업하고 나서 얼마쯤 지났을 때 서울시의 정비계획에 따라 응봉산 산동네가 철거되고 주민 전체가 강동구 명일동의 13평형 시영아파트로 이주하게 돼 십몇 년 만에 애환이 쌓인 산동네를 벗어나게 되었다.

강동구 명일동에서 살게 된 후 어느 주말 집에 왔을 때였다.

할머니에게 목욕을 시켜 드리고 귀지까지 파드렸더니 "너무 시원하다."면서 꽤 좋아하셨다. 할머니는 그러더니 장롱 속에 있는 낭신의 옷 주머니에서 꼬깃꼬깃한 쌈짓돈을 꺼내 주면서 "금반지라도 하나 해서 끼라."고 하셨다. 그리고 다음 날 팀 숙소로 돌아가려고 집을 나서는데 할머니가 "이제 아주 안 오니?" 하고 물으시는 것이었다.

보통 때 하지 않던 말을 하시는 데다 전날 쌈짓돈을 꺼내 주면서 반지를 만들어 끼라고 하신 것 때문에 묘한 기분이 들었다. 나는 "할머니, 내 갔다 올게." 하고 현관문을 열고 나섰다가 다시 몇 차례 문을 또 열어 보고 할머니에게 갔다 오겠다는 말을 되풀이했다. 마루에 웅크리고 앉아 있는 그 순간의 할머니 자태는 내가 그때까지 봐온 모습 중에 가장 조그맣고 여린 모습이었다.

그것이 할머니의 마지막 모습이었을 줄이야 누가 알았을까. 숙소로 돌아간 다음 날 한창 훈련을 하는 중에 할머니가 위독하다는 전갈이 날아왔다. 정신없이 달려가 아파트단지 안으로 들어서는데 동사무소로 가는 아버지와 마주쳤다. 할머니가 돌아가셨다는 사실이 확인되는 순간 땅이 꺼지는 것 같은 슬픔에 누가 보건 말건 엉엉 울음을 터뜨리며 집으로 달려갔다. 바로 어제 "이제 아주 안 오니?" 하고 물으시던 할머니는 손녀에게 그렇게 많은 사랑을 남겨주시고 81세를 일기로 내 곁을 떠나셨다.

청소년대표로 태극마크 달다

운동선수들은 팬들의 성원을 먹고 자란다.

나도 많은 농구팬들의 격려가 채찍질이 되어 농구에 더욱 올인 하게 되었고, 그 결과 1972년 가을 여고 선수로는 최초이자 유일하게 국가대표팀 1차 후보 18명의 명단에 들어가는 기쁨을 누렸다. 그해 6월 제8회 쌍용기 쟁탈 전국 남녀우수고교초청 농구연맹전에서 최우수선수상(MVP)을 받은 지 얼마 지나지 않아서였다.

나는 대표 팀의 최종 선발에서는 13위로 평가돼 12명이 엔트리인 국가대표로 발탁되지 못하고 후보 1순위에 머물렀다. 고교생 신분으로 태극마크를 달 수 있는 기회를 놓쳤지만 예비후보로 선정됐다는 사실만으로 큰 자부심을 가졌다. 한국대표팀은 얼마 뒤인 11월 타이베이에서 열린 제4회 아시아여자농구선수권대회(ABC)에 출전해 결승에서 대만(당시는 자유중국)을 66대 51로 꺾고 우승했다.

나는 국가대표로 최종 선발되지는 못했지만 타이베이 ABC대회 한 달 후인 그해 12월 필리핀 마닐라에서 개최된 제2회 아시아청소년농구선수권대회에 청소년대표로 선발돼 출전했다. 국가대표는 아니지만 청소년대표로 유니폼에 처음 태극마크를 단 것은 정말 신나는 일이었다. 나는 이듬해인 1973년 봄 실업팀에 입단한 직후 국가대표로 선발돼 모스크바 유니버시아드대회에 한국대표팀의 막내선수로 출전했고 이후 8년간 줄곧 대표 팀에서 뛰게 되었다.

마닐라 청소년대회는 일본 남녀 팀이 출전을 포기함에 따라 남자부에 7개국이 출전한 데 비해 여자부는 한국 중국 필리핀 3개국만 참가해 더블리그로 우승을 가렸다. 우리 팀은 1차 리그 첫 경기에서 중국을 97대 60으로 가볍게 꺾고 필리핀도 89대 34로 제압했다. 2차 리그에서 다시 필리핀을 120대 25로 대파한 뒤 중국을 85대 59로 눌러 4전 전승으로 우승을 차지하고 1회 대회에 이어 2연패를 달성했다.

이때 우리 여자농구 청소년 대표로는 주신숙 박순오 박성희 조은자 김정희 정선희 이옥래 등이 같이 뛰었고 나의 절친인 정영숙도 청소년 대표로 출전했다. 남자부에서 한국 팀은 필리핀의 텃세와 심판의 편파 판정을 극복하지 못해 필리핀 중국에 이어 3위를 기록하는 데 그쳤다. 김동광 신선우 이수기 박완수 이명진 등이 청소년대표팀의 주전으로 활약했다.

중국 여자 청소년대표팀이 그때 우리 한국 팀에 상대가 되지 못했던 것은 중국이 본격적으로 국제 스포츠 무대에 나오기 전이기 때문이었던 것으로 보인다. 중국은 1974년 테헤란 아시안게임을 계기로 본격적으로 국제대회에 참가하면서 13억 인구의 저력을 과시하기 시작했다. 북한 스포츠도 중국을 따라서 이때부터 국제무대에 얼굴을 드러냈다.

그런데 나는 국가대표 예비후보로 선발된 덕분에 기관지염증을 앓고 있던 사실을 처음 알게 됐다. 농구협회가 1차 선발된 18명 전원에게 수원에 있는 한 병원에서 건강진단을 받도록 했는데 내 기관지에 염증이 있다는 것이 X레이 판독 결과 나타났던 것이다. 나는 깜짝 놀랐고 함께 간 아버지도 많이 놀라셨지만 투약으로 치료가 가능하다는 의사의 진단결과를 듣고 안도했다. 한 보따리나 되는 치료약을 처방받아 의사의 지시를 하나도 어기지 않고 한동안 열심히 먹어 완치할 수 있었다.

나는 나중에 왜 나한테 이런 기관지염이 생겼을까 하고 곰곰이 따져 봤다. 내가 살던 금호동 산동네 집은 단칸방이었다. 그런데 한 방에서 지내는 외할머니가 곰방대라는 담뱃대로 담배를 피우셨고 엄마는 그냥 담배를 태우셨다. 그 영향이 아니었던가 싶다.

곰방대는 조선시대 서민들이 담배를 피울 때 쓰는 길이가 짧은 대나무 담뱃대이고 양반이 사용하던 것은 길이가 긴 것으로 장죽이라고 불렀다. 가느다란 대나무 양쪽 끝에는 담배를 빠는 물부리와 담뱃잎을 눌러 넣고 불을 붙이는 연통이 붙어 있는데 물부리와 연통은 백동(白銅), 즉 흰색 구리로 만들어졌다. 옛날 사극을 보면 양반이 긴 장죽으로 놋쇠 재떨이를 마구 두드리며 "고얀 놈!" 하고 소리 지르는 장면이 나오기도 한다.

담배의 역사를 보면 1492년 콜럼버스가 아메리카 신대륙을 발견했을 때 인디언들이 담배 피우는 것을 보고 담뱃잎을 구해 유럽으로 갖고 돌아온 것이 전 세계로 퍼지는 계기가 되었다고 한다. 우리나라에는 16세기 말 임진왜란이 일어났을 때 처음 들어왔고 1636년 병자호란 이후 담배 재배가 급속히 증가했다는 설이 있다.

병자호란 때 남한산성으로 피신했던 조선의 16대 임금 인조가 청(淸)태종 홍타이지에게 굴욕적인 항복을 한 뒤 수민 명의 조선인이 인질로 청국에 끌려갔다. 그런데 여진족의 후손인 청국 군대가 담배를 워낙 좋아해 이들에게 금값에 맞먹을 정도의 귀한 담배를 재배해 주고 포로로 잡혀간 처자식을 찾아오기 위해 담배 농사를 많이 짓게 됐다는 것이다.

어쨌든 나는 환기도 잘 안 되는 단칸방에 살면서 평소 외할머니와 엄마가 피우는 담배연기를 많이 마시는 바람에 기관지에 염증이 생기지 않았을까 하는 의심을 해보았으나 원인을 정확히 알 수는 없는 일이다. 그렇다고 누구를 원망하는 생각은 전혀 해보지 않았다.

많은 사람들이 궁핍하게 살던 그 시절 너나 할 것 없이 건강상식과 위생관념이 부족했던 것은 어쩌면 감수해야 할 일이었는지 모른다. 그 시절 몸에 회충 같은 기생충을 많이 갖고 사는 일이 흔해 불룩 나온 배를 보고 '횟배'라 부르기도 했다. 까닭 없이 복통이 생기면 횟배 때문이라며 담배를 피우면 통증이 가라앉는다는 속설로 인해 일부러 담배를 피우는 사람들도 생겼다는 얘기를 들은 기억이 난다.

제2부
영광과 좌절,
그리고 연애

태극마크 달고 모스크바로

1973년 8월에 열린 모스크바 유니버시아드대회는 나에게 특별한 의미로 남아 있다. 전 세계 대학인들의 스포츠 축제에 처음으로 자랑스러운 태극마크를 달고 대한민국 대표선수로 출전한 것이다. 당시는 자유진영의 리더인 미국과 공산종주국인 구소련 간의 적대적 냉전 대치상태가 계속되고 있었고 대한민국은 '철의 장막'이라 불리는 구소련과의 외교 수립은 꿈도 꾸지 못하고 있던 시절이었다.

따라서 한국과 구소련 간에는 어떤 종류의 교류도 없는 상황이어서 한국선수단의 유니버시아드대회 참가는 최초의 공산종주국 공식 방문이자 스포츠 외교사에 기록될 사건이었다. 여자농구와 남자배구, 그리고 여자테니스 등 3개 종목 37명의 선수단이 출전했고 모스크바대회 참가의 중요성을 보여주듯 김택수 대한체육회장이 직접 선수단장을 맡았다.

한국 선수들 중 대학생 신분이 아닌 경우 임시로 대학생 신분증을 만들어 출전했다. 실업 1년생인 나도 학생 신분을 잠시 취득했다.

우리 선수단을 태운 일본항공(JAL) 여객기가 구소련 영공에 진입해 모스크바를 향해 다가갈수록 긴장감은 커졌다. 구소련이라는 나라에 대한 호기심도 적지 않았으나 공산종주국이라는 사실이 약간의 공포감도 들게 했다. 비행기가 고도를 낮추고 모스크바의 유일한 국제공항이라는 셰레메티에보 공항으로 접근해가자 창밖으로 울창한 산림이 보였고 경작지 사이사이에 반듯하게 규격화된 집들이 일률적으로 늘어선 모습이 눈에 들어왔다.

마침내 비행기가 착륙할 때는 비가 세차게 퍼부어 기분이 어수선했다. 입국절차를 마치고 공항 안으로 들어가자 껑충한 바지에 검은 선글라스를 쓰고 상의 왼쪽 위에 무슨 배지를 달고 있는 촌스런 모습의 동양인 여러 명이 우리 선수단과 좀 떨어진 곳 여기저기서 지켜보고 있었다. 바로 북한 공관원들로 우리 선수단을 긴장하게 만들었다.

북한은 구소련이 한국선수단의 출전을 받아들인 것에 반발해 모스크바 유니버시아드대회 불참을 선언했다. 북한 공관원들은 우리 선수단이 모스크바에 체류하는 동안 일거수일투족을 감시라도 하듯이 늘 주변을 맴도는 모습이었다.

우리가 버스 2대에 분승해 공항을 떠날 때 우리와 같은 동양인으로 보이는 많은 사람들이 몰려와 창문을 두드리거나 손을 흔들고 무슨 말인가 계속 떠들어대면서 눈물을 쏟아냈다. 그들의 표정으로 보아 반가운 나머지 흘리는 눈물 같다는 생각은 했지만 나는 무슨 연유인지 당시에는 알 수가 없었다.

그로부터 17년이 흘러 한국이 1990년 구(舊)소련과 국교를 수립한 이후에야 그들은 한국인의 피가 흐르는 고려인들이며 러시아를 비롯해 카자흐스탄 우즈베키스탄 등 중앙아시아 지역에 50여 만 명이 살고 있다는 사실이 점차 국내에 알려지기 시작했다.

우리 선수단은 눈물짓는 고려인 동포들을 뒤로 하고 공항을 출발해 숙소인 모스크바대학 기숙사로 향했다. 그런데 버스가 달리는 도로가 일직선으로 끝도 없이 펼쳐져서 놀라웠다. 땅덩어리가 넓은 나라이고 공산국가여서 길도 이렇게 무한정 일직선으로 만들어놓은 것 같다는 생각이 들었다. 모스크바대학 기숙사에 도착해 우리는 14층에 숙소를 잡았다. 절대로 개인행동을 하지 말라는 엄명이 떨어져 있어서 밖에도 마음대로 나가지 못했고 방문을 열고 복도를 내다볼 때도 겁이 나서 살짝 문을 열었다가 닫고는 했다.

경기가 시작되자 우리 한국 팀은 큰 인기를 끌었다. 키가 작은 선수들이 스피디하게 공수 전환을 하면서 빠른 패스워크로 체구가 큰 서구 선수들의 장신 숲을 헤집고 다니며 득점을 터뜨리자 구소련 관중은 박수갈채를 보내줬다. 나는 벤치에서 강부임 정경희 조영순 이옥자 등 선배 언니들이 펼치는 플레이에 아낌없는 응원을 보내주는 그들을 보면서 스포츠에는 국경이 없다는 사실과 그만큼 스포츠 외교가 중요하다는 것을 느낄 수 있었다.

한국 팀은 최선을 다했지만 구소련과 미국의 장신 벽을 넘기는 역부족이었다. 그러나 3, 4위전에서 점프 탄력이 뛰어나고 몸이 유연하기로 정평이 나 있는 쿠바와 맞붙어 진땀나는 승부 끝에 48대 45로 승리했다. 동메달을 차지하고 모스크바 하늘에 구소련과 미국의 국기와 나란히 태극기를 올리는 순간은 정말 감동적일 수밖에 없었다.

'철의 장막'이라는 공산종주국의 심장부에 태극기를 휘날린다는 것은 가슴 떨리는 경험이었고 애국심이 절로 우러나는 일이었다. 남자배구도 동메달을 따고 모스크바 하늘에 태극기를 게양하는 감격을 맛보았으나 여자테니스는 아깝게 입상하지 못했다.

우리는 대회가 끝난 뒤 짧은 일정의 모스크바 관광에 나서 길게 줄을 선 세계 각국 관광객들 틈에서 레닌 무덤을 둘러보고 구소련의 상징

▲1973년 8월 한국은 '철의장막'으로 불리던 미수교국 구소련의 모스크바 유니버시아드대회에 여자농구, 남자배구, 여자테니스 등 3개 종목 37명의 선수단을 출전시켰다. 여자농구와 남자배구가 각각 동메달을 차지하고 귀국해 중앙청으로 당시 김종필 국무총리를 방문했다. 사진 정중앙의 김종필 총리 왼쪽이 민관식 문교부장관, 오른쪽이 김택수 대한체육회장.

이라는 모스크바 광장의 크렘린 궁전도 보았다. 모스크바 지하철이 한정 없이 깊게 파인 것을 보고 신기해했던 일도 추억의 한 장면이다. 한국에서는 그 이듬해인 1974년 8월 15일 지하철 1호선이 처음 개통돼 지하철 시대를 열었다.

나는 모스크바 유니버시아드대회에 실업 1년생 막내선수로 출전해 몇 차례 교체선수로 기용됐을 뿐이지만 태극마크를 달고 국제대회에서 뛰었다는 사실만으로도 큰 자부심을 느꼈다. 그리고 태릉선수촌에 들어가 3개월간 쌓았던 고된 대비훈련의 기억이 아름다운 추억으로 바뀌었다. 사실 처음 대표선수로 선발돼 태릉선수촌에 입촌했을 때는 모든 것이 낯설고 층층시하의 막내 '삐리' 선수로서 선배 언니들이 어렵기만 했다.

물주전자 심부름부터 모든 잔일을 도맡아 하지 않으면 안 되었다. 신참 '쫄병'이 어차피 거쳐야 할 과정이라는 것을 잘 알았기 때문에 불만이 있었던 것은 아니지만 이때의 강화훈련 3개월은 내가 8년간 대표선수 생활을 하는 동안 가장 힘들었던 시간이다. 방열 코치는 완벽을 지향하는 분이어서 계획된 훈련시간은 단 1분도 차질 없이 혹독할 정도의 강훈련을 시켰다.

오후 연습은 3시부터 6시까지 3시간동안 이루어지는데 몇 십분 단위로 다양한 훈련계획을 세우고 하나도 빠뜨리지 않고 정확히 시간에 맞춰 강도 높은 훈련을 진행했다. 우리가 상대할 선수들이 장신들이기 때문에 수비수에게 손 모양으로 깎아 만든 막대기를 높이 들게 하고 그 앞에서 슛을 하는 연습을 했다. 모스크바 현지시간으로 오후 6~7시에 경기가 열리는 점을 감안해 새벽 1시부터 심야훈련을 실시하기도 했다. 나는 투맨 패스 쓰리맨 패스 등을 연습할 때 선배 언니 가운데 누가 부상으로 쉰다든지 하면 대타로 다 뛰어야 했기 때문에 강훈련을 곱빼기로 받은 셈이었다.

훈련 외의 문제로 독나방이 떼를 지어 활개를 치는 바람에 독나방 가루가 몸에 묻어 가려움증이 생기는 것이 큰 고통이었다. 당시 체육관은 무슨 군대 막사처럼 천장이 반원형의 콘센트로 지어진 임시시설이었는데 울창한 선수촌 숲속에서 온갖 벌레가 마구 날아들었다. 가려움증이 얼마나 참기 어려웠던지 까칠까칠한 체육관 시멘트벽에 맨살을 마구 비벼댈 정도였다.

선배 언니 한 명이 눈치를 보며 쭈뼛쭈뼛하는 나에게 감독 선생님에게 가서 말하라고 떠밀어 체육관 의자에 앉아 눈을 감고 계신 원로 이상훈 감독님에게 갔다. 기어들어가는 목소리로 "선생님, 독나방 가루 때문에 가려움증이 심해서……."라고 우물쭈물했더니 "독나방하고도 싸워 이겨야 해." 하고 말씀하시는 것이 아닌가. 결국 오래전에 작고하신 이 감독님의 허락을 받고 선수촌 의무실에 찾아가 무슨 연고를 발랐으나 별 효과는 없었던 것으로 기억하고 있다.

유니버시아드대회와 관련해 한 가지 마음 아픈 기억은 결단식까지 마치고 내일 모스크바로 떠나기 전날 밤에 일어난 일이었다. 잠자리에 든 시간인데 선배 언니 한 명이 갑자기 대성통곡을 하는 소리가 들려와 모두들 깜짝 놀라 일어났다. 당시 중앙정보부 요원 한 명이 선수단 임원으로 참가한다는 연락이 와 선수 12명 엔트리에서 한 명을 제외하게 되었고, 그 선배 언니가 희생이 되었던 것이다.

고려인과 조선족의 이주 역사

1973년 유니버시아드대회 출전을 위해 모스크바공항에 도착했을 때 우리 선수단이 탄 버스 창문을 두드리며 눈물을 흘리던 고려인 동포들의 모습이 기억에 선명하게 남아 있다. 한참 세월이 흐른 뒤 모스크바 유니버시아드대회에 출전했던 때의 얘기를 나누다가 남편으로부터 그들뿐 아니라 조선족 중국동포의 슬픈 이주 역사에 대한 설명을 들을 수 있었다.

1860년대 중반 조선의 26대 왕 고종이 즉위하던 무렵에 함경북도 국경지역에 살던 조선인들은 수년째 계속된 가뭄으로 농사를 짓지 못해 굶어죽을 상황에 내몰렸다. 그러자 농사가 유일한 생존수단이었던 당시 조선인 13가구가 두만강을 건너 무작정 러시아 땅으로 들어가 농사를 지었다. 무릎 높이 정도로 수심이 낮고 강폭도 좁은 곳을 찾아서 얼마든지 두만강을 건널 수 있었다. 그곳이 연해주라고 부르는 블라디보스토크 부근이었다고 한다.

러시아 국경수비대장은 이 사실을 제정러시아 황제에게 보고했으나 조선인들에게 경작 금지조치를 취하지는 않았던 모양이다. 국경수비대장의 보고내용은 문서로 남아 있다. 재외동포학을 연구하는 국내 학자들은 제정러시아 시대의 수도였던 상트페테르부르크에 있는 황제가 수만리 떨어진 변방의 사소한 일에 대해 관심을 두지 않았을 것이고 이것이 농사를 지었던 조선인들에게 행운으로 작용했던 것 같다고 말하기도 한다.

　조선인들이 연해주에 정착해 농사를 짓는다는 소문이 퍼져나가자 함경도 일대의 조선인들이 그곳으로 모여들기 시작했다. 그리고 남쪽의 경상 전라 충청도에서도 농사지을 밭 한 떼기 없는 소작농 출신의 가장들이 식솔들을 거느리고 수천 리 목숨을 건 유랑의 길에 올라 블라디보스토크 일대로 모여들었다. 이러한 과정을 통해 조선인 13가구의 러시아 첫 이주 이후 70여 년이 흐른 1937년 고려인들이 중앙아시아로 강제추방 당하기 전까지 블라디보스토크에는 18만여 명이 거주하는 한인촌이 형성됐다.

　조선인들이 두만강을 건너가 러시아 땅에서 몰래 농사를 짓기 시작했던 때와 비슷한 시기에 함경북도와 평안북도 국경지대에 거주하던 조선인들 역시 생존을 위해 청나라 만주지역으로 건너가 농사를 짓기 시작했다. 러시아처럼 국토가 광활한 청나라도 변방의 만주에서 일어나는 일에 별로 신경을 쓰지 않았다.

　만주에 가면 농사지을 땅이 있다는 소문이 조선 전역으로 퍼져나가면서 남쪽의 경상 전라 충청지역에서도 가난에 찌든 평민들이 살길을 찾아 만주로, 만주로 몰려들었다. 특히 조선의 권력층이 날 새는 줄 모르고 당파싸움에 몰두하다 망하고 일본에 합병된 이후에 궁핍함이 더욱 가중된 나라 잃은 백성들이 고향을 버리고 연해주와 만주로 무작성 떠나는 일이 많아졌다.

　이렇게 해서 블라디보스토크에 집단촌을 형성해 살게 됐던 조선인들의 후손이 고려인이며, 만주 일대에 정착한 조선인들의 자손이 조선족, 즉 중국 동포들이다. 안중근 의사 등 많은 독립투사들이 러시아 연해주와 만주 등지에서 활동한 것은 이런 배경이 있었기 때문이다.

18만 명에 달했던 블라디보스토크 일대의 조선인들은 공산화된 러시아의 폭압적 독재자인 스탈린에 의해 1937년 중앙아시아 지역으로 전원이 비극적인 강제이주를 당했다. 덜커덩거리는 기차에 짐짝처럼 실려 한 달 넘게 끝이 안 보이는 추방의 길을 달리는 동안 노약자와 갓난아이들이 추위와 굶주림을 못 이겨 수없이 희생됐다. 이것은 러시아가 저지른 인권 말살의 국가테러였지만 나라 없는 백성들은 하소연할 데가 없었다.

모질게 살아남은 고려인들은 중앙아시아 지역의 허허발판에 내동댕이쳐졌으나 끈질긴 생명력과 근면성으로 생존의 전쟁을 이겨냈고 50만 명에 달하는 그 후손들이 카자흐스탄 우즈베키스탄 등 여러 중앙아시아 국가에서 대를 이어 살고 있다. 고려인의 일부는 러시아에도 거주하고 있는데, 우리 한국선수단이 모스크바공항에 도착한 뒤 숙소로 떠날 때 버스 창문을 두드리며 눈물을 쏟아낸 동포들이 바로 이들이었던 것으로 보인다.

우리가 만주라고 얘기하는 곳은 중국의 동북쪽에 위치한 지린(吉林) 랴오닝(遼寧) 헤이룽장(黑龍江)성 등 이른바 동북3성이다. 1860년대 중반 조선인들이 살길을 찾아 이곳으로 넘어가 농사를 짓기 시작한 이후 조선 팔도에서 많은 조선인들이 모여들어 정착하게 됐고 동포 수가 200만 명에 달하게 되자 중국 내 55개 소수민족의 하나로 인정돼 연변조선족자치주(처음엔 자치구였다가 자치주로 변경)가 세워졌다.

바로 이들 조선족 중국 동포들이 1980년 내가 은퇴경기를 치른 홍콩 아시아여자농구선수권대회(ABC)에서 한국대표팀이 중국을 꼼짝 못하게 하면서 대파하는 TV 생중계를 지켜보고 감격의 눈물을 흘렸다는 것이다.

중국 동포들은 그로부터 12년이 지난 1992년에 한국이 중국과 정식 외교관계를 수립하자 모국 행 러시를 이뤘고 국내에서 수십만 명이 일하게 되었다. 한국정부는 그에 앞서 1990년에 구소련과 국교를 수립했고 이듬해인 1991년 구소련의 붕괴에 따라 러시아와의 국교 수립으로 자동 승계됐다. 구소련이 붕괴한 뒤 독립한 우즈베키스탄 카자흐스탄 등지의 고려인 동포들도 수만 명이 한국에 와서 일하고 있다.

일본에 살고 있는 재일동포도 90만 명 안팎에 이른다. 일본에 나라를 뺏긴 뒤 경상 전라지역의 한국인들이 일자리를 찾아 자발적으로 일본에 간 경우도 많았다고 한다. 그렇지만 그보다는 일본이 1941년 미국 하와이 진주만을 기습 공격하면서 미국과의 태평양전쟁이 본격화되자 한국인들을 군수공장 탄광 등에 마구 강제 징용해 한때 그 수가 200만 명에 달했다고 한다. 결국 일본이 패전국이 되어 미국에 항복함으로써 우리나라가 독립을 찾자 일본에 끌려갔던 한국인들이 귀국할 수 있게 됐으나 절반가량은 자의반 타의반으로 일본에 남게 됐고 이들이 재일동포 사회를 구성하고 있다. 이 중 절반 이상은 일본 국적을 취득했다고 한다.

"여편네 없는 박정희 괴뢰 도당"

1974년 9월 테헤란 아시안게임은 중동지역에서 처음 열린 아시아인의 스포츠 축제였다. 25개국에서 3,000여 명의 선수단이 참가했고 한국은 여자농구를 포함해 15개 종목 231명의 대규모 선수단이 출전했다. 특히 여자농구가 펜싱 체조와 함께 테헤란 대회부터 아시안게임 공식 종목으로 채택돼 나는 처음으로 아시아 스포츠 제전에 발을 딛게 되었다.

테헤란 아시안게임에는 중국과 북한이 처음으로 출전해 국제 스포츠 무대에 본격적으로 얼굴을 드러냄으로써 큰 관심을 모았다. (당시 한국은 중국과 미수교상태였기 때문에 국내 언론은 중국을 '중공'으로 표현했다.) 아시아경기연맹(AGF)은 1973년 말 이사회를 열어 중국을 회원국으로 가입시키는 대신 대만을 제명했으며, 2개월 뒤 열린 이사회에서 북한을 회원국으로 받아들임으로써 이들 공산국 두 나라가 아시아 스포츠 무대에 등장하게 되었던 것이다.

우리 여자농구 대표 팀은 국제종합경기대회에 처음 모습을 드러낸 북한 여자팀과 최초의 남북 대결을 벌이게 되었다. 그런데 북한 선수단은 국제 스포츠 무대에 참가한 경험이 많지 않아서인지 대회기간에 선수촌에서나 경기장에서 무례하고 거친 행동을 서슴없이 했으며 난폭하기까지 했다. 예의는 아예 모르는 것 같았다.

한 번은 우리 여자농구 선수들이 경기장 관람석에 앉아 있는데 조금 떨어진 곳에 모여 있던 북한 응원단이 특유의 억양과 말투로 우리를 향해 "여편네도 없는 박정희 괴뢰도당" 운운하며 폭언을 퍼부었다.

테헤란대회가 개막되기 불과 보름 전인 8.15 광복절 기념식장에서 육영수 여사가 조총련이 침투시킨 북한 공작원 문세광의 저격을 받고 숨진 것을 비아냥거렸던 것이다. 서울 장충동 남산공원 입구의 국립극장에서 열린 광복절 기념식에서 박정희 대통령이 연설하는 도중에 문세광이 좌석에서 갑자기 앞으로 뛰어나와 단상 한편에 앉아 있던 육 여사에게 총격을 가했다.

테헤란대회를 앞두고 선수촌에서 강화훈련을 받고 있던 나는 그날 선수들과 함께 오후 연습을 위해 숙소를 나와 체육관 입구에서 농구화 끈을 매다가 정주현 감독으로부터 이 소식을 전해 듣고 깜짝 놀랐다. 가슴을 쓸어내리며 고개를 쳐들어보니 하늘이 붉은 색 핏빛을 띠고 있었던 장면이 지금도 기억에 생생하다.

북한 선수들은 테헤란대회 축하공연을 하러온 리틀엔젤스공연단 어린이들이 예쁜 한복을 입고 있는 것을 보고는 "이것들, 무당집 딸년들 같구나." 하고 욕설을 해댔다. 그런가 하면 각국 선수들이 같이 이용하는 선수촌 내의 셔틀버스를 타고 무슨 혁명가 같은 북한 노래를 요란하게 불러대고 끝날 때는 "조선은 하나다." 하고 고함을 쳤다. 타국 선수들이 싫어하건 말건 상관없다는 태도였다.

반면에 북한 임원들은 선수촌식당 주변에서 한국선수단 임원들과 마주쳐서 잠시 대화를 나눌 때는 본심을 살짝 드러내기도 했다. 한 북한 임원은 우리 임원들과 대화를 나누면서 "솔직히 북한은 살 곳이 못 돼요." 하고 작은 목소리로 말하기도 했다. 그는 시커먼 선글라스를 낀 다른 북한 임원이 다가오자 갑자기 말을 끊고 표정을 바꾼 채 가 버렸다.

우리는 5개국이 참가해 풀리그를 벌인 여자농구에서 북한과 첫 남북 대결을 했을 때 그들의 경기 매너에 경악했다. 북한 선수들은 경기장 안에 들어와 워밍업을 하는 동안 자기네 반코트에서만 몸을 풀지 않고 우리 쪽 반코트 밖으로까지 휘돌아 뛰면서 우리 연습 공을 발로 뻥뻥 차댔다. 한국 선수들이 세련되고 유연한 동작으로 워밍업을 하는 것을 보고 내심 주눅이 들어 기가 죽지 않으려고 그런 행동을 하는 것처럼 보였다.

그리고 경기가 시작되자 내내 거칠고 난폭하게 굴었다. 우리 팀이 공격을 펼치다 루스볼 상태가 되어 서로 넘어지면서 볼을 다툴 때 볼은 아랑곳하지 않고 볼을 잡으려는 우리 선수의 머리채를 잡아 플로어에 찧는 반칙을 저질렀다. 어처구니없는 일이었다.

볼을 다투던 김은주 선수는 금방 이마에 혹이 부풀어 오를 정도여서 들것에 실려 나갔다. 그들은 실력으로 해봤자 안 된다고 생각했는지 몸싸움만 하려 했다. 농구를 하자는 건지 씨름을 해보자는 것인지 모를 지경이었다.

우리 한국 팀이 전반을 40대 26으로 크게 리드한 뒤 후반 들어서도 일방적인 경기를 펼치자 북한 팀은 결국 사달을 일으켰다. 게임 종료 2분 20초를 남기고 우리가 81대 63으로 리드하고 있을 때였다. 캐나다인 심판이 과격하게 몸을 부딪치며 공격하는 북한 선수에게 오펜스 파울을 선언하고 본부석으로 다가가 반칙 선수가 누구인지를 알리는 시그널 동작을 취했다. 그 순간 벤치에 앉아 있던 북한 선수들이 기다렸다는 듯 일제히 플로어로 뛰쳐나오면서 난리를 피우고 심판의 등 뒤로 공을 냅다 던졌다.

그러더니 우리를 향해 "심판한테 돈 멕였구나." 하고 소리를 질러댔다. 그들은 퇴장했고 몰수게임이 선언됐다. 북한 농구팀의 계산된 행동이었다. 북한에 돌아갔을 때 살아남으려면 그렇게 행동해야만 하는 것이 그들의 생존전략인가 하는 생각이 들었다.

북한은 4년 뒤인 1978년 방콕 아시안게임 남자농구에서 남북 대결을 벌였을 때도 김동광 박수교 선수 등이 맹활약한 한국에게 줄곧 리드당하자 퇴장소동을 벌이고 몰수게임 패를 당했다. 후반 5분께 51대 37로 한국에게 끌려가는 상태에서 판정을 트집 잡아 심판의 멱살을 잡고 항의하다 결국 퇴장해 버렸다.

북한의 이런 막가파식 행동은 1982년 뉴델리 아시안게임에서도 발생했다. 남북 대결은 아니었지만 축구경기에서 북한이 쿠웨이트에 2대 3으로 패하자 북한 임원과 선수들이 벤치에서 몰려나와 태국인 주심을 폭행하고 북한 응원단까지 그라운드로 뛰쳐나와 난동을 벌였다. 북한 스포츠의 아시안게임 잔혹사다.

우리 여자농구 팀은 테헤란 아시아경기대회의 첫 남북 대결에서 몰수게임 승을 거뒀고 중국과의 사상 첫 대결에서도 84대 71로 이겼다. 개최국 이란을 74대 43으로 가볍게 제압한 뒤 사실상의 결승전에서 숙적 일본을 만났다. 꼭 이겨야 한다는 심리적 부담을 안고 일본과 시소 접전을 벌인 끝에 경기 종료를 코앞에 두고 70대 69, 1점차로 앞서 아슬아슬하게 승리를 거머쥐는 듯했다.

그런데 이게 웬일인가. 마지막 공격에 나선 일본이 하프라인을 넘자마자 경기 종료 총성과 함께 다급하게 골대로 길게 날려 보낸 공이 거짓말처럼 바스켓 그물을 출렁 흔들어 버렸다. 버저비터였다.

다 잡았던 금메달을 놓치는 순간의 허망함이란 직접 당해보지 않은 사람은 절대로 모를 것이다. 그날 우리 팀을 태운 버스가 결승전을 치르기 위해 경기장으로 가던 중 커브 길을 돌 때 버스 안에 실려 있던 얼음물 박스가 엎어져 쏟아지는 바람에 한바탕 소동이 빚어졌던 일이 한동안 머릿속을 떠나지 않았다.

테헤란대회는 한국과 북한이 국제 스포츠 무대를 통해 체제 경쟁을 벌이는 의미를 띠고 있어서 종합순위 다툼이 치열했다. 한국은 대회 막판 복싱에서 금메달 5개를 무더기로 따내 종합순위에서 금메달 1개 차이로 북한을 제치고 일본과 이란 중국에 이어 4위를 차지했다.

북한은 역도 헤비급의 김중일 선수가 인상 용상 합계 등 3개 부문에서 모두 1위를 기록해 금메달 3개를 따냈으나 약물 복용 사실이 밝혀져 모두 몰수됐다. 그는 금메달 3개를 따는 순간 경기장 안에서 "김일성 수령님 만세!"를 몇 차례나 외치며 환호했으나 경기 도중 흥분제를 복용한 사실이 드러니 메달이 몰수됐고 3개 부문 모두 2위였던 이란 선수에게 금메달 3개가 돌아갔다.

이 바람에 북한은 종합순위 경쟁에서 한국에 뒤져 5위로 밀려났다. 테헤란대회에서 남북의 종합순위 경쟁이 얼마나 치열했던지 대한체육회는 당시 37세였던 역도 선수 출신 황호동(1936~2010) 국회의원에게 슈퍼헤비급에 출전해줄 것을 간곡히 부탁해 현역 의원이 은메달 1개를 따내는 진기록을 낳기도 했다. 한국은 테헤란대회에서 벌어진 남북 체제 경쟁에서 힘겹게 이겼고, 바로 테헤란대회가 열린 1974년을 고비로 경제력에서 북한을 앞서기 시작했다.

테헤란대회는 경기와 관련해 특이한 점이 두 가지가 있었다.

하나는 역도 경기에서 인상 용상과, 인상+용상의 합계기록에 대해 각각 시상하도록 해 한 선수가 금메달을 3개까지 딸 수 있도록 한 것이다. 이는 아시아경기연맹(AGF)이 역도 강국인 개최국 이란의 요구를 반영한 결과였다. 또 한 가지 특이한 사항은 마라톤이 열리지 않았다는 점이다. 기원전 490년경 페르시아의 10만 원정군이 그리스의 도시국가인 아테네를 침공했으나 1만 명에 불과한 아테네 군에게 마라톤평야에서 치욕적인 패배를 당했다.

이때 아테네군 전령이 42.195km를 달려 아테네 시민들에게 승전보를 전하고 그 자리에 쓰러져 숨졌다는 전설을 근거로 1896년 아테네에서 근대올림픽이 부활할 때 마라톤이라는 육상종목이 생겼다. 페르시아의 후손인 이란은 이런 아픈 역사를 기억 속에서 아예 지워버리고 싶은 심정 때문에 마라톤을 금기로 하고 있다는 것이다.

잊고 싶은 한일전의 악몽

1975년 9월 남미의 콜롬비아에서 개최된 제7회 세계여자농구선수권대회는 한국 팀이 네 번째로 참가하는 세계선수권대회였다. 공교롭게 나도 개인적으로 국가대표가 돼 네 번째로 태극마크를 달고 뛰는 국제대회였다.

2년 전인 1973년 모스크바 유니버시아드대회 때 처음 국가대표로 선발된 뒤 1974년 6월 서울에서 열린 제5회 아시아여자농구선수권대회(ABC)에 이어 9월에는 테헤란 아시안게임에 출전했다. 그리고 1년이 지난 후 콜롬비아 세계대회에 나섰던 것이다. 나는 외환은행 팀에 소속돼 있었지만 계속 이어지는 국제대회 출전으로 1년 내내 거의 태릉선수촌에 들어가 강훈련을 쌓는 생활을 했다.

콜롬비아대회에는 한국 팀이 세대교체를 단행해 출전했다. 장신 센터 박찬숙과 장신 포워드 조영란을 비롯해 정미라 조경자 등이 처음 국가대표로 참가함으로써 노련함은 부족하지만 발랄한 패기와 평균 신장이 높아진 팀 전력으로 세계의 강팀들과 한 번 부딪쳐보는 대회였다. 1m 89cm의 박찬숙은 숭의여고 1년생 때, 그리고 1m 84cm의 조영란은 덕성여고 3년생 때 각각 고교생 신분으로 태극마크를 달았다. 국가대표 3년차가 된 나는 포인트가드로 같은 포지션의 이옥자 김은주 등 선배 언니들과 교대로 뛰었다.

우리는 12개국이 출전한 콜롬비아대회 예선 2조에서 세네갈 브라질

▲1975년 콜롬비아 세계여자농구선수권대회에서 구소련을 상대로 선전을 펼쳤으나 78대 103으로 패했다. 등번호 11번인 내 오른쪽에 2m 10cm의 구소련 팀 센터 세메노바가 있고, 내 뒤쪽은 대표선수가 되어 처음 국제대회에 출전했던 박찬숙 선수.

에 이겼으나 약체로 생각했던 이탈리아에 59대 61로 패해 예선 2위로 결선에 진출했다. 결승리그에서 멕시코 콜롬비아에 낙승을 거뒀으나 구소련(78대 103) 체코(55대 61)에 패한 데 이어 숙적 일본과 격돌해 어이없게도 큰 점수 차로 고배를 마셨다.

우리는 초반에 경기의 주도권을 잡았으나 일본의 프레싱 전술, 즉 강압수비에 막혀 패스가 자주 끊기면서 경기 리듬을 잃고 리드를 뺏겼다. 국제대회에 처음 출전한 박찬숙과 조영란도 일본의 프레싱에 막히자 발랄하고 패기 있는 경기를 펼치지 못했다.

한일전의 참패(62대 89)는 왜 일본의 강압수비에 미리 대비책을 세우지 못했느냐는 아쉬움을 남겼고 바로 1년 전 테헤란 아시안게임 결승에서 버저비터 슛을 허용해 일본에 70대 71로 통한의 패배를 당한 악몽도 털어내지 못했다. 팀 전력이 상승세에 있던 일본은 콜롬비아대회 결승리그에서 5승1패를 기록, 구소련에 이어 2위로 준우승을 차지하는 이변을 낳았다.

한국 여자농구가 세계선수권대회에 출전한 역사를 보면 1964년 상업은행 단일팀이 제4회 페루 세계여자농구선수권대회에 국가대표 팀으로 처음 출전함으로써 국제무대에 첫발을 내디뎠다. 당시 한국은 1인당 국민소득이 100달러 안팎에 불과한 가난한 나라여서 운동 팀이 국제대회에 출전하러 해외로 나간다는 것은 간단한 일이 아니었다고 한다. 정부가 보유한 달러가 워낙 적었기 때문에 국민 개개인이 자유롭게 해외여행을 떠나 외화를 쓰고 다니는 것은 꿈도 못 꾸던 시절이었다.

그러나 상업은행 팀이 그 전 해인 1963년에 창설된 박정희장군배 동남아여자농구 첫 대회와 2회 대회에서 거듭 좋은 성적을 거두자 세계무대에 도전해보자는 목표가 생겼고 국내 최강인 상업은행 단일팀의 페루 원정이 어렵사리 성사되었다. 이때 상업은행 팀은 한국 여자농구의 전설이 된 박신자 선배를 중심으로 김명자 신항대 나정선 등이 주축을 이루고 있었다.

상업은행 단일팀은 13개국이 참가한 페루대회 조별 예선에서 체코와 접전 끝에 연장전에서 아쉽게 패했다. 이어 유고와의 대전에서 막판 체력 열세로 다 잡았던 경기를 놓치고 57대 60으로 역전패당해 결승리그에 진출하지 못했다. 한국은 8~13위 순위리그에서 일본을 70대 61로 꺾어 국제대회 첫 한일전을 승리로 이끌었고 나머지 경기를 모두 이겨 5전 전승으로 8위를 차지했다.

한국 여자농구로서는 세계무대에 처음 도전한 페루대회를 통해 해볼 만하다는 자신감을 얻어 1967년 체코 프라하에서 열린 제5회 세계선수권대회에 출전하게 됐다. 프라하대회에는 정식으로 국가대표팀이 구성돼 출전했다.

그리고 박신자 선배가 이끄는 한국 팀은 톱니바퀴가 물고 돌아가듯 완벽한 패스워크와 장신 숲을 날렵하게 뚫고 들어가는 스피디한 공격력으로 동유럽 관중을 한껏 매료시키는 가운데 구소련에 이어 준우승을 차지하는 대업을 달성했다.

한국 여자농구의 역사를 돌이켜보면 일제 강점기인 1926년 숙명여고가 조선신궁 경기대회에 출전함으로써 첫 대외 공식경기 참가를 기록했다. 이때를 한국 여자농구의 원년(元年)으로 보는 이유다. 그때 뿌려진 씨앗이 나라 없는 설움 속에서도 튼실한 나무로 성장해 광복 후 숙명여고가 배출한 박신자의 리드로 41년이 흐른 뒤 프라하 세계대회에서 꽃을 피운 것이다.

바스켓볼의 탄생과 한국농구

농구는 1891년 미국에서 탄생했다.

매사추세츠(Massachusetts)주 스프링필드(Springfield)의 YMCA 체육학교 교사였던 30세의 제임스 네이스미스(James Naismith)가 겨울에 실내에서 할 수 있는 스포츠로 농구를 창안해냈다. 당시 미국인들은 아메리칸 풋볼(미식축구) 시즌이 겨울에 끝나고 봄에 야구가 시작될 때까지의 공백 기간에 새로운 스포츠를 즐길 수 있기를 바랐다.

이러한 사회적 요구에 따라 YMCA 체육학교 교장의 지시를 받은 네이스미스가 머리를 쥐어짜는 궁리 끝에 농구라는 실내경기를 고안해냈다. 캐나다 출신인 그는 큰 바위 위에 작은 돌멩이를 얹어놓고 돌을 던져 맞혀 떨어뜨리는 덕온록(Duck on Rock)이라는 캐나다의 전통놀이에서 농구경기를 만드는 영감을 얻었다고 한다.

네이스미스는 농구의 기본원칙과 경기규칙을 만든 뒤 이를 실험해보기 위해 볼은 축구공을 사용하기로 하고 링은 폐품창고에 버려져 있던 복숭아 바구니(Peach Basket) 2개를 가져와 실내체육관 양쪽 발코니에 매달아 링을 설치했다.

그런 다음 자신에게 체육수업을 받던 학생 18명을 두 팀으로 나눠 실험경기를 해본 것이 오늘날 농구경기의 위대한 탄생을 낳은 계기였다. 최초의 실험경기에 참가했던 학생들은 이 경기의 명칭을 네이스미스볼로 부를 것을 제안하기도 했으나 복숭아 바구니를 링으로 사용했던 연유로 바스켓볼이라고 명명하게 되었다.

대한농구협회가 펴낸 『한국농구 100년(1907~2007)』에 따르면 국내에 농구가 처음 소개된 것은 그로부터 16년이 지난 1907년 황성기독청년회(서울YMCA의 전신)의 초대 총무였던 미국인 질레트(Gillet)에 의해서였다. YMCA(Young Men's Christian Association)는 1844년 영국에서 결성돼 그리스도정신을 넓혀가는 것을 사명으로 하는 기독교 민간단체로 국내에 농구 외에 야구 배구 수영 체조 복싱 등도 처음 소개했다.

국내에 농구가 도입되고 4년이 흐른 1911년 질레트는 커져가는 YMCA 세력을 억압하기 위해 일제가 기독교 인사들을 투옥하려고 하자 이를 국제사회에 폭로했다. 그는 이 일에 대한 일제의 보복으로 추방당하고 말았다. 그 바람에 농구의 보급이 한동안 휴면상태에 빠졌다가 1916년 종로3가에 있는 YMCA 목조건물 자리에 현대식 회관이 신축되고 2층에 실내체육관이 들어서면서 농구가 본격적으로 전파되는 계기가 마련됐다. 이때 체육 전문 강사인 미국인 반하트(B. P. Barnhart)가 YMCA 체육부 간사로 부임해와 회원들에게 농구를 체계적으로 가르친 것이 달리는 말에 채찍을 가하듯 농구를 빠르게 보급하는 원동력이 되었다.

YMCA는 남자 중심으로 클럽을 만들어 농구를 보급했고 클럽 활동에 참여했던 학생들이 소속 학교에 돌아가 농구를 전파함으로써 자연히 농구부가 생겨나게 되었다. 고증을 통해 확인된 우리나라 최초의 농구경기는 1920년 3월에 열린 재경 미국인 팀과 우리 YMCA 회원 팀 간의 경기였다. 이후 5년이 지난 1925년 가을에 제1회 전조선 농구대회와 제1회 전조선 중등부농구선수권대회가 잇달아 열려 본격적인 형태를 갖춘 최초의 농구대회 개최의 역사가 이루어졌다. 전조선 중등부선수권대회에는 휘문고보 A·B팀 경신고보 A·B팀 중앙고보 A·B팀 선린상업 A·B팀 등 모두 10개 팀이 참가하여 열전을 펼쳤고 결승에서 선린상업 A팀이 경신고보 B팀을 25대 22로 꺾고 우승했다고 한다.

한편 여자농구의 경우는 1907년 국내에 농구가 처음 소개된 지 4년이 지난 1911년 이화여고 전신인 이화학당의 조세핀 O. 페인 학당장(교장)이 체조에 이어 농구와 정구를 교과목으로 편성해 가르침으로써 첫 선을 보이게 됐다는 기록이 전해지고 있다. 여성은 집안에만 있어야 한다는 유교문화의 구시대적 인습이 지배하던 시절에 여성들에게 격렬한 운동경기를 배우도록 했다는 사실은 놀랍기만 하다.

그 시절 체육에 대한 사회인식을 보여주는 한 가지 일화가 있다.

한 번은 고종이 대신들을 이끌고 외국인 선교사들의 테니스 경기를 참관하게 되었는데 땀을 뻘뻘 흘리며 공을 쫓아다니는 선교사들을 보고 "저런 힘든 일은 하인들이나 시키지 왜 직접 하느냐?"고 했다는 것이다.

그러한 시대 배경 탓에 여자농구대회를 개최하겠다는 기관이 없어 여자농구의 보급은 한동안 침체되었다가 1925년 이화여전에서 이화여전 팀과 서양 팀 간의 경기가 공개적으로 열림으로써 최초의 여자농구 공식대회 기록을 세우게 되었다. 이것이 계기가 돼 이듬해 숙명여고보 농구팀이 제2회 조선신궁경기대회에 출전했고 그 이듬해인 1927년에는 경성여고보(경기여고)가 숙명여고보와 함께 출전했다. 특히 숙명여고보는 1928년 제5회 조선신궁경기대회부터 4년 연속 우승을 차지해 대회 4연패라는 놀라운 기록을 달성했다.

한국 여자농구 발전의 전기(轉機)는 1935년 선진 교육기관인 이화여전이 여고대회를 주최해 여고 팀들의 대회 참여를 독려했고 이를 통해 여성들의 사회 참여가 활발해지도록 유도함으로써 크게 활성화되는 계기를 맞이했다.

1937년 숙명여고는 전 조선 여자올림픽대회와 전 조선 여중선수권대회에서 우승해 전 일본 종합선수권대회에 출전하기도 했는데 이때 숙명여고 팀의 주장이 한국농구 발전에 많은 기여를 해주신 윤덕주 여사님이다. 윤 여사는 대한농구협회 부회장을 비롯해 여러 농구단체의 회장직을 두루 역임하면서 물심양면의 지원을 아끼지 않으셨다.

서울YMCA에 의해 국내에 도입돼 전국으로 전파된 한국 농구는 일제강점기를 거쳐 광복 후 장충체육관이 생기면서 장안의 인기를 모으는 스포츠로 발돋움했다. 장충체육관 자리는 해방 전 일본인들이 스모(일본씨름) 경기장 부지로 옥외에 만들어 놓았던 것인데 6.25 동란을 거친 뒤 1955년 육군에서 바닥에 마루를 깔고 7,000명 안팎을 수용할 수 있는 스탠드를 만들어 육군체육관으로 개관했다. 옥외체육관이 만들어진 후 자유중국(대만)의 남녀 농구팀이 내한해 한국 팀과 국제경기를 펼치기도 했고 국내 농구대회가 활발하게 개최되기 시작했다.

아시아 남자농구의 슈퍼스타 신동파 선생님도 1959년 4월 휘문중학 3학년 때 설렘과 긴장감으로 전날 밤을 뜬눈으로 새운 뒤 지붕 없는 이 육군체육관에서 생애 첫 공식 경기를 뛰었다고 『득점기계 신동파(허진석 저)』에서 밝히고 있다. 휘문중학은 수송중학을 41대 28로 꺾고 여세를 몰아 우승을 차지했다고 한다.

신동파 선생님은 실내체육관이 없던 시절이어서 영하 10도를 오르내리는 겨울에는 옥외 코트에서 머리에 수건을 쓰고 귀마개를 한 채 훈련을 하는 바람에 손이 얼어터질 것 같았다고 회고했다.

육군체육관은 서울시에 의해 국내 최초의 돔형 실내체육관으로 변신해 1963년 '장충체육관'으로 개관했고, 2015년 리모델링을 마침으로써 52년 만에 업그레이드된 모습으로 새롭게 태어났다.

한 골에 땅을 친 몬트리올 프레올림픽

제21회 몬트리올 올림픽 개막을 2개월 앞두고 1976년 6월 캐나다의 해밀턴에서 열린 여자농구 프레올림픽은 한국이 올림픽 출전권을 딸 수 있는 마지막 기회였다. 9개월 전 제7회 콜롬비아 세계선수권대회에서 5위에 그쳐 몬트리올 올림픽 티켓을 획득하지 못했기 때문에 프레올림픽에 모든 것을 걸어야 하는 상황이었다.

여자농구가 몬트리올 올림픽에서 처음 공식 경기종목으로 채택됐기 때문에 올림픽 본선 진출은 그만큼 절실했다. 그래서 여느 때와 달리 6개월 전부터 태릉선수촌에 들어가 강훈련을 쌓았다. 남자고교 팀과 여자실업팀을 상대로 연습경기만 57차례나 가졌다.

프레올림픽에는 한국을 포함해 10개국이 참가했고 우리는 불가리아 쿠바 이딜리아 영국 등과 B조에 편성됐다. A조에시는 미국 프랑스 폴란드 멕시코와 북한 등이 예선을 치르게 됐다.

우리 한국 팀은 유럽선수권대회 3위인 불가리아와 1차전에서 격돌했다. 우리는 속공과 중거리 슛으로 불가리아를 공략하는 작전을 폈으나 장신의 수비벽에 막혀 중거리 슛이 제대로 터지지 못했고 골밑도 봉쇄당해 힘든 경기를 벌였다. 전반을 31대 34로 리드 당했으나 후반 들어 공격적인 플레이를 펼치면서 종료 총성이 울릴 때까지 승부를 예측하기 힘든 접전이 계속되었다.

우리는 키가 큰 불가리아의 속공과 롱패스 등을 차단하려다 파울을 많이 범하게 돼 후반 7분 이후 이옥자 유쾌선 박찬숙이 차례로 5반칙 퇴장을 당했다. 주전들의 잇단 퇴장 속에서 근소한 리드를 지키다가 종료 30초를 남기고 불가리아에게 한 골을 허용해 65대 65 동점이 되고 말았다. 양 팀 모두 정신이 없고 숨이 막힐 지경이었다.

남은 30초 동안의 마지막 공격에서 득점을 하지 못하면 연장전에 들어가야 한다. 포인트가드인 나는 불가리아 진영 탑에서 좌우로 빠르게 패스를 돌리며 숨 가쁘게 슛 찬스를 노렸으나 난리를 피우듯 양손을 흔들어대며 압박하는 불가리아의 수비벽을 뚫는 일이 쉽지 않았다.

시간은 자꾸 흘러갔다. 숨죽이며 볼의 움직임을 쫓는 관중석의 수만 개의 눈동자가 내 등 쪽에 집중된다고 생각하는 순간 과감하게 마지막 승부수를 날렸다. 오렌지색 농구공은 높고 긴 포물선을 그리며 날아가더니 바스켓 그물 속으로 출렁하며 그림처럼 빨려 들어갔다. 게임종료 1초를 남긴 순간이었다.

중거리 슛이 꽂히는 장면은 내가 보기에도 황홀했다. 관중석에 앉아 있던 1,400여 명의 캐나다 한인동포들은 일제히 벌떡 일어나면서 만세를 외치고 환호성을 질렀다. 캐나다 동포들은 모국 팀의 짜릿한 승리에 감동을 감추지 못해 경기장을 나서는 우리 선수들을 둘러싸고 큰 박수로 격려해주었다. 동포 한 분은 귀국할 때 동생에게 선물을 사다주라면서 나에게 봉두까지 주었다. 한국 팀이 불가리아에 극적인 승리를 거둔 뉴스는 국내 신문의 체육 면과 스포츠신문의 1면 톱을 장식했다.

우리는 강적 불가리아를 꺾고 예선 2차전에서 특유의 탄력을 자랑하는 쿠바를 만났다. 객관적인 전력 면에서 쿠바가 불가리아보다 한 수 아래여서 우리는 쿠바와 해볼 만하다고 생각하고 경기에 들어갔으나 평균 신장에서 앞서는 쿠바를 공략하는 일이 쉽지 않았다. 우리는 쿠바의 높은 수비벽에 막혀 중거리 슛 성공률이 40% 정도에 머물렀고 리바운드에서도 33대 52로 크게 열세였다.

1m 89cm의 센터 박찬숙이 분전했지만 콜롬비아 세계선수권대회 때 대표선수로 첫 출전한 이후 두 번째로 국제대회에 나온 것이어서 아직 기량이 무르익은 상태는 아니었다. 1m 84cm의 장신포워드 조영란도 역시 두 번째로 출전한 국제대회인 만큼 역량을 충분히 발휘하기에는 아직 부족했다. 우리는 결국 쿠바에 70대 77로 패하고 말았다.

우리는 이탈리아와의 예선경기에서도 장신 벽에 막혀 고전했다. 전반을 31대 36으로 리드당한 뒤 후반 한때 11점차로 끌려갔으나 신인섭 언니와 나의 중거리 슛이 터지고 박찬숙의 골밑슛이 가세하면서 62대 61로 힘겹게 승리를 낚아챘다. 이탈리아는 게임 종료 총성과 함께 골을 넣었으나 1초가 지난 것으로 판정돼 노골이 선언됐다. 정주현 코치는 나중에 캐나다 현지 언론이 유쾌선 이옥자 언니와 나를 개인기가 좋은 선수들이라 평가했다고 알려주었다.

B조 예선경기가 모두 끝난 결과 우리 한국 팀은 불가리아 쿠바와 같이 3승1패 동률을 이뤘으나 골의 득실(得失)에서 한 골 차로 뒤져 3위가 되는 바람에 결승리그 진출이 좌절되고 말았다. 우리가 쿠바와의 경기에서 패하더라도 70대 77이 아니고 72대 77이나 70대 75의 5점차 승부였다면 결승리그에 올라갈 수 있었으나 그것이 무산되어 우리 선수단은 허탈하기 짝이 없었다.

그런데 우리를 진짜 화나게 한 것은 불가리아가 쿠바와 예선경기를 하면서 한국을 탈락시키려고 야합을 했다는 심증 때문이었다. 불가리아는 후반 11분 쿠바를 22점 차로 리드하고 있을 때 주전을 빼고 2진으로 교체해 느슨한 경기를 벌였다. 그 결과 전력상 10골 차가 날 수 있는 경기를 77대 68로 이기는 데 그쳤고 이것이 골의 득실을 따지는 데서 쿠바에게 유리하게 작용해 한국이 한 골 차로 탈락하고 쿠바가 예선 2위로 결승리그에 올라갔던 것이다.

불가리아는 결승리그에 예선성적을 갖고 올라가는 대회규정 때문에 한국이 진출할 경우 우리에게 진 1패를 안아야 하는 데다 쿠바가 같은 공산권 국가라는 동류의식이 작용해 그와 같은 야합을 한 것 같았다. 만일 우리가 예선 1위로 결승리그에 진출해 A조 2위인 폴란드에게 이긴다면 A조 1위인 미국과 결승에서 맞붙을 확률이 높았다. 미국이 B조 2위 불가리아를 무난히 이긴다고 보았기 때문이다. 그러면 결승전 승부 결과에 상관없이 2위까지 올림픽 출전권이 주어지는 규정에 의해 한국의 올림픽 출전이 가능할 수 있었다.

우리가 쿠바에게 한 골만 덜 졌더라도 결승리그에 진출해 올림픽 티켓을 딸 수 있는 길이 있었다는 전망은 국내의 스포츠신문이 분석한 내용이다. 귀국 후 이 기사를 읽고 나서 뒤늦게 정말 그럴 가능성이 있었구나 하는 생각을 하게 되니 아쉬움은 더 커질 수밖에 없었다. 여자농구가 처음 정식 경기종목으로 채택된 올림픽 본선에 나갈 기회를 눈앞에서 놓쳤으니 얼마나 속상하는 일인가.

한 가지 여담을 덧붙이면 내가 프레올림픽에서 귀국한 지 얼마 지나지 않았을 때 캐나다에서 남자 동포 한 분이 서울로 나를 찾아오셨다. 해밀턴에서 프레올림픽이 열리는 동안 우리 한국 팀을 열심히 응원하셨던 분인 모양이었다.

나보다 나이가 열 살 이상은 더 되신 것 같은 이분은 청혼을 염두에 두고 나를 만나러 한국에 왔다는 것이다. 그때 나는 만 21세의 나이였고 한창 농구선수의 꿈을 키워가는 때라고 말했더니 "잘 알겠다."면서 캐나다로 돌아갔다.

출국 하루 전 손가락 탈골

운동선수는 어느 종목이든 무서울 정도의 절제력으로 사생활을 잘 관리해야 하지만 그에 못지않게 중요한 것이 가능하면 다치지 않고 선수생활을 하는 것이다. 그런데 사실 운동하다 부상하는 것은 불가항력으로 일어나는 경우가 많아서 어쩔 수 없는 일이기도 하다.

나는 몬트리올 프레올림픽에서 올림픽 출전권 획득의 꿈이 무산된 다음 귀국한 지 4개월 만에 홍콩에서 열리는 제6회 아시아 여자농구선수권대회(ABC)에 출전하게 되었다. 우리는 귀국한 뒤 거의 쉴 틈도 없이 태릉선수촌에 다시 들어가 홍콩 ABC에 대비한 강훈에 돌입했다.

그리고 홍콩 현지로 떠나기 하루 전날이었다. 마무리 훈련으로 대표 팀이 여자실업팀인 선경과 연습경기를 벌이는데 그만 나의 왼손 둘째 손가락이 탈골되는 난감한 일이 일어났다. 선경 선수들이 하프라인을 넘어 공격해 들어올 때 대표 팀이 기습적으로 압박수비를 걸자 당황한 선경 선수가 급하게 패스한 볼이 나의 왼손 둘째손가락을 정면으로 찌르고 튕겨나갔다.

경기에 몰입해 있던 나는 그 순간에는 손가락 탈골의 통증조차 느끼지 못했다. 볼은 대표 팀 수중으로 넘어와 송금순이 속공을 나가려는 나에게 패스를 했고 나는 볼을 잡는 순간 그제야 통증을 느끼면서 볼을 떨어뜨리고 양손에 흥건하게 묻어 있는 피를 보게 됐다. 출국을 하루 앞두고 부상하는 황당한 일이 벌어진 것이다. 사실상 적지나 다름없는 홍콩에서 우리 대표 팀이 중국과 결승전을 벌여야 하는데 어떡하나 하는 걱정이 가슴을 무겁게 짓눌렀고 변승목 감독님과 정주현 코치에게도 무슨 죄를 지은 것 같아 죄송하기 짝이 없었다.

병원에서 X레이를 찍어보니 둘째손가락 뼈가 'Z' 모양으로 번개 형 탈골이 돼 있었다. 의사가 탈골을 바로잡기 위해 먼저 손가락에 마취주사를 놓는데 얼마나 아픈지 참을 수가 없었다. 탈골을 바로잡는 치료가 끝나자 손가락에 부목을 대고 붕대로 칭칭 감았으나 되도록 빨리 회복하려면 진통제를 쓰지 말아야 한다고 해서 주사와 투약도 없이 생으로 통증을 참아야 했다. 나는 참을성이 많은 편인데도 너무 아파서 정말 견디기 어려웠다. 팔을 올렸다가 내리기만 해도 통증이 몰려와 울음이 절로 나올 지경이었다.

홍콩 ABC 대회에는 모두 7개국이 참가해 풀리그로 경기를 벌였고 한국은 중국과 마지막 날 격돌하게끔 대진표가 짜여졌다. 나는 손가락 부상 때문에 홍콩 필리핀 싱가포르 말레이시아 일본과의 경기에는 출전하지 않았다. 한국 대표 팀은 일본과 맞붙었을 때 2년 전 테헤란 아시안게임과 1년 전 콜롬비아 세계선수권대회에서의 연패를 되갚기 위해 맹공을 펼친 결과 103대 49로 대승을 거뒀다. 분풀이하듯 100점대 이상의 득점을 올리며 이겼지만 일본팀 전력이 선수 세대교체 탓으로 많이 약화돼 있었다.

한국과 중공이 똑같이 5전 전승의 기록으로 결승전에서 격돌하게 되자 나는 손가락에 붕대를 칭칭 감고 원영자 이옥자 조영린 박찬숙과 함께 스타팅 멤버로 경기에 나섰다. 전반은 우리의 속공이 먹히고 이옥자 언니와 나의 중거리 슛이 호조를 보이면서 리드를 지켜나갔다. 43

대 31로 앞선 채 후반에 들어갈 때만 해도 중공을 이길 수 있겠다는 기대를 가졌으나 장신의 중공이 강력한 맨투맨과 존 디펜스 수비를 펴면서 우리의 공격이 막히기 시작했다.

박찬숙과 조영란이 중공의 골밑슛을 막으려다 파울이 많아져 결국 5반칙으로 물러나면서 중공의 추격이 탄력을 받기 시작했다. 후반 14분께 62대 63으로 첫 역전을 허용하고 말았다. 우리는 중거리 슛으로 맞서면서 게임 종료 1분 40초를 남기고 68대 70, 한 골 차로 추격해 재역전의 기회를 잡았으나 중공의 골밑슛 역습을 차단하지 못해 결국 68대 73으로 역전패를 당했다.

1972년 제4회 타이베이 ABC와 1974년 제5회 서울 ABC 우승에 이은 여자 ABC 대회 3연패의 꿈이 무산되는 순간이었다. 나의 손가락 탈골 부상 투혼도 보람 없이 끝나게 되자 허탈함은 말할 수 없이 깊었다. 그러나 내일 또 태양이 떠오르듯이 긍정의 마인드로 새롭게 내일을 향해 다시 뛰자고 마음을 다잡았다.

선수생활을 하는 동안 홍콩 여자 ABC 대회를 코앞에 두고 일어난 손가락 탈골이 나에게는 가장 큰 부상이었지만 발바닥 앞쪽에 굳은살이 두껍게 박이면서 그 사이가 갈라져 바늘에 콕콕 마구 찔리는 것 같은 통증을 겪는 것도 만만치 않은 부상이었다. 손가락 탈골은 그래도 일정 기간이 지나면 낫는 부상이지만 발바닥이 갈라져 생기는 통증은 운동을 그만두지 않는 한 완치가 되지 않는 '농구병'이었다.

플로어를 뛰고 달리고 점프했다가 떨어지고 하는 일을 수없이 반복하다 보니 발바닥이 성할 리가 없는 일이었다. 나는 손바닥도 무슨 농사일이라도 한 것처럼 뻣뻣해서 결혼 뒤 남편한테서 여자 손이 왜 이렇게 투박하냐고 구박 아닌 구박을 당하기도 했다. 연애할 때는 그런 손도 좋다고 잡고 싶어 안달하더니 결혼하고 나니까 본심을 드러내나 하고 속으로 웃고 말았던 적도 있다. 나는 발목 위쪽의 힘줄 일부가 파열돼 근육 이완제 주사를 종아리에 맞는 일도 많았다. 다행히 아킬레스건이 끊어지는 부상은 아니어서 경기를 하는 데 큰 지장을 받을 정도는 아니었다. 농구는 워낙 신체 접촉이 많은 운동이어서 선수들은 누구나 치명적인 부상을 하면 어쩌나 하는 걱정을 늘 안고 살았다.

운동선수들은 남자건 여자건 에너지 소비가 심하다. 그래서 많이 잘 먹고, 섭취하는 칼로리 양도 높아야 한다. 태릉선수촌에서 강화훈련을 할 때 하루에 보통 5,000칼로리를 섭취했던 것으로 기억난다. 그런데 여자 선수들은 몸매에도 신경을 쓰지 않을 수 없다. 이 때문에 선수가 식사량을 적절히 조절하려다가 운동량을 감당하기에 힘든 결과가 나타나 당황하는 일이 간혹 일어나기도 한다. 그런데 나는 너무나 잘 먹고 잘 뛰었던 것 같다.

여자 운동선수들은 운동을 한다는 선입견 때문에 여성미가 부족하다고 스스로 그렇게 생각할 수 있고 밖에서도 그렇게 볼 수 있을 것이다. 그런데 나는 여성의 아름다움은 건강미에서 시작한다고 본다. 건강해 보이는 외모에 교양미가 함께한다면 그것으로 충분하지 않을까?

영화배우나 탤런트들은 직업상 가냘플 정도의 날씬한 몸매를 가꾸고 얼굴 성형도 필요하겠지만 그런 경우가 아닌 다음에야 자연미와 건강미가 돋보이는 것이 오래도록 싫증을 느끼지 않게 하는 여성의 미가 아닐까 한다.

이탈리아 미국 전지훈련

국제대회가 없던 1977년은 대표선수들이 오랜만에 소속팀으로 복귀해 춘계와 추계 연맹전 등 국내 대회에서 뛰었고 그 사이의 여름철에는 1978년에 있을 제7회 아시아여자농구선수권대회(ABC)와 제8회 아시안게임에 대비해 해외 전지훈련을 떠났다.

이탈리아 초청 국제농구대회에 참가해 마피아의 본거지로 유명한 이탈리아 시실리 섬의 해변도시 5곳을 순회하면서 15차례의 경기를 갖고 장신의 벽을 극복하는 전지훈련을 쌓았다.

이탈리아 남서부에 있는 시실리 섬의 '시실리'는 흰 대리석이라는 뜻이라고 한다. 이 섬의 면적은 제주도의 5배 크기이고 이탈리아의 독립된 한 개 주(州)로서 400만의 주민이 살고 있다. 지중해 최대의 섬이기도 한 시실리는 '지중해의 빛나는 보석'으로 불린다고 하는데 마피아의 고향이라는 부정적 이미지와는 달리 자연경관은 정말 아름답고 평화로운 곳이었다.

시실리 섬에서 열린 국제농구대회는 이발리아농구협회가 아닌 이탈리아관광공사가 주최하는 것이어서 우리 대표 팀도 경기 성적에 구애받지 않고 서구의 장신선수들과 부딪치는 경기 경험을 많이 해보는 데 목표를 두었다. 이탈리아관광공사는 미국 소련 한국 체코 등 4개국을 초청해 5강전으로 대회를 치를 계획이었으나 미국 소련 체코 등이 불참하자 서독 벨기에를 대타로 초청해 4개국이 경기를 갖게 됐다.

그런데 서독이나 벨기에는 전력이 많이 떨어지는 팀이어서 우리와 이탈리아의 경기가 관심사항이 되는 대회였다. 우리는 서독이나 벨기에와의 경기에서는 각각 다섯 차례 모두 가볍게 이겼으나 이탈리아와는 2승 3패를 기록했다. 순회하는 해안도시마다 경기장이 모두 옥외여서 열풍의 바닷바람이 강하게 부는 경우에는 우리 선수들이 중거리 슛을 하는 데 애를 먹기도 했다. 시실리 섬은 동양인들이 거의 살고 있지 않기 때문인지 이곳 주민들은 멀리 아시아에서 온 우리 한국선수들을 흥미롭게 지켜보는 것 같았다.

이탈리아 전지훈련에서 기억에 남아 있는 에피소드는 우리 대표 팀의 안내를 맡았던 시모네라는 이탈리아 청년에 관한 것이다. 시모네는 나와 나이가 같았는데 대단히 성실하고 착한 사람이었다. 그는 영어가 능통하지 않아 영어사전을 끼고 다니면서 정주현 감독이나 신동파 코치가 무엇을 물어보면 사전을 열심히 찾아보면서 대답을 해주곤 했다.

우리가 시실리 섬의 해변도시 순회경기 일정을 모두 마치고 떠나기 하루 전날이었다. 시모네가 나에게 다가오더니 한국에 가지 말고 이곳에 남아서 살면 어떠냐고 진지한 표정으로 물었다. 나는 순간적으로 웃음이 나오기도 했지만 내색을 하지 않은 채 한국에서 부모님이 기다리고 있기 때문에 가야 한다고 말해주었다.

시실리 섬을 떠나는 날 부두에서 우리 대표 팀을 태운 버스가 연락선 안으로 진입하기 위해 기다리고 있을 때 버스 뒤쪽에 앉아 있던 원영자 언니가 앞쪽에 있던 나에게 뒤쪽으로 오라고 막 손을 흔들었다. 바로 옆에 수염도 깎지 않은 덥수룩한 얼굴의 시모네가 금방 눈물이라도 흘릴 것 같은 표정을 짓고 앉아 있으니 어떻게 좀 달래주라는 뜻이었다.

나는 시모네에게 "그동안 고마웠어요. 잘 지내요." 하고 등을 두드려 주었고 시모네는 우리 선수들과 일일이 허그를 한 뒤 버스에서 내렸다. 우리 버스가 연락선 안으로 진입하기 시작해 이별의 순간이 되자 시모네는 눈물이 글썽글썽한 얼굴로 부두에서 손을 흔들었다.

시모네는 우리 대표선수단이 열흘 정도 시실리에 체류하는 동안 약속했던 대로 한국어도 배웠던 모양이다. 그 이후 1년 가까이 나에게 한글 몇 글자를 적어가며 편지를 보내오다 끊어졌는데 '눈에서 멀어지면 마음도 떠난다(Out of sight, Out of mind).'는 세상사를 경험하는 기회가 됐는지도 모르겠다.

이탈리아 전지훈련 말고도 나는 대표선수 생활을 하는 8년 동안 해외 다섯 차례, 국내 한 차례 전지훈련 기회를 가졌다. 1975년 콜롬비아 세계선수권대회에 출전하는 길에 로스앤젤레스와 멕시코에서 짧은 5일간의 전지훈련을 했고, 1976년 캐나다 해밀턴에서 열린 몬트리올 프레올림픽에 출전할 때 미국에 들러 전지훈련을 쌓았다.

이들 두 차례의 전지훈련은 그 지역 대학팀과 주로 경기를 벌이면서 우리 대표 팀의 전력을 점검해보는 것으로, 엄밀히 말하면 평가전을 겸한 미니 전지훈련이었다. 이에 비하면 1979년 서울에 유치한 제8회 세계선수권대회를 앞둔 열흘간의 미국 전지훈련은 말 그대로 본격적인 전지훈련으로 서구 선수들의 장신 벽에 대한 공포증을 극복하기 위한 것이었다.

우리 대표팀은 2월 초 로스앤젤레스를 거쳐 오리건 주(州)의 유진 시(市)에 도착해 미국 서북부지역 챔피언인 오리건대학 여자팀과 첫 경기를 했다. 1만 2,000명 수용 규모의 오리건대학 체육관에 8,000여 명의 관중이 몰려들었고 백인과 흑인 여학생 치어걸들이 나팔을 불고 드럼을 치며 분위기를 달궜다. 우리는 여행 피로가 안 풀린 상태에서 오리건대학생들을 포함한 미국 관중의 일방적인 응원전이 가세하는 가운데 평균 신장이 5cm나 더 큰 오리건대학팀과 접전을 벌이다 67대 68로 패하고 말았다.

다음 날 이곳 지역신문은 그 주일의 톱뉴스로 미국과 중국이 친구가 되었다는 사실을 보도하면서 한 가지 주요 뉴스를 덧붙인다면 오리건대학팀이 소련 다음으로 강팀인 한국 여자농구대표팀을 이긴 것이라고 적었다. 그 이후에 우리 대표팀은 UCLA 팀, 칼스테이트(CSU) 대학팀 오리건 주립대학 팀 등과 연습경기를 하면서 장신 팀에 대비한 훈련을 쌓았다.

미국 전지훈련에서 돌아온 뒤 오리건대학 측에서 박찬숙과 나에게 유학을 권하면서 스카우트하려 한다는 얘기를 듣게 되었는데, 박찬숙이나 나는 장학금을 받고 미국 대학에 가서 농구를 하겠다는 생각은 해보지 않았다. 1980년 모스크바 프레올림픽 출전을 앞두고 미국 전지훈련을 갔을 때도 미국대학 측이 또 스카우트 제의를 해온 사실을 나중에 알게 되었다.

우리 대표 팀은 서울 세계선수권대회에 대비해 미국 전지훈련을 떠나기에 앞서 1979년 새해 벽두에 삼천포시의 초청을 받아 남해안으로 특별하고 신나는 국내 전지훈련을 떠났다.

삼천포 실내체육관 개관식에 우리 대표 팀이 초대 손님으로 간 것인데 삼천포 시민들은 실내체육관 개관을 계기로 여고농구팀을 육성하기로 뜻을 모아 삼천포여고를 농구 명문으로 키우기로 했다. 우리는 삼천포에서 바다내음을 실컷 즐기면서 전지훈련을 하고 부산 대구를 거쳐 태릉선수촌으로 복귀했다. 태릉선수촌의 엄격하고 빡빡한 훈련일정에 묶여 있던 대표선수들에게 해외나 국내로 떠나는 전지훈련은 기분 전환을 통해 새롭게 기량 연마의 결의를 다지게 해주는 청량제다.

깡총한 바지의 촌스러운 남자

 1978년은 7월 말 쿠알라룸푸르에서 열리는 제7회 아시아 여자농구 선수권대회(ABC)와 연말 방콕에서 개최되는 제8회 아시안게임이 기다리고 있었다.

 쿠알라룸푸르 ABC 대회는 2년 전 제6회 홍콩 ABC 대회에서 중국에게 역전패당한 것을 설욕해야 하는 대회였고, 연말 방콕 아시안게임은 그 여세를 몰아 반드시 한국 여자농구가 금메달을 따내야 한다는 목표가 세워져 있었다.

 그해 3월에는 대표선수들이 모두 소속팀에 복귀해 봄철 여자실업농구연맹전에 출전했다. 이 국내 대회를 마치면 곧바로 태릉선수촌에 입촌해 연말 방콕 아시안게임 때까지 긴 합숙훈련을 또 시작해야 하는 일정이었다.

 내가 소속한 외환은행 팀은 봄철 대회에서 선전해 창단 4년 만에 처음 4강에 진출했다. 1년생 루키 방신실의 활기찬 플레이와 임미령 나인숙 등이 좋은 경기를 펼쳐 코오롱 한국화장품 제일은행 등을 꺾고 준결승에 올라 우승후보인 태평양화학과 격돌했다.

 박찬숙이 우뚝 서 있는 태평양화학과 맞붙어 전반 한때 3골반 차로 앞서기도 하는 등 열심히 싸웠으나 역부족이었다. 후반에 타이를 이루며 맹렬히 추격했지만 결국 71대 74로 패하고 말았다. 경기장을 찾은 농구팬들을 상대로 인기투표를 실시한 결과 1위 박찬숙 275표, 2위 강현숙 264표 등이었다고 주최 측이 대회 마지막 날 발표했다.

국내 대회가 끝나고 태릉선수촌 생활에 다시 익숙해진 어느 날, 저녁을 먹는 식당에서 마주친 축구 대표 팀의 김정남 감독님이 나에게 불쑥 이런 말을 꺼내셨다.

"동아일보 기자 중에 김 기자라는 사람이 있는데 강 선수를 좋아해서 밖에서 한 번 만나고 싶어 하는 모양이야."

이렇게 웃으며 말씀하시는 김 감독은 선수촌 생활을 하면서 잘 알게 되었지만, 그때 같은 외환은행의 축구팀 감독을 맡고 계셔서 친근감이 더 있던 분이다. 나중에 알게 된 사실이었지만 김 감독이 나에게 이런 메시지를 전해준 사연은 이러했다.

남편이 된 김 기자와 같이 체육부 기자로 일하던 이광석 선배라는 분이 축구 담당 기자여서 김 감독과 잘 아는 사이였는데 후배인 남편이 나를 만나고 싶어 애태우는 것을 보고 선수촌에 함께 입촌해 있는 김 감독에게 부탁해 그런 메시지를 전달하게 했던 것이다.

남편은 자신이 농구 담당 기자인데도 중이 제 머리를 깎지 못해서인지 체육부 선배의 지원사격을 받아 김 감독을 통해 나에게 첫 연애편지를 전달한 셈이었다. 옛날 까까머리 남자 고등학생이 동네 꼬마에게 십 원짜리 한 장을 쥐어주면서 저기 있는 여고생 누나에게 편지 좀 전해달라고 꼬시던 일이 흔히 있었다. 그런데 김 기자는 감히 고흘리개 꼬마가 아닌 축구 대표 팀의 감독님을 동원해 나에게 첫 노크를 했던 것이다.

나는 김 감독의 그런 얘기를 듣고도 그냥 넘겨버린 상태로 잊고 있었다. 그때 내가 알고 있는 농구 담당 기자는 중앙일보의 이민우 기자님과 서울신문 자매지인 주간스포츠의 이동웅 기자님 정도였다. 남편인 동아일보 김종완 기자는 얼굴조차 알지 못했기 때문에 그런가 보다 하고 지나쳐 버리고 있었다.

그런데 그 후 한두 주일쯤 지났을 때였을까. 김정남 감독님이 저녁을 먹으러 식당으로 가는데 식당 입구에서 나를 기다리고 있었다는 듯 반기는 표정으로 막 부르시는 것이었다.

김 감독은 나를 보자 일방적으로 통보하듯 "이번 일요일 오후 3시에 명동에 있는 태극당 빵집에서 김 기자가 강 선수를 기다린다고 했어요." 하면서 내 답변도 들어보지 않고 그냥 가버리셨다. 아마 이 사실을 그때 여자농구 대표 팀의 정주현 감독이나 신동파 코치가 아셨다면 그때만큼은 김정남 감독을 원망하지 않으셨을까 하는 생각도 나중에 해보곤 했다.

어쨌든 나는 김 감독을 통해 남편이 일방적으로 약속해놓은 시간에 명동 태극당 빵집으로 나갔다. 1978년 7월 9일로 기억된다. 만나자는 사람이 농구 담당 기자라는 사실 때문에 거부감이 덜해서 큰 부담은 갖시 않았나.

빵집 2층으로 올라가자 저 앞에서 웬 남자가 손을 흔들며 반기는 표정을 짓고 있었다. 나는 비로소 이 남자가 동아일보 김 기자라는 것을 처음 알았다. 남편은 그 시점을 기준으로 이미 2년여 전부터 농구 담당을 하면서 나를 관심 있게 지켜봐온 모양이었다. 그렇지만 나는 경기장 플로어 한쪽의 기자석에서 누가 취재를 하고 있는지 관심을 둘 이유가 없었고 남편은 내성적인 성격 탓인지 농구 담당 기자이면서도 취재를 핑계로 나를 직접 만나 인터뷰하는 일을 '감행'해 보지 않았던 것이다.

태극당 빵집에서 처음 대면한 김 기자의 첫인상은 참 촌스럽다는 것이었다. 깡총한 하늘색 면바지에 무슨 캐나다 국기 모양 같은 낙엽 무늬가 그려진 짙은 색깔의 반소매 남방셔츠를 입고 있는 모습이 결코 세련돼 보이지 않았다. 무릎 아래를 슬쩍 내려다보니 밤색 구두를 신고 있었는데 그것도 옷 색깔과 별로 어울리는 것 같지 않았고 혁대도 누런색이어서 여름날의 옷차림으로는 전혀 산뜻한 느낌을 주지 않았다. 그러니 첫인상이 촌스러울 수밖에 없었다.

1시간여 대화를 나눈 뒤 자리에서 일어나 외환은행 본점이 있던 을지로 쪽 명동입구로 함께 걸어 내려오는 동안 김 기자의 옷차림을 곁눈질로 쳐다보면 볼수록 '참 옷도 잘 못 입는다.'는 생각이 계속 들었고 속으로 웃음이 나오기도 했다.

자기가 좋아하는 여자를 처음 만나는 자리인 만큼 자기 딴에는 가장 잘 차려입고 나온 것이었을 텐데 저 정도밖에 옷을 못 입나 하고 생각하니 자꾸만 실소가 나올 지경이었다. 나는 운동선수였기 때문에 스포츠웨어를 걸치고 있으면 충분했고 옷차림에 별로 신경을 쓰지 않아도 되어서 편했다.

김 기자는 첫 만남 자리에서 나에게 한마디로 "사귀어 보자."는 제안을 했다. 나는 1년이면 6~7개월은 태릉선수촌 합숙훈련에 묶여 있어서 토요일 오후에 외출해 집에 왔다가 일요일 오후 5시 이전에 선수촌으로 되돌아가는 생활을 반복했다.

김 기자는 그러니까 토요일에 외출하면 저녁에 친구들 만나고 일요일 태릉선수촌에 들어가기 전에 잠깐이라도 시간을 내 만나면서 서로를 알고 지내보자고 요청했다. 그런 과정에서 혹시 자기가 마음에 들지 않으면 언제든지 그만 만나도 좋다고 했다.

그는 대화중에 몇 번이나 "절대로 운동에 지장을 주지 않도록 하겠다."고 강조하면서 우선 시간 나는 대로 만나서 서로를 알아보자고 재차 말했다. 나는 이 남자가 결혼을 염두에 두고 나를 만나자고 하는구나 하는 생각을 하게 됐지만 처음 만난 자리에서 아무런 대답도 할 수 없는 일이었다.

진지한 표정으로 얘기하는 그의 얼굴을 보고 그냥 미소만 지었다. 중요한 국제대회를 여러 개나 앞두고 있는 대표선수의 입장에서 몸가짐을 조심해야 하는 것은 말할 나위도 없는 일이었고 더욱이 여자선수였기 때문에 이성을 사귀는 일은 더욱 신중할 수밖에 없었다.

새벽길의 북동 횡단

초반부터 경기가 잘 풀려나가질 않았다. 반드시 설욕해야 한다는 부담감이 컸던 것 같았다. 일진일퇴의 공방을 주고받으면서 전반을 넘긴 뒤 후반 들어 3분께 중국에게 리드를 뺏기고 연속적으로 골을 허용하고 말았다. 스코어는 28대 35. 이때 박찬숙의 득점으로 30대 35가 된 후 조은자의 드라이브인 슛과 나의 중거리 슛이 가세하면서 추격의 고삐를 당겼다. 10여 차례 타이를 이루며 숨 막히는 접전을 거듭하던 끝에 후반 15분 박찬숙의 연속 골로 우리 한국 팀이 56대 53으로 재역전하는 데 성공했다. 손에 진땀이 나는 경기는 게임 종료 49초를 남기고 아슬아슬한 승부의 고비를 넘기 시작했다.

61대 61 타이스코어에서 송금순의 천금 같은 야투 한 방이 작렬했다. 이제는 수비에 총력을 쏟아 63대 61의 스코어를 지킬 수만 있다면 마침내 2년 전 홍콩 ABC 대회에서의 결승전 패배를 설욕할 수 있다.

우리 한국 팀 벤치도 흥분에 싸였지만 중국 팀 벤치는 호떡집에 불난 듯했다. 실내 체육관을 가득 메운 중국계 말레이시아 관중 1만 2,000여 명은 광적으로 중국 팀을 응원하나가 막판에 중국이 역진패의 위기에 몰리자 더욱 고성을 질러대며 난리를 피웠다. 중국계 말레이시아인은 2,500만 명 안팎인 말레이시아 전체 인구의 4분의 1을 차지할 정도로 많다고 했다.

49초를 남긴 상황에서 중국이 공격을 했지만 우리 선수들의 총력 수비에 저지당해 득점에 연결하지 못했다. 이제 남은 시간은 단 11초. 작전타임을 요구한 신동파 코치는 볼을 돌리는 지연작전을 지시했다. 우리는 벤치의 요구를 잘 소화해냈고 마침내 대(對)중국 설욕전의 목표를 성취해내고야 말았다.

한 골 차의 힘겨운 승리였지만 적지나 다름없는 곳에서 중국계 관중의 일방적인 응원에 싱가포르 심판의 은근한 편파판정이 가중된 악조건에서 거둔 우승이어서 더욱 값졌다. 전날 5차전에서 일본을 64대 50으로 물리치면서 정미라와 조영란이 부상해 중국전에 결장하는 바람에 생긴 전력 손실까지 극복하며 따낸 승리였다.

쿠알라룸푸르 ABC 대회에서 개선한 뒤 우리 선수들은 짧은 휴가를 가졌다. 그리고 연말의 제8회 방콕 아시안게임에 대비해 전 종목 대표 선수들이 참가하는 태릉선수촌 합숙훈련에 또 들어가야 했다. 나는 농구대표팀의 주장을 맡았던 원영자 언니가 쿠알라룸푸르 대회를 끝으로 은퇴함에 따라 그 자리를 이어받게 되어 어깨가 더 무거워진 상황이었다.

그런데 쿠알라룸푸르 대회에서 돌아오자마자 김 기자가 만나자는 연락을 계속해왔다. 나는 대표 팀의 주장까지 맡은 처지여서 아무리 상대방이 농구 담당 기자라고 해도 섣불리 약속에 응할 수 없었다.

그러던 어느 일요일이었다. 전날인 토요일 오후 명일동의 집으로 외출을 나왔던 내가 여느 때처럼 일요일 오전 6시 천호동성당에서 시작하는 새벽미사를 보고 성전을 나서는데 저 뒤쪽에 김 기자가 서 있는 것이 아닌가.

나는 속으로 '어머나!' 하고 놀랐지만 내색은 하지 않았다. 나는 중학생 때 영세를 받고 가톨릭신자가 된 이후 항상 새벽미사를 다녔는데 내가 만나자는 약속에 응하지 않자 김 기자가 전략을 바꿔 성당으로 찾아오기 시작했던 것이다. 나는 성당 앞에서 버스를 타고 세 정거장 거리인 명일동 버스종점으로 가서 집으로 5분 정도 걸어가야 한다. 김 기자는 나를 따라 버스를 타고 종점에서 내린 뒤에 잠깐 얘기 좀 하자고 졸라댔다.

아침 7시가 조금 넘은 시각인데 어디 가서 얘기할 만한 장소가 서울 변두리의 버스 종점 부근에 있을 리 없었다. 그러자 김 기자는 정류장 앞에 있는 구멍가게에라도 들어가서 뭘 한잔 마시자고 했다. 대화를 하자는 것인데 그럴 분위기가 결코 아니었고 잠시 비좁은 구멍가게 안에 어정쩡하게 서 있다가 나는 가봐야 한다면서 집으로 향했고 김 기자는 멍한 표정으로 돌아갔다. 나의 집은 주택공사가 지은 명일동 13평짜리 시영아파트였다.

김 기자가 처음 천호동성당 새벽미사에 찾아오고 난 다음 일요일에도 나는 변함없이 오전 6시 새벽미사에 갔다. 그가 또 찾아올지 어떨지 솔직히 궁금했지만 일회성 행동으로 끝나는 것이 아닐까 하고 생각했다. 나는 1시간 정도 진행되는 미사 때마다 늘 신부님이 집전하는 제대 앞쪽에서 미사를 드렸다. 오전 7시쯤 미사가 끝나 신자들이 파견성가를 부르고 나서 퇴장하는 동안 나는 자리에 그대로 앉아 기도를 더 하고 일어났다.

뒤로 돌아서서 성전을 나가려는데 저 뒤쪽 자리에서 김 기자가 앉은 채로 손을 흔들고 있는 모습이 보였다. '어머, 또 왔네!' 하는 소리가 절로 나올 것 같은 순간이었다.

처음 김 기자가 천호동성당 새벽미사에 왔을 때처럼 성당을 나와 버스를 함께 타고 세 정거장을 가서 종점에서 내렸다. 그리고 구멍가게에 들어가 어정쩡하게 선 채로 오후에 시내에서 만나자, 안 된다 하고 또 말씨름만 하다가 헤어졌다.

나는 김 기자가 2주 연속 일요일 새벽미사에 왔을 때까지만 해도 한두 번으로 끝나고 더 이상은 오지 않겠지 하고 생각했다. 그런데 그의 새벽미사 참석은 중단되지 않았다. 칼을 뽑았으니 뭔가 썰지 않고는 칼집에 그냥 넣을 수 없다는 기세였다. 그때 김 기자의 집은 은평구 연신내에 있었다. 그러니까 그로서는 서울 외곽의 북쪽 끝에서 동쪽 끝인 명일동까지 '새벽길의 북동 횡단'을 계속한 셈이었다.

한 번은 폭우가 무섭게 쏟아진 일요일 새벽이었는데 그는 연신내에서 택시를 타고 어김없이 북동 횡단에 나서 성당에 왔고, 오전 7시쯤 미사가 끝날 때까지 뒤쪽 자리에 앉아 있었다.

천호동성당 김병일 주임신부님은 일요일 새벽미사 때마다 웬 젊은 이가 뒤쪽에 앉아 있는 모습이 눈에 띄었던지 미사가 끝난 뒤 성전 안을 한 바퀴 돌면서 그에게 다가가 "자네는 어느 동네에 사는가." 하고 물었다고 한다. 그때 비신자였던 그는 대답할 말이 마땅치 않아 난처한 상태로 그냥 우물거렸다고 나중에 나한테 털어놓았다.

김병일 신부님은 나중에 우리가 명동성당에서 결혼식을 올릴 때 경기도 의왕시 나자로마을을 운영하시던 이경재 신부님과 함께 미사를 공동으로 집전해주셨다.

결혼하고 나서 시어머니한테서 그의 새벽길 북동 횡단과 관련해 들은 얘기는 이러했다. 일요일이면 피곤해서 아침에 늦잠을 자는 아이인데 언젠가부터 컴컴한 새벽에 일어나 집을 나가는 것을 보고 '저 아이가 무슨 일인데 저러나?' 하셨다는 것이다. 시어머니의 궁금증 속에 김 기자의 천호동성당 새벽미사 참석은 5개월 가까이 계속됐던 것 같다. 이쯤 되고 보니 그의 진정성을 의심하기 힘들었고 내 마음도 기울기 시작했다.

신동파의 '빳다' 세례

"모두 다 내려서 숙소로 가지 말고 체육관으로 가 있어!"

우리 대표선수들을 태운 버스가 태릉선수촌으로 돌아오자마자 아직도 화가 풀리지 않은 신동파 코치는 정주현 감독과 함께 버스에서 먼저 내리면서 우리에게 고함치듯 말했다. 그리고 나를 불러서 몽둥이를 하나 구해 오라고 지시했다.

나는 난처한 표정을 애써 감추면서 선수촌 구내식당에서 일하는 젊은 직원을 찾아가 긴 막대기 같은 것을 구해달라고 했다. 그가 갖다 준 막대기를 신 선생님이 사용했는지 다른 것을 구해오게 했는지는 기억이 확실치 않다. 어쨌든 우리 대표선수들은 체육관 벽에 양손을 대고 선 상태에서 '빳다' 세례를 받았다.

"주장부터 먼저 나와!"

내가 나가서 엉덩이를 뺀 채 벽에 손을 대고 서자 '퍽, 퍽, 퍽!' 하고 3대가 연속으로 날아들었다. 아파서 '으윽!' 하는 소리가 절로 터져 나왔고 엉덩이에 불이 나는 것 같았다. 내가 선수생활을 하는 동안 '빳다'를 맞아본 경험은 이것이 처음이자 유일했다. 아마 다른 대표선수들도 마찬가지였을 것이다.

신 선생님이 그날 화가 많이 난 것은 우리 대표 팀이 서초동에 있는 코오롱체육관에서 코오롱 팀과 연습경기를 했는데 벤치에서 보기에 선수들이 긴장감도 없이 늘어진 상태에서 대충대충 게임을 하듯 한 모양이었다. 그러니 벤치 입장에서는 화가 날만 했을 것이다.

더구나 제8회 방콕 아시안게임이 눈앞에 닥쳐와 있는 때였다. 당시 김택수 대한체육회장은 각 종목의 훈련장을 둘러보면서 여자농구팀에게 올 때는 특유의 경상도 억양으로 "여자 농구는 금메달이야." 하고 늘 얘기했다. 그런 만큼 정 감독님이나 신 선생님은 스트레스를 많이 받지 않았을까 싶다.

우리 대표선수들이 연습경기를 무성의하게 한 특별한 이유가 있는 것은 아니었다. 태릉선수촌의 엄격한 규율 속에서 장기 합숙훈련을 하다 보면 지루함과 무료함 같은 것 때문에 잠시 일탈해보고 싶은 충동 같은 것을 느끼는 경우가 종종 있게 마련이다. 이러한 심리상태가 복합적으로 얽히다 보면 매너리즘에 빠지면서 늘어지는 일이 생기게 된다.

어쨌든 우리는 '빳다' 세례를 받고 난 다음 날부터 군기가 바짝 들어서 벤치의 한 마디 지시에 "네! 네!" 하고 큰 소리로 대답하면서 활력이 넘치는 모습으로 연습에 몰입했다. 아마 신 선생님은 속으로 '여자선수들에게 빳다를 친 것은 미안하지만 효과가 있구나.' 하고 웃었는지도 모르겠다.

신 선생님의 '빳다'는 순수한 의미의 체벌이었다. 그렇기 때문에 대표선수들이 거부감이나 저항감을 갖지 않았고 심기일전하는 계기로 삼았던 것 같다. 나는 순수한 의미의 체벌은 필요하다고 본다. 스포츠 지도자이건 학교 선생님이건 사적 감정을 실어서 체벌하는 것은 안 되지만 잘못된 행동을 지적하기 위해 체벌이 필요한 경우라면 벌을 받는 쪽에서도 받아들여야 한다고 생각한다. 물론 '체벌이 필요한 경우'에 대한 객관적 판단이 쉬운 일은 아니지만 말이다.

그런데 체벌을 할 때 손찌검을 하는 것은 자제돼야 한다. 스포츠 지도가가 주먹으로 선수를 체벌하는 것은 구타에 해당할 수 있고 학교 선생님이 학생들에게 손찌검을 한다면 그것도 체벌 차원을 넘는 행위가 될 수 있다. 하긴 요즘 세상은 교실에서 교사가 학생에게 체벌을 할 경우 학생들이 핸드폰으로 찍어 경찰에 고발하는 실정이니 체벌 자체가 쉽지 않게 되었다.

내가 태릉선수촌 생활을 하던 1970년대의 지도자와 선수들 간의 관계에 비하면 지금은 상황이 많이 달라진 것 같다. 세상의 변화에 따라 당연한 것이겠지만 이제는 선수들의 권리의식이나 자아의식이 높아지고 있기 때문에 지도자들이 규율만을 내세워 선수들을 장악하려고 하면 갈등이 생길 수밖에 없을 것이다.

2004년 어느 종목에서 대표선수 6명이 코치의 상습 구타와 사생활 간섭 등을 이유로 태릉선수촌을 집단 이탈했다가 하루 만에 복귀한 사건이 좋은 예라고 본다. 이외에도 여러 종목에서 지도자와 선수 간의 갈등으로 구타사건이 빚어지고 이것이 언론에 보도돼 체육인들의 이미지를 실추시키고 있는 것은 누구의 잘못이 더 크든 간에 없어져야 할 구타다.

내가 대표선수 시절 유일하게 '빳다' 체벌을 한 번 받은 경험이 있다고 했는데, 실은 무학여고 1학년 때 체벌을 받았던 일이 또 한 번 있었다. 무학여고를 방문한 어느 실업팀과 학교체육관에서 연습경기를 했을 때 내가 슛 찬스가 나도 선배 선수들에게 계속 패스만 하면서 슛을 하지 않고 볼을 돌린 것이 화근이 됐다.

벤치에서 임계삼 코치 선생님이 "슛! 슛! 쏘라고 이 녀석아, 쏴!" 하고 소리치는데도 나는 못 들은 척하고 흘려버렸다. 1년생이 스타팅 멤버로 기용된 것도 벤치에 앉아 있는 선배 언니들에게 왠지 미안한 일인데 내가 선배를 제쳐 놓고 슛까지 하는 일을 감행할 수 없었다.

연습경기가 끝나고 실업팀이 체육관을 빠져나간 뒤 임 선생님은 벤치 앞에 우리 선수들을 일렬로 세워놓고 이것저것 지시를 하는 자리에서 화가 잔뜩 난 목소리로 "현숙이, 이리 나와!" 하고 나를 불러냈다. 앞으로 나가자마자 임 선생님으로부터 따귀 세례를 받았다.

"슛을 하라는데 왜 안 쏘는 거야. 패스만 할 거면 뭐 하러 경기장에 나가?"

나는 임 선생님한테서 얻어맞는 순간에도 왜 나를 야단치는지 알 수 있었다. 선배들의 눈치를 보지 않고 내가 자유롭게 플레이를 할 수 있도록 해주기 위해서라는 것을 느낄 수 있었다. 따귀 세례는 손찌검에 해당하는 것이지만 이때 나는 단순하게 체벌로 받아들였기 때문에 분하거나 억울하다는 생각은 결코 하지 않았다. 어쨌든 나는 눈물을 뚝뚝 흘리면서 이날도 혼자 남아 밤늦게까지 체육관에서 개인연습을 한 뒤 귀가했다.

족두리 쓰고 중공을 연파하다

김성집 태릉선수촌장님의 호출이 왔다. 촌장실로 들어가니 여느 때나 다름없이 맑고 깨끗한 얼굴로 맞아주신다.

"강 선수, 이번 방콕 아시안게임 개회식 때 전통혼례 복장을 하고 한국선수단 맨 앞에 서서 입장해줘야겠어요. 배구의 강만수 선수가 신랑의 전통혼례복을 입고 강 선수와 같이 입장할 겁니다."

"아, 네에."

아시아경기연맹(AGF)이 1978년 방콕 아시안게임 개회식 때 각국 참가선수단이 전통 의상을 입은 선수를 맨 앞에 세워 입장하도록 결정한 데 따른 것인데 별난 경험을 다 해보는구나 하는 생각을 했다. 강만수 선수는 나와 동갑내기로 1973년 모스크바 유니버시아드에 여자농구와 남자배구의 막내 대표선수로 같이 출전했던 인연이 있었다. 강 선수는 나를 보면 늘 "강형, 강형." 하고 부르곤 했다.

선수촌장 훈련단장 훈련원장 등 선수촌에서만 20년 가까이 생활하신 김성집 촌장님은 마라톤 영웅 손기정 선생님과 함께 대한민국 최초의 스포츠 영웅으로 선정된 한국체육의 산 증인과 같은 분이다.

1948년 8월 15일 대한민국이 수립되기 직전에 열린 런던올림픽에 대한민국 국적으로 처음 출전해 역도 미들급에서 건국 후 최초의 올림픽 입상기록인 동메달을 획득했다. 히틀러 치하에서 열린 1936년 베를린올림픽 이후 중단됐다가 12년 만에 다시 개최된 런던올림픽에 대한민국은 역도 레슬링 육상 복싱 농구 축구 사이클 등 7개 종목에 67명의 선수단을 파견했다.

　이때 한국선수단이 서울을 출발해 런던에 도착한 과정을 보면 눈물겨울 정도다. 지금 같으면 비행기로 10여 시간 만에 갈 수 있는 거리를 20일이나 걸려 도착했다고 한다. 서울에서 기차로 부산에 간 뒤 배편으로 일본 하카다 요코하마를 거쳐 중국 상해로 이동했다. 그곳에서 다시 홍콩~캘커타~카이로~로마~암스테르담에 이른 뒤 마침내 런던에 도착함으로써 대한민국 선수단의 첫 올림픽 참가의 꿈이 이루어진 것이다.

　주로 기차와 선박 편으로 10개 도시를 거쳐 20일 만에 개최지에 도착했으니 선수들이 장기 여행에 지쳐 경기도 시작하기 전에 파김치가 됐을 것 같다. 호랑이 담배 먹던 시절의 이야기처럼 들리기도 한다.

　이런 악조건 속에서 한국선수단은 태극기를 떳떳하게 가슴에 달고 뛰는 자부심만으로 최선의 경기를 펼쳤을 것이며 김 촌장님이 최초의 올림픽 동메달을 딴 것 외에 복싱 플라이급의 한수안 선수가 동메달을 추가해 런던올림픽에서 2개의 동메달을 획득했다. 김 촌장님은 1952년 헬싱키올림픽에도 출전해 두 번째 올림픽 동메달을 목에 걸었다.

　방콕 아시안게임 개회식 때 족두리를 쓰고 전통혼례 복장으로 신랑차림을 한 강만수 선수와 함께 한국선수난 맨 앞에 서서 입장한 것은 개인적으로 무척 추억에 남는 일이다.

　그러나 그보다 더 소중하고 그 이상 좋을 수 없는 일은 농구 결승에서 중국을 꺾고 금메달을 차지했던 것이다. 대표 팀의 주장을 맡은 뒤 4개월 전 쿠알라룸푸르 선수권대회(ABC)에서 중국을 꺾고 우승한 데

이어 또 다시 중국을 연파함으로써 아시아 정상을 확인했다. 또 4년 전 여자농구가 처음 아시안게임 공식 종목이 된 테헤란대회 결승에서 일본에 버저비터 슛을 허용해 70대 71, 1점 차로 역전패한 아픈 기억을 씻어내는 우승이기도 했다.

남자배구도 한국 일본 중공이 4승 1패 동률을 이뤘으나 세트 득실에서 앞서 우승을 차지했다. 전통혼례 복장이 행운의 전령사라도 되었던 것인지 여자농구와 남자배구가 나란히 금메달을 목에 걸었다.

방콕 아시안게임 여자농구에는 5개국이 출전해 풀리그로 경기를 벌였다. 우리 한국 팀은 말레이시아 태국을 가볍게 꺾고 일본도 63대 48로 쉽게 제쳤다. 그리고 3승 동률을 이룬 중국과 우승을 다투게 됐다.

그런데 지나고 나서 보니 우리가 중국을 이긴다는 전조가 몇 가지 있었다는 생각이 들기도 했다. 방콕에 도착해 숙소로 배정 받은 호텔에서 휴식을 취하는 시간에 나는 선수들을 불러 모아 놓고 자율훈련을 하자고 말했다. 조은자 전경숙 이향주 송금순 정미라 조영란 홍혜란 홍영순 정희숙 박찬숙 최승희 등 선수 전원이 긴 바지와 긴 소매의 땀복을 입고 호텔 옥상에 올라가 작열하는 태양 아래 기합이 잔뜩 들어간 목소리로 '아자, 아자!'를 외치며 뛰고 달렸다.

이때 신동파 코치가 선수들 방을 둘러보러 왔다가 한 명도 보이지 않자 '어떻게 된 거지?' 하고 여기저기로 많이 찾아 다녔던 모양이었다. 그러다가 옥상으로 올라와 보니 선수들이 땀범벅이 된 채 훈련하는 것을 보게 되자 신 선생님은 거의 반사적으로 손뼉을 '짝!' 하고 세게 치면서 "됐어!" 하고 소리쳤다. 정신무장이 된 선수들에 대해 벤치로서의 신뢰와 자신감을 나타내는 것이었다.

▲1978년 방콕 아시안게임에서 금메달을 안고 귀국한 여자농구대표팀이 김택수 대한체육회장의 축하를 받았다. 김 회장은 아시안게임을 앞두고 태릉선수촌의 농구장에 오면 특유의 경상도 억양으로 "여자농구는 금메달이야!"라고 말하곤 했다.

▲1978년 12월 방콕 아시안게임에서 중국을 77대 68로 꺾고 시상대에 올라 금메달을 목에 걸었다. 바로 뒤에서 박찬숙이 활짝 웃고 있다.

그때 많은 농구인들은 한국 여자농구의 전력이 최강의 수준에 올랐다는 평가를 해주셨다. 나는 막 실업 1년생이 된 1973년 모스크바 유니버시아드대회 때 대표선수로 선발됐지만 여자대표팀이 과감한 세대교체를 통해 새롭게 진용을 짠 것은 1975년 콜롬비아 세계선수권대회 때였다. 고등학생인 박찬숙과 조영란을 비롯해 정미라 조경자 등이 대표선수로 발탁됐고 1m 89cm의 박찬숙과 1m 84cm인 조영란의 가세로 대표 팀의 평균 신장도 많이 커졌다.

세대교체로 대표 팀이 젊어지고 장신화도 이루어졌으나 팀워크가 무르익어 전력이 강화되는 데는 시간이 필요했다. 콜롬비아 세계선수권대회에서 팀 전력이 최강의 상태에 있던 일본에게 큰 점수 차로 패한 것은 막 세대교체를 이룬 한국 팀이 감수해야 할 과정이었다고 한다면 변명이라는 지적을 받을지도 모르겠다. 어쨌든 그런 힘든 시간을 거쳐서 1978년에 들어 팀워크가 완성단계에 이르렀고 팀 전력이 최강의 수준이라는 평가를 받게 됐다고 생각한다.

중국과의 결승전에서 나는 박찬숙 조영란 정미라 홍영순과 스타팅으로 나섰다. 1m 70cm인 홍영순은 몸이 빠른 선수였다. 한국 벤치는 중국의 주득점원인 1m 84cm의 장신포워드 송효파(宋曉坡) 킬러로 홍영순을 기용해 꽁꽁 묶어놓는 수비에 성공했다. 중국 벤치는 한국이 비밀병기로 투입한 홍영순에 대해 사전 파악을 못하고 있다가 주득점원의 공격이 막히자 당황했던 것 같았다. 우리는 전반부터 안정적으로 경기를 풀어가면서 줄곧 리드를 지킨 끝에 77대 68로 승리했다. 중국 팀은 4개월 전 쿠알라룸푸르 아시아선수권대회(ABC)에서 한국에 패한 것에 대한 심적 부담을 갖고 있었는지도 모르겠다.

한국 남자 농구는 14개국이 참가해 3개 조별 리그를 벌인 경기에서 필리핀 일본 등을 잇달아 꺾고 결승에서 중국과 맞붙었으나 신장의 열세를 극복하지 못해 아깝게 지고 말았다. 남자 농구는 이에 앞서 남북대결에서 후반 4분경 51대 37로 크게 리드했을 때 북한이 심판 판정에 시비를 걸고 퇴장해버려 몰수게임 승을 거뒀다.

방콕 아시안게임에서는 축구 경기도 남북대결이 벌어져 국민들의 관심이 집중됐으나 차범근 허정무 조광래 등 스타플레이어들이 혈투를 펼친 한국은 연장전에 들어가서도 0대 0의 균형을 깨지 못해 북한과 공동우승을 차지했다.

올림픽이나 아시안게임 같은 국제 스포츠 제전에 북한이 참가할 때는 국민들이 종합성적 결과를 체제 우위와 연결시켜 생각할 수 있기 때문에 한국 선수단 본부는 북한과의 메달 경쟁에서 이기도록 총력을 쏟게 된다. 그런 면에서 방콕 아시안게임에서의 남북 스포츠 대결은 대한민국의 여유 있는 승리였다.

한국은 금메달 18개를 획득해 70개의 일본, 51개의 중국에 이어 종합순위 3위를 기록했고 금메달 15개에 그친 북한을 여유 있게 앞섰다. 금은 동을 합친 총 메달수도 69개로 43개인 북한을 큰 차이로 따돌렸다.

중국과 북한이 국제 스포츠 무대에 처음 등장한 4년 전 테헤란 아시안게임에서 한국이 금메달 수에서 1개 자로 북한을 앞섰던 것에 비하면 방콕대회의 종합성적표는 대한민국의 완승이었다. 1974년도 1인당 국민소득(GDP) 비교에서 한국이 북한을 따라잡았고 1978년에는 이미 북한을 완전히 앞질러 나가기 시작한 경제력과 아시안게임에서의 스포츠 대결 성적이 공교롭게 비례하는 결과를 나타낸 것은 흥미로운 일이다.

우리 여자 농구는 1978년에 중국을 연파하고 아시아 2관왕에 올라 농구팬들의 사랑을 한껏 받게 되었으니 그보다 더 큰 행복은 있을 수 없었다.

김 기자, 장수가 탄 말을 쏘다!

김 기자는 매주 일요일 새벽 천호동성당에 찾아와 미사를 드리는 나를 기다렸다가 명일동 집으로 가는 동안 같이 이동하면서 만날 약속을 하자고 요구해도 내가 계속 응하지 않자 전략을 바꿨다. 서울 북쪽 끝인 은평구 연신내에서 동쪽 끝까지 새벽길 북동 횡단을 5개월이나 계속해도 목적이 이루어지지 않자 전장에서 적장을 생포하기 위해 그가 탄 말을 쏘는 방법을 쓰기로 했던 것이다.

1978년 12월의 방콕 아시안게임을 앞두고 출전하는 전 종목의 대표선수들이 태릉선수촌에서 한창 합숙훈련을 하고 있을 때였다. 선수촌 일과에 따라 모든 선수들이 오전 6시에 기상해 선수촌 육상경기장 트랙을 뛰고 함께 체조를 한 뒤 종목별로 선수들끼리 몸을 풀고 나면 아침을 먹으러 식당으로 가는데 하루는 신동파 선생님이 잠깐 얘기 좀 하자면서 나를 부르셨다.

"현숙아, 너 동아일보 김종완 기자를 알고 있지?"

"……."

"김 기자가 며칠 전에 나를 찾아왔어. 현숙이 너를 결혼상대로 생각하고 사귀려고 한다는 거야. 그런데 만나려고 해도 네가 응해주질 않아 속이 타는 모양이더라."

나는 전혀 예상하지 못한 상태에서 신 선생님으로부터 이런 얘기를 듣게 되자 당황스럽기도 해서 뭐라고 답변을 할 수가 없었다.

"내가 보기에 김 기자는 괜찮은 친구야. 현숙이 너도 평생 농구만 할 것은 아니고 때가 되면 결혼도 해야 하는데 잘 판단해서 사귀어봐라."

신 선생님은 김 기자가 절대로 운동에 지장을 주는 일이 없도록 하겠다고 분명히 약속했다면서 그를 믿는다고 덧붙였다. 나는 신 선생님한테서 뜻밖에도 김 기자를 만나는 것에 대해 묵인해주시겠다는 말을 들었을 때 뭔가를 들킨 것 같은 복잡한 심정이기도 했으나 솔직히 고마운 마음도 많았다. 운동하는 동안은 몸가짐을 반듯하게 해야 하고 나는 더구나 대표 팀의 주장을 맡고 있었기 때문에 행동에 더욱 조심해야 하는 입장이었다.

장수를 포획하기 위해 장수가 탄 말을 쏜 김 기자의 전략은 적중했다. 나는 신동파 선생님과의 대화 이후 첫 주말에 비로소 처음 김 기자가 만나자는 약속에 응해 일요일 선수촌으로 들어가기 전에 점심을 같이 했다.

모든 일이 그렇지만 한 번 길이 열리게 되니까 다음부터는 토요일 선수촌에서 나와 저녁때 김 기자를 만나거나 아니면 일요일 선수촌으로 복귀하기 전에 만나곤 했다.

나는 그와 만나기 시작한 이후부터는 의식적으로 훈련에 더 성실하게 임했다. 감독과 코치 선생님이 남자를 사귀고 있다는 것을 알고 있는 상황에서 훈련을 소홀히 한다는 것은 내 스스로 용납할 수 없는 일이었고 김 기자가 운동에 절대로 지장을 주지 않겠다고 약속한 것을 입증하기 위해서도 더 열심히 비지땀을 쏟아야 했다.

나는 나중에야 알게 된 것이지만 사실 그 무렵 농구장에는 동아일보 김 기자가 강현숙을 좋아해서 맹렬히 구애작전을 벌이고 있다는 소문이 많이 돌고 있었다고 한다. 그리고 농구장 안팎에서 이런 얘기가 나올 때마다 여러 농구인들이 김 기자와 나에 대해 긍정적이고 우호적인 말씀을 많이 해주셨다고 결혼 후에 남편이 말해주었다. 1970년대 남자 농구 스타플레이어였던 이인표 박한 선생님 등이 우리의 결합을 적극 성원해주신 대표적인 분들이라고 했다.

아버지는 내가 무학여중고 시절 경기에 나가면 한 번도 빼놓지 않고 농구장을 찾아오셨고 대표선수 시절에도 국내 대회에 출전할 때는 만사 제쳐 놓고 농구장에 오셨다. 물론 다른 선수 부모님들도 마찬가지여서 자연스레 선수 부모들 간에 농구장 소식을 서로 공유하게 되는 것은 당연했다.

아버지는 술을 거의 입에 대지 않는 분이지만 내가 출전한 경기를 보고 나서 다른 선수 부모들이나 같은 연배의 나이 드신 농구팬들과 어울려서 이따금 소주를 한 잔씩 하시는 날도 있었다. 바로 이런 자리를 통해서 아버지는 선수들에 관한 이런 저런 소문을 듣게 마련이었고 내가 김 기자를 만나고 있다는 것도 알고 계신 것 같았지만 주말에만 잠시 집에 들르는 딸에게 거의 내색을 하지 않으셨다.

나는 엄마를 통해 간접적으로 아버지의 의중을 전해 듣는 것과, 내가 아버지로부터 받는 어떤 느낌을 종합해 볼 때 결코 김 기자를 좋아하시지 않는 것을 알 수 있었다. 무슨 이유인지는 알 수 없었고 아버지에게 물어볼 수도 없는 일이었다.

김 기사와 만나는 동안 그가 결혼에 관한 얘기를 꺼낼 때마다 나는 아무런 답변도 하지 않고 듣기만 해서 화나게 만들기도 했지만 속으로는 앞으로 아버지의 산을 어떻게 넘을 수 있을까 하고 걱정이 쌓이기만 했다.

  이것도 나중에 들은 얘기지만 그때 농구장에서는 어느 재력가 집안에서 강현숙 부모에게 혼담을 넣고 있다더라 하는 소문도 나돌았다고 한다. 그런 소문이 실체가 있었던 것인지 아닌지는 알 수 없지만 내 아버지는 재력만 보고 딸의 의사와 상관없이 배우자를 선택하도록 강요하는 그런 분은 아니라는 것을 나는 자신 있게 말할 수 있다.

열성팬들

선수생활을 하는 15년 동안 나는 많은 농구팬들의 사랑을 받았다. 초등학생부터 성인에 이르기까지 열성 팬들이 보내주는 팬레터가 끊이지 않았다. 정말 행복하고 감사한 일이었다.

1970년대 그 시절은 편지지에 필기체로 정성스레 글을 쓰고 잘 접어서 편지봉투에 넣은 다음 우표를 붙이고 빨간 우체통에 넣어야만 수신인에게 편지가 전달되는 때였다. 요즘 세상처럼 스마트폰으로 간단하게 카톡 메시지를 날리고 좋은 글은 복사해서 터치 한 번으로 전파하던 시절이 아니었다.

남성 팬들 가운데 오래도록 기억에 남는 세 분이 있다.

우선 한 분은 만화 스토리작가로 1982년 막을 올린 프로야구 시대의 분위기를 타고 1980년대 최고의 인기를 누렸던 야구만화 <공포의 외인구단> 이야기를 구성한 김민기 씨다.

<공포의 외인구단>은 만화가 이현세 씨가 그려 1980년대 국내 만화계의 지존으로 떠오른 그의 대표작이자 출세작이지만 스토리 자체는 본명 김칭기, 작가명 심민기의 작품이다. 만화가의 이름에 가려 스토리 작가의 존재는 잘 드러나지 않는다고 한다.

<공포의 외인구단>은 1986년 이장호 감독에 의해 영화로 만들어져 당시 역대 기록으로는 최고인 28만 관객 동원의 대박을 쳤다. 또 "난 네가 기뻐하는 일이라면 뭐든지 할 수 있어."로 시작하는 가수 정수라

의 <난 너에게>라는 제목의 이 영화 주제곡은 그해 연말 KBS가요 톱10에서 5주간 연속 1위를 차지했다.

그런데 나중에 알게 된 일이었지만 <공포의 외인구단> 스토리는 나와 특별한 인연이 있는 것이었다. 얘기는 1974년 초 겨울로 돌아가는데 고교를 졸업하고 만화가의 꿈을 키우던 김민기 작가가 그때 부산 구덕체육관에서 열린 여자농구 경기를 보러 왔다가 내가 뛰는 모습을 보고 팬이 되었다고 했다.

김 작가는 이후 일주일에 한 번 꼴로 계속해서 나에게 팬레터를 보내왔다. 나는 그의 성의가 대단해서 고마움을 표시해야겠다는 생각에 그해 연말 크리스마스카드를 처음 보내주었다. 그것이 김 작가에게 큰 감동을 주었던 모양이다. 그의 팬레터는 계속되었고 나도 만화가의 꿈을 향해 열심히 달려 나가면 하느님이 도와주실 것이라고 격려편지를 보내곤 했다.

김 작가는 1977년 봄 한국일보의 신인만화전에 응모해 꿈같은 당선의 기쁨을 안았다. 그는 상금으로 철 이른 하우스 딸기 한 상자와 곰 인형을 사들고 부산에서 고속버스를 타고 태릉선수촌으로 나를 면회하러 왔다. 그런데 수위실에서 기다리고 있을 때 감독으로 보이는 키 큰 남자가 오더니 면회는 안 된다며 돌아가라고 하더라는 것이다. 멀리서 왔다고 사정을 해도 먹혀들지 않자 선물을 맡기고 발길을 돌릴 수밖에 없었다고 했다. 나중에 이 사실을 알고 나는 얼마나 속이 상했는지 모른다. 딸기는 물론 선수들과 맛있게 나눠 먹었다.

김 작가는 신인만화전에 당선하자 본격적으로 만화가의 길을 걷기로 하고 활동무대를 서울로 옮겨 태릉선수촌에서 가까운 곳에 하숙집을 마련했다고 한다. 그러나 시간이 흐르면서 그는 자신의 소질이 만화가보다는 스토리를 쓰는 것에 있다고 판단했는지 그쪽에 주력했던 모양이고 내가 1980년 늦가을에 결혼하자 내 이미지를 주인공으로 하는 만화스토리를 구상하게 됐다는 것이다.

그것이 <공포의 외인구단> 스토리를 쓰는 동기가 되었으며 1983년 이현세 씨가 이 만화를 그려 폭발적인 인기를 얻게 되었다. 김 작가는 결혼해 아빠가 된 뒤 한 잡지와의 인터뷰에서 "외인구단의 여주인공 '엄지'는 내가 좋아했던 K양을 모델로 이미지를 형상화했고 '까치'는 바로 나 자신이었다."고 밝혔다.

까치는 만화 속에서 어릴 적부터 오랜 여자 친구인 엄지를 두고 야구 라이벌인 마동탁과 삼각관계를 이루게 됐으나 끝내는 엄지를 마동탁에게 보내고 만다. 김 작가는 잡지 인터뷰 마지막 부분에서 팬레터를 주고받을 때 내가 늘 최선을 다하라고 격려해주었던 것이 고마웠고 외인구단의 스토리를 만들 수 있는 기회를 준 것에 대해서도 감사한다고 말했다. 나도 김 작가가 끝까지 팬의 입장으로 나를 응원해준 데 대해 정말 감사한다.

또 한 분의 남성 팬은 울산에 사는 김홍규 씨다.

전화 통화를 할 때 항상 '누나'라고 부르는 홍규 씨는 내가 대표선수 때 팬이 된 이후 지금까지 수십 년이 흐르도록 변함없이 선수와 팬으로서의 친분을 유지해오고 있다. 명절 때는 빠뜨리지 않고 먼저 전화를 걸어와 안부를 묻는다. 스마트폰이 일반화된 후에는 안부를 묻고 전하는 방식이 메시지로 바뀌었지만 오랜 기간 연락을 계속해오는 홍규 씨에게 감사할 뿐이다.

▲국제대회가 없을 때는 대표선수들은 소속 팀으로 복귀해 국내대회에 출전했다. 외환은행 11번을 달고 코오롱 팀 선수 2명 사이에서 리바운드 볼을 낚아챘다.

나는 이제 손녀를 두 명이나 둔 할머니가 되었고 홍규 씨도 장성한 자녀를 둔 아버지인 것으로 알고 있는데 타 종목의 체육인들 중에 이렇게 수십 년에 걸쳐 선수와 팬으로서 친교를 이어오는 경우가 있는지 모르겠다.

또 다른 한 분의 남성 팬은 스타플레이어 출신의 야구인이다.

연세대를 거쳐 프로구단 해태타이거즈(현 KIA타이거즈)에서 맹활약한 뒤 지도자로 변신해 2004년 LG트윈스의 사령탑을 맡았던 이순철 감독이다. 어느 날 동아일보 체육부에서 이순철 감독이 까까머리 중학생이던 시절 농구를 좋아해 나의 열성팬이었다면서 같이 대담하는 자리를 마련했으니 나와 달라는 연락이 왔다.

나는 이 감독을 신문이나 TV 화면에서 봐왔지만 나의 팬이었다는 사실은 처음 알았다. 그는 중학생 시절 어렵사리 내 사진을 구해 비닐 코팅을 한 뒤 앨범의 맨 앞장에 끼워 넣었을 정도였고 그 바람에 미국 프로농구(NBA)까지 즐겨보게 됐다고 말했다. 이 감독은 내가 결혼했을 때 자신은 고등학생이었지만 얼마나 서운했는지 모른다고 거침없이 말하기도 했다. 나는 팬으로서 성원해준 이 감독에게 감사할 뿐이다.

천호대교 투신 소동

김 기자를 만나는 문제는 스스로 잘 판단해서 하라는 신동파 선생님의 얘기를 들은 뒤에는 더 이상 김 기자의 만나자는 요구를 거절하기 힘들었다. 처음에는 일요일 태릉선수촌으로 들어가기 전에 서울 시내에서 잠깐 만나 차를 한 잔 하는 것으로 시작된 것이 점심 때 만나서 밥을 같이 먹는 수준으로 발전했다.

나는 선수촌 귀촌 시간인 오후 5시를 의식해서 늘 쫓기는 마음으로 만나는 상태였으나 그는 최대한 오래 같이 시간을 보내려고 해서 귀촌시간이 임박해 택시를 타고 나를 선수촌까지 데려다준 뒤 돌아가곤 했다.

만남의 횟수가 늘어날수록 토요일 오후 선수촌에서 나와 저녁에 만나는 경우가 많아졌다. 그런데 토요일 저녁도 시간에 쫓기는 심정은 마찬가지였다. 아버지는 내가 선수촌에서 나오는 토요일 날에는 밤 10시만 되면 집 근처의 명일동 버스종점에 나와 나를 기다리셨다.

그런데 토요일에 김 기자를 만나 저녁을 같이 먹고 얘기를 나누다 보면 시간이 금방 갔다. 보통 동아일보사가 있는 광화문 부근에서 그를 만났는데 여기서 서울의 동쪽 끝인 명일동까지 버스를 타고 가면 1시간은 족히 걸렸다. 나는 아버지 때문에 되도록 자리에서 빨리 일어나려고 했고 김 기자는 나를 오래 붙잡고 있으려고 했다. 그러다 보니 또 택시를 타고 집까지 데려다 주는 일이 반복됐다.

한 번은 광화문 부근에서 택시를 타고 서둘러 명일동으로 갔다. 버스 정류장이 보이기 시작해 내릴 준비를 하려는데 밤11시가 다 돼가는 시각에 아직도 아버지가 명일동 버스종점에서 기다리고 계신 것이 아닌가. 내가 재빨리 머리를 숙이면서 "어머, 아버지야."하고 놀라서 말하자 김 기자는 택시기사에게 "아저씨, 그냥 지나쳐서 가주세요."하고 순발력 있게 대응했다.

만일 아버지를 미처 보지 못하고 버스종점에서 택시를 세워 같이 내렸다가 아버지를 마주치게 됐다면 보통 난감한 일이 아니었을 뻔했다. 아버지는 농구장에서 도는 소문을 들어 김 아무개 기자가 나를 좋아하고 있다는 정도는 알고 계셨겠지만 막상 눈앞에서 밤늦은 시각에 딸이 김 기자와 택시를 타고 귀가하는 장면을 목격했다면 나에게 배신감까지 느끼셨을 것이 틀림없었을 성싶다.

명일동 버스종점에서 내가 사는 시영아파트까지는 걸어서 10분이 채 안 걸리는 거리였으나 아버지는 컴컴한 밤길에 혹시라도 딸에게 무슨 일이 생길까 봐 비가 오나 눈이 오나 내가 집에 오는 날에는 어김없이 버스 종점에서 기다리셨다.

어느 날 김 기자를 저녁에 만났다가 늦어져 자정을 조금 넘긴 시각에 귀가한 적이 있다. 통금이 있던 때여서 버스 종점에서 자정 무렵까지 기다리셨던 아버지는 종점 차고지의 불도 다 꺼지자 일단 집으로 돌아가 온갖 상상을 다 히면서 걱정을 하셨던 모양이다.

혈압이 올라 방에 누워 계신 아버지를 보고 얼마나 면목이 없던지 내 방으로 쑥 들어가 버리고 말았다. 결혼 후에 남편은 아버지가 나를 마치 초등학생처럼 과보호했다고 말하곤 했지만 그때마다 그렇게 했기 때문에 나를 지켜주신 것이고 그래서 당신과 결혼도 하게 된 것이라고 반박하면 더 이상 토를 달지 못했다.

김 기자는 만남이 계속되면서 처음 만났을 때 나에게 내비쳤던 결혼에 대해 자주 얘기를 꺼냈다. 그리고 자신의 구혼에 대해 내가 속 시원히 오케이하고 답해주길 원했다. 그러나 나는 쉽게 답변할 수 없는 일이었다. 운동을 계속하고 있는 중이고 앞으로도 큰 국제대회 몇 개가 더 남아 있으며 특히 대표 팀의 주장을 맡고 있다는 책임감 때문에 결혼문제에 대해 깊이 생각해볼 여유가 없었다.

내가 남자를 만나고 있는 것을 감독과 코치 선생님들도 알고 있는 상황에서 내가 결혼문제에 신경을 쓰느라 운동에 대한 집중력이 떨어진다면 이것은 내 자존심이 받아들이기 어려운 일이었다. 게다가 아버지가 김 기자에 대해 호감을 갖고 있지 않다는 것을 감지하고 있었기 때문에 결혼 약속 요구에 대해 아무런 답변도 할 수 없었다.

이런 상태가 이어지면서 김 기자의 '천호대교 투신 소동'이 벌어졌다.

어느 날 저녁 그를 만나 시간을 보내고 나서 집에 가기 위해 택시를 탔다. 그런데 택시가 천호대교 입구에 다다르자 그가 갑자기 택시를 세웠다. 그리고 내리자고 했다. 내가 왜 여기서 내리는 거냐고 묻자 시원한 강바람을 맞으면서 천호대교를 걸어보자는 것이다. 기억하기에 늦가을쯤이어서 강바람이 제법 찼고 가로등이 일정한 간격을 두고 켜져 있는 천호대교 위로 자동차들만 과속으로 씽씽 달리고 있을 뿐 다리 위의 인도는 다니는 행인이 없어 적막하기만 했다. 그는 나를 끌다시피 해서 천호대교 중간쯤 되는 곳까지 가서 멈춰서더니 마침내 '본색'을 드러냈다.

"자, 오늘 나는 여기서 약속을 분명히 받아야겠어. 나와 결혼하겠다는 약속을 확실히 해줘. 나한테 시집오겠다고 지금 이 자리에서 분명히 얘기해."

나는 갑작스런 그의 얘기에 약간 당황하기도 하고 얼떨떨해서 그냥 미소만 지었다. 그가 계속해서 약속을 하라고 재촉을 해댔지만 나는 생각해 보겠다는 답변만 되풀이했다. 그러자 그가 강공으로 나왔다.

"약속을 못 하겠으면 오늘 여기서 같이 한강에 뛰어내리자. 결혼하지 못할 바에야 같이 세상을 하직하자고."

"뛰어내리려면 혼자 뛰어내려요. 왜 나까지 끌고 들어가려고 해요?"

"나 혼자 갈 수는 없지. 흥, 어느 놈 좋은 일 시키려구?"

실랑이가 거듭될수록 버스 종점에서 기다리고 계실 아버지 걱정이 점점 커져서 일단 이 자리를 도망쳐 나가려고 했다. '페인트 모션(Feint Motion)'으로 빠져나가려고 하자 김 기자가 잽싸게 두 팔을 벌리고 막아섰다. 그도 중학생 때 핸드볼 선수로 전국체전에 출전했던 경력이 있을 정도로 운동신경이 만만치 않았다. 그것도 그럴거니와 다리 위의 인도 폭이 좁은 것이 페인트 모션에 의한 돌파 자체를 어렵게 했다.

김 기자는 내가 계속 시원한 답변을 하지 않자 혼자 시커먼 강물 속으로 뛰어내릴 테니 따라 들어오든지 말든지 마음대로 하라면서 진짜 투신할 것 같은 예비동작을 취했다. 자기가 투신하면 누가 뛰어내렸는지는 알도록 해야 한다면서 상의에서 지갑을 꺼내 바닥에 놓고 시계도 풀어 놓았다. 그리고 상의를 벗어던지더니 천호대교 난간을 잡고 강물을 향해 펄쩍 뛰어오르는 동작을 취했다.

"어머, 왜 이래요. 이 사람이 미쳤나."

나는 그의 팔다리를 와락 잡아당기면서 "알았어요. 알았다구요." 하고 소리를 질렀다. 장난이려니 했는데 진짜로 뛰어내리려는 동작을 취하자 놀랄 수밖에 없었다. 그렇지만 나는 알았다고 말했을 뿐 결혼 약속을 한 것은 아니었다.

놀라서 알았다고 급하게 말한 것을 약속을 한 것으로 받아들였다면 그것은 그의 자유일 뿐이다. 우리는 천호대교를 걸어 넘어와 천호사거리에서 택시를 타고 명일동 집으로 갔다. 그는 나를 내려주고 돌아가다가 천호동사거리 부근에서 통금시간에 걸려 여인숙에서 자고 다음 날 출근했다고 한다.

훗날 남편은 그날 택시로 나를 데려다주러 가다가 천호대교 가까이 이르렀을 때 순간적으로 투신 소동을 기획한 것이며 장난기가 전혀 없었다고 할 수는 없지만 결혼 약속을 받아내야겠다는 심정이 절실했다고 털어놓았다.

미수에 그친 눈밭에 업어치기

1979년에 접어들자 4월 29일 서울에서 개막하는 제8회 세계여자농구선수권대회가 기다리고 있었다. 세계여자농구대회는 4년마다 열리는 것으로 1967년 제5회 체코 세계대회에서 박신자 선배를 핵으로 하는 단신의 한국 여자농구가 기적의 준우승을 차지해 온 국민을 열광시켰던 그때 이후 12년 만에 한국에 세계대회를 유치했던 것이다.

이것은 구기 종목으로는 처음 국내에서 세계선수권대회를 개최한 기록이며 1년 전에 세계 사격선수권대회가 태릉사격장에서 열려 한국 스포츠 사상 최초의 세계대회 유치 기록을 세우기도 했다. 지금 남자프로농구 삼성선더스 팀이 홈코트로 임차해 쓰고 있는 잠실 실내체육관은 서울 세계여자농구선수권대회를 치르기 위해 건립한 것으로 대회 개막 10여 일을 앞두고 준공식을 가졌고 1988년 서울올림픽에서도 농구 주경기장으로 사용되었다.

서울 세계여자농구대회는 한국이 유치했던 구기 종목의 첫 월드챔피언십(World Championship)이었지만 구소련을 위시한 동구 공산권 국가들이 불참해 빈쪽 세계대회가 돼버린 아쉬움이 너무 큰 대회였다. 당시 미국과 구소련의 냉전이 계속되는 국제정세의 여파로 구소련이 자유진영 국가에서 열리는 세계여자농구대회를 보이콧했던 것이다.

이 무렵 미국과 구소련의 첨예한 대립은 스포츠를 오염시켜 올림픽 운동이 최대의 위기를 맞기도 했다. 공산국가에서는 처음으로 1980년 모스크바에서 개최된 제22회 올림픽 대회에 미국을 비롯한 66개 자유진영 국가들이 불참했다. 그러자 4년 후 로스앤젤레스에서 열린 제23회 올림픽에 구소련을 위시한 동구 공산권 국가들과 쿠바 북한 등 11개국이 보복성으로 보이콧했던 것이다.

당시 미국의 카터 대통령은 구소련이 아프가니스탄을 침공한 것에 대해 시한을 정해 놓고 철수를 요구했으나 구소련이 거부하자 모스크바올림픽을 보이콧해 버렸다. 이에 따라 한국을 비롯한 자유진영 국가들이 대거 모스크바올림픽에 갈 수 없게 됐고 4년 후에는 구소련이 로스앤젤레스 올림픽에 대해 똑같이 되갚는 행동을 했다.

이렇게 올림픽 운동이 강대국의 냉전 대립에 의해 엄청난 상처와 위협을 받는 상황이 2개 대회에 걸쳐 연속적으로 일어나 올림픽 운동 자체가 큰 위기를 맞았다. 그러나 1988년 제24회 서울올림픽에서 전 세계가 다시 '화합과 전진'이라는 구호 아래 하나로 뭉쳐 지구촌 스포츠 제전을 성공적으로 치러냈고 상처받은 올림픽 운동은 치유되는 계기를 만들었다. 북한은 서울올림픽을 방해하려고 1987년 11월 'KAL기 폭파사건'이라는 만행을 저지르기도 했다.

서울올림픽은 분단국가에서 전 세계가 다시 모여 올림픽 운동의 부활을 노래했다는 점에서 국제정치적으로도 큰 의미가 있다. 화합과 전진의 서울올림픽이 성공적으로 치러진 그 이듬해 베를린장벽이 무너지고 동·서독이 마침내 통일의 대망을 실현했다.

보컬그룹 코리아나가 개막식에서 열창한 서울올림픽 주제가 <손에 손 잡고(Hand in Hand)>는 6주간 빌보드 차트 1위를 달렸다.

서울 세계여자농구대회는 스포츠 외적인 국제정치 문제로 반쪽 대회로 치러지는 아쉬움이 컸지만 우리 선수들에게는 무엇보다도 12년 전 대선배들이 체코에서 이룩한 한국 여자농구의 명성에 흠이 가도록 해서는 안 된다는 책임감을 크게 느끼는 경기였다.

그런 만큼 1979년 들어 새해 벽두부터 시작된 태릉선수촌 합숙훈련은 어느 때보다도 긴장감이 높은 상태에서 이뤄졌다.

나는 한겨울 태릉선수촌에서 지내면서 주말에는 김 기자를 계속 만났으나 여러 가지로 마음이 편치 않고 복잡한 생각에 휩싸였다. 국내에서 열리는 세계선수권대회여서 심적 부담을 크게 갖게 되는데 그를 매주 만나다 보니 운동에 대한 집중력이 산만해지는 것은 아닌가 하는 걱정이 많아졌다.

김 기자가 적극적으로 구애를 하고 있으며 주위에서 그에 대해 좋은 평을 하고 있긴 했지만 아직은 내가 그를 완전히 신뢰할 수 있느냐에 대해 확신이 서지 않았다. 게다가 완고한 아버지가 그에 대해 거부감을 나타내고 있기 때문에 그와 끝까지 갈 수 있을지에 대해 자신이 서지 않았고 마음만 심란했다.

나는 어느 날 선수촌 일과가 모두 끝나고 룸메이트인 후배가 취침에 들어간 뒤 침대에서 일어나 김 기자에게 편지를 쓰기 시작했다. 이 편지는 나중에 그에게 전달된 후 강제로 찢겨져 버렸기 때문에 나도 지금은 전체적인 내용을 기억할 수 없게 돼 버렸지만 요지는 '이제 그만 만나고 헤어지자.'는 것이었다.

그 이유로 복잡하고 심란했던 나의 심정을 썼던 것 같다. 이틀쯤 후에 편지를 받아 본 그가 득달같이 선수촌으로 전화를 걸어와 뜬금없이 이게 무슨 말이냐면서 토요일 저녁 외출하면 광화문 쪽으로 나오라고 화가 난 목소리로 말했다.

그 주말은 폭설이 내렸고 서울 시내 인도가 두껍게 눈이 쌓인 상태로 얼어붙어 빙판길을 이뤘다. 김 기자는 저녁을 먹은 뒤 같이 택시를 타고 운전기사에게 여의도 쪽 한강으로 가달라고 했다. 나는 속으로 이 사람이 어디를 가려고 이러나 했지만 침묵을 지켰다. 마포대교를 건너자마자 우회전해서 조금 더 가다가 택시에서 내렸다.

지금 기억으로 순복음교회 건물이 있는 근처였던 것 같다. 그는 폭설로 눈밭을 이룬 컴컴한 한강변으로 나를 끌고 내려갔다. 그때는 한강 둔치가 시민휴식공간으로 개발되기 전이어서 가로등도 없었고 한강변은 대부분 그냥 맨땅이었다. 그날은 달도 뜨지 않았지만 쌓인 눈 덕택에 주위가 아주 컴컴하지는 않았다.

그는 눈밭 한가운데로 나를 끌고 가더니 내가 보낸 편지를 주머니에서 꺼내서는 나를 보고 찢으라고 했다.

"나는 이런 편지를 받을 이유도 없고 갖고 있을 필요도 없으니까 본인 손으로 지금 찢어. 찢어 버리라구."

내가 어둠 속에서 계속 침묵을 지키자 그는 화가 돋아서 편지를 내 손에 강제로 쥐어준 뒤 찢게 만들었다. 그리고는 찢어진 편지조각을 눈밭에 홱 뿌려버렸다. 이것으로 끝나지 않았다. 그의 2차 공세가 시작됐다. 나를 업어치기로 눈밭에 처박아 넣으려고 했다. 혼 좀 내 주겠다는 생각인 모양이었지만 내가 운동으로 단련된 몸이고 키도 그보다 약간은 컸기 때문에 쉽게 업어치기 당할 처지가 아니었다.

내가 뻗치고 서서 업어치기 공격을 막아내자 그는 딴지를 걸어 나를 눈밭에 메쳤다. 남자의 완력은 역시 여자와 달라서 그것까지 방어하기에는 역부족이었다.

　겨울 강바람은 찼다. 나는 청바지를 입고 위에는 얇은 스웨터와 윈드 브레이크를 걸치는 정도로 가벼운 옷차림이어서 추웠다. 그는 코트 없이 두꺼운 겨울 재킷만 입고 있었는데 상의를 벗더니 나에게 입혀주었다. 추울 텐데 티를 내지 않으려고 일부러 어깨를 쫙 펴고 앞장서서 한강변을 걸어 나가는 그의 뒷모습이 조금은 우습기도 했지만 듬직해 보였다.

　눈밭 메치기 사건이 있고 나서 열흘쯤 후인 1979년 2월 중순 우리 대표 팀은 서울 세계선수권대회에 대비한 전지훈련을 위해 미국으로 출국했다.

서울 세계여자농구선수권대회 〈상〉

개막전 패배의 충격

제8회 세계여자농구선수권대회 유치를 계기로 새로 지은 잠실 실내체육관은 2만 관중이 내뿜는 열기로 용광로처럼 달아올랐다. 계단식 지붕이 둥글게 쌓아져 올라가 우주선 모양으로 건설된 실내체육관 관중석 통로는 물론 3층 좌석 위로도 입석 관중이 발 디딜 틈도 없이 꽉 들어차 가히 숨이 막힐 지경이었다.

우리 대표 팀이 캐나다를 상대로 벌인 개막전은 박찬숙과 캐나다 크리스 선수의 점프볼 다툼으로 인플레이 됐다. 나는 박찬숙 외에 조영란 정미라 송금순 등과 스타팅으로 나서 올 코트 맨투맨 압박수비로 경기 초반부터 캐나다의 기세를 꺾고 게임의 주도권을 잡으려고 했다.

그러나 캐나다는 놀랍게도 우리가 생각했던 그런 만만한 상대가 아니었다. 장신의 캐나다는 서울대회에서 '검은 치타'라는 별명을 얻은 1m 83cm의 흑인 실비아 선수의 유연하고 빠른 돌파력을 앞세워 우리 팀의 수비를 흔들어 놓기 시작했다. 우리는 당황했다.

압박수비가 무색해지면서 캐나다에 쉽게 골밑슛을 허용하고 중거리 슛을 내줬다. 그런데 웬일인지 몸은 무겁고 마음만 급해져서 게임은 생각대로 풀려나가지 않았다. 우리 팀은 포인트가드인 나한테서 공격이 시작되어 나가는데 내가 캐나다의 강한 맨투맨 수비에 압박을 받게 되니 공격이 제대로 이루어지지 못했고 송금순 또한 봉쇄당했다. 이 틈에 정미라에게 중거리 슛 찬스가 많이 생겼다.

기선을 제압하려다 오히려 경기의 주도권을 뺏긴 우리 대표 팀은 전반을 30대 34로 리드당한 채 끝냈다. 라커룸으로 들어가는데 실내체육관을 가득 메운 관중들을 볼 낯이 없어 얼굴을 들기 힘들었다.

우리는 역전을 다짐하며 후반전에 나섰으나 초반 조영란이 캐나다의 장신 수비와 싸우면서 몇 차례 시도한 골밑슛이 득점에 연결되지 못하자 심적으로 부담이 다시 커지는 느낌이었다. 고전을 거듭하는 가운데 정미라의 중거리 슛과 박찬숙의 골밑슛 등으로 후반 4분을 남겼을 때 59대 62까지 추격했다. 마지막 역전의 기회를 잡는 듯했지만 '검은 치타' 실비아의 달아나는 득점을 차단하지 못했다. 결국 63대 76, 13점 차의 충격적이고 허망한 패배를 맛보고 말았다.

우리 팀은 박찬숙이 캐나다의 장신 슛에 블로킹 당하면서도 24득점을 올렸고 정미라가 17득점을 기록했으나 조영란이 8점, 내가 6점, 송금순 4점 등의 저조한 득점에 그쳤다. 홍혜란 전경숙은 각각 2득점했다. 반면 캐나다는 실비아가 가장 많은 24득점을 했고 포워드 뱁 스미스가 16점을 따냈다.

잠실 실내체육관을 가득 메운 2만 관중과 전국에서 TV중계를 지켜보는 농구팬들의 성원에 보답하지 못하고 낙승을 기대했던 개막전에서 13점 차로 어처구니없는 패배를 당하자 쥐구멍에라도 들어가고 싶은 심정이었다.

나뿐만 아니라 선수들 모두가 몸이 왜 그렇게 무거웠는지 이해가 가지 않았다. 홈코트 관중의 우레와 같은 응원과 박수가 큰 힘이 되는 한

편으로 반드시 이겨야 하고 개막전인 만큼 더더구나 절대로 져서는 안 된다는 강박감이 몸을 경직되게 만들었던 것이 아닌가 싶었다.

사실 우리 한국 팀은 개최국이기 때문에 국제농구연맹(FIBA)의 관례에 따라 예선리그를 거치지 않고 결승리그로 직행할 수 있었다. 그러나 구소련과 중국 유고 체코 불가리아 등 공산권 5개국이 불참함에 따라 FIBA가 한국 팀이 예선리그부터 뛰어줄 것을 권유했다. 불참하는 5개 팀을 대신해 출전하는 팀들이 약체여서 대회 흥행에 차질이 우려되는 만큼 개최국인 한국이 개회식 날 열리는 개막전에 직접 나서달라는 것이었다.

이러한 사정에 의해 한국은 결승리그에 직행하지 않고 3개 조로 편성된 예선리그에 들어가 캐나다 네덜란드 볼리비아와 예선경기를 치르게 되었고, 대신 1976년 몬트리올올림픽 은메달리스트인 미국 팀이 결승리그로 직행했다.

그런데 한국이 개막전에서 캐나다를 상대로 선택한 것은 경기 결과를 놓고 볼 때 캐나다 팀의 전력에 대한 정보 부족이 가져온 패착이었다. 대한농구협회는 우리 대표팀이 1976년 몬트리올 프레올림픽에 출전했을 때 캐나다 대표 팀과의 연습경기에서 30~40점 차이로 크게 이겼던 3년 전의 기록에 매몰돼 있었다.

FIBA 또한 캐나다가 그동안 국제대회에 출전한 기록이 없어 급격히 향상된 전력을 간과한 채 한국이 무난히 승리할 것으로 보고 개막전 상대로 캐나다를 선택하도록 권했다는 것이다. 물론 개막전에서 우리 대표 팀이 박신자 선배의 지적대로 체력에서 밀리고 기술력에서 졌기 때문에 할 말은 없게 됐지만 우리 선수들이 정상적인 컨디션으로 싸웠다면 패할 이유도 없었다는 생각이다.

나중에 결승리그에서 우리 대표 팀은 은퇴했던 마쓰오카 선수까지 출전시켜 전의를 불태운 일본을 64대 56으로 제압했다. 반면 캐나다는 일본과의 결승리그에서 천신만고 끝에 게임 종료 1초전 '검은 치타' 실비아가 천금 같은 역전결승골을 성공시켜 56대 55로 간신히 이겼다.

물론 경기는 상대적인 것이라 일본과 캐나다의 경기 결과를 가지고 우리가 캐나다를 이길 수 있었다고 생각하는 것은 부질없는 짓이겠지만 어쨌든 우리가 개막전의 부담감을 너무 많이 갖지 않았더라면 정말 좋은 경기를 할 수 있었으리라는 미련이 한동안 머리를 떠나지 않았다.

서울 세계여자농구대회는 구기 종목으로는 처음 아시아 지역에서 열리는 월드챔피언십이어서 당시 정부 차원의 관심과 지원이 많았다.

대회 개막 열흘을 앞두고 박정희 대통령이 박근혜 서울세계대회 명예총재를 대동하고 우리 대표 팀이 훈련하고 있는 잠실체육관을 방문해 시설을 둘러보고 선수들을 격려했는가 하면 대회기간 중 체육관을 찾아 경기를 관전하기도 했다.

우리 정부의 이러한 높은 관심은 거의 같은 기간 평양에서 열리는 제35회 세계탁구선수권대회와 맞물려 남북 스포츠 외교전이 펼쳐지고 있는 점을 염두에 두었기 때문이 아닌가 하는 생각도 들었다.

한국 탁구대표팀은 북한과 단일팀을 구성해서라도 평양 세계대회에 출전하길 원했으나 사실상 북한의 거부로 참가하지 못했다. 어쨌든 세계여자농구대회에 대통령까지 큰 관심을 표시해 격려가 되는 것은 당연했지만 한편으로 선수단 입장에서는 은연중에 부담감이 커지기도 했다.

캐나다의 매크레이 감독은 개막전에서 홈팀 한국을 꺾고 나서 한국 팀에 대해 "투 머치 너버스(too much nervous)"했던 것 같다고 말했다. 한국 선수들이 너무 많은 긴장감 속에서 경기를 한 것 같았다는 뜻이다. 박신자 선배는 대회기간 중 동아일보에 '박신자의 눈'이라는 타이틀로 매일 기고한 칼럼에서 한국 팀의 개막전 패배에 대해 다음과 같이 썼다.

'부모 형제 애인 등 온 국민이 지켜보는 가운데 좀 더 좋고 멋있는 경기로 이겨야겠다는 생각이 정신적 부담을 갖게 한다는 것을 농구팬들은 잊어서는 안 된다. 국민은 그래도 기대를 갖고 있다. 어제는 어제로 끝났다. 새 기분으로 앞으로의 경기에 최선을 다하자.'

개막전에서 의외의 패배를 당한 뒤 숙소로 돌아가기 위해 선수단 버스를 타고 경기장을 빠져나올 때 우리 선수들은 주변을 에워싸고 있는 농구팬들을 똑바로 쳐다볼 면목이 없어 의자 밑으로 모두 얼굴을 숨겼다. 숙소인 워커힐호텔로 돌아오자마자 나는 선수들을 내 방으로 불러 미팅을 했다.

"오늘 경기는 잊어버리자. 그리고 너무 의기소침하지 말자. 남은 경기를 모두 이기겠다는 각오로 심기일전해서 다시 시작하자. 자 모두 손을 모으고 함께 파이팅이다!"

"파이~티이~잉!"

미팅이 끝나 선수들이 각자 자기 방으로 돌아간 뒤 씻기 위해 화장실로 들어갔을 때 김 기자로부터 전화가 걸려왔다.

"선수들 몸이 상당히 무거워 보이던데……많은 관중 앞에서 개막전 경기를 치르려니 부담감이 클 수밖에 없지. 잊어버리고 파이팅해요. 파이팅!"

　힘들 때 건네주는 격려의 한 마디는 정말 힘이 나게 해주는 힘을 갖고 있었다.

서울 세계여자농구선수권대회 〈중〉

75%의 슛 정확도로 미국을 격파하다

지름 25cm 무게 600g의 주황색 농구공은 긴 포물선을 그리며 링을 향해 날아갔다. 실내체육관을 가득 메운 2만 관중은 숨을 죽인 채 농구공이 그리는 궤적을 좇았다. 볼은 정확하게 링 안으로 쏘옥 빨려 들어갔고 '싸아~악' 하는 소리와 함께 그물은 출렁거렸다. '와아!' 하는 함성과 박수소리가 실내체육관을 삼켜버리고 있었다.

나는 외곽에서 좌우로 패스를 돌리며 게임을 풀어가다 슛 찬스가 날 때는 사거리가 긴 장거리 슛을 날렸고 70%의 높은 성공률을 보이며 그물을 흔들어댔다. 박찬숙은 내가 윙크를 하는 순간 전광석화처럼 미국팀 골밑으로 날아 들어갔고 투 핸드 오버헤드 패스로 총알처럼 꽂아주는 볼을 받아 골밑슛을 성공시켰다.

평균 신장 1m 82cm를 자랑하는 미국 선수들은 수비할 틈도 없이 스피디하게 이뤄지는 박찬숙과 나의 골밑 공략 콤비플레이에 거짓말처럼 속수무책으로 당했다.

정미라의 중거리 슛이 터지고 몸이 가벼운 조영란의 골밑 공격이 가세했으며 전미애의 과감하고 날렵한 드라이브인 슛이 먹혀들었다. 우리 선수들은 두 팔을 번쩍 쳐들고 춤을 추듯 발을 가볍게 움직이며 그물망 수비를 펼쳤고 공수 전환이 빠른 공격을 전개했다.

우리 대표 팀은 개막전에서 캐나다에게 뜻밖의 일격을 당해 대회 초반부터 벼랑 끝에 몰리는 상황에 처하자 모든 것을 각오하고 나섰다. 예선리그 2차전에서 네덜란드를 78대 63으로 꺾고 3차전에서 볼리비아를 가볍게 눌러 예선 2위로 결승리그에 올랐다. 우리는 예선리그를 거치면서 경기 감각을 되찾고 정상 컨디션을 회복했다.

그러나 우리 대표 팀과 첫 경기를 한 미국 선수들은 몸이 무거워 보였다. 예선리그를 거치지 않고 결승리그에 직행했기 때문에 예선리그가 벌어지는 동안 국내 실업팀 체육관에서 연습만 했던 것이 이유인 듯했다. 그들은 아직 워밍업이 제대로 안 된 모습으로 경기 감각을 찾지 못한 채 우왕좌왕했다. 마치 우리가 개막전에서 캐나다와 격돌했을 때 컨디션 난조로 고전을 면치 못했던 모습을 재현해 보여주는 것 같았다.

미국 팀은 브래재워스키와 리버만 그리고 마이어 등 미 대학 최우수 선수(MVP)로 선정됐던 트리오가 주축을 이루고 있고 선수 전원이 농구 본고장 출신다운 개인기를 갖추고 있어 공수가 가장 안정돼 있다는 평가를 받았다.

그러나 객관적인 전력이 아무리 막강하더라도 실제로 경기에서 그만한 기량을 발휘하느냐는 별개의 문제였다. 미국 선수들은 몸이 둔하고 톱니바퀴가 제대로 맞물리지 않는 것 같은 상태로 경기를 펼친 반면 우리 대표 팀은 가벼운 몸으로 주득기인 외곽 슛을 펑펑 터뜨리면서 미국 수비를 밖으로 끌어내고 그 틈에 박찬숙이 미국의 골밑을 유린했다.

전반 6분을 남겼을 때 우리는 14점 차로 미국을 앞섰다. 활기 찬 공격을 펴면서 리버만의 외곽 슛과 센터 크리스의 골밑 공격을 효과적으로 봉쇄한 것이 주효한 결과였다. 그러나 전반 막판 미국이 올코트 프레싱의 압박수비로 강한 반격을 펼쳐 49대 40으로 9점을 리드한 채 마쳤다. 우리는 후반 들어서도 전반의 경기 리듬을 그대로 살려나가면서 주도권을 잡아 10분께는 스코어 차를 20점까지 벌리기도 했다.

줄곧 여유 있게 미국을 앞서 가던 중 게임 종료 1분 30초를 남기고 이날 미국전에서 개인 최다 28득점을 올린 박찬숙이 5반칙 퇴장을 당하고 말았다. 미국의 골밑 공격을 막아내느라 파울이 많아졌던 것이다.

박찬숙이 쫓겨나자 우리 선수들은 센터가 빈다는 점 때문에 불안해지기 시작했고 이 틈에 미국은 다시 올코트 프레싱의 압박수비로 나서면서 강하게 반격을 가해왔다. 잠시 당황한 우리는 패스 미스로 잇달아 2골을 허용해 13점으로 스코어 차가 좁혀졌다. 26초를 남기고 홍혜란이 자유투를 얻었으나 1개만 성공시켰고 미국의 마지막 공격에 1골을 허용해 94대 82, 12점 차의 승리로 서울 세계대회 최대의 접전을 마무리했다.

우리의 승리 요인은 주특기인 외곽 슛이 작렬해 75%의 적중률을 보인 데 있었다. 우리 선수들은 자유투를 포함해 모두 65개의 슛을 던졌고 이 중 47개를 성공시켰다. 이처럼 높은 슛 정확도로 박찬숙의 28득점에 이어 내가 20점을 득점했고 정미라 16점 조영란 13점 전미애 11점 송금순 5점 등을 각각 기록했다.

우리의 중·장거리 슛이 폭발하자 몸이 무거워 보이던 미국 팀은 당황하는 것 같았다. 우리의 외곽 슛을 막으려고 수비망을 벌이다 보니 박찬숙에게 골밑슛 찬스가 많이 생겼다. 내 윙크 사인을 받고 골밑으로 날아 들어가는 박찬숙에게 총알 스피드로 꽂아주는 투 핸드 오버헤드 패스는 내가 생각하기에도 예술이었다.

축구경기에서 드로잉으로 볼을 길게 골문 쪽으로 넣어주는 것과 같은 투 핸드 오버헤드 패스를 단련하기 위해 나는 무학여중 시절부터 특단의 개인연습을 무척이나 많이 했다. 어깨와 허리힘을 키우려고 물구나무서기를 했고 손가락에만 의지해 팔굽혀펴기를 하는 훈련으로 손가락 힘을 길렀다. 투 핸드 오버헤드 패스를 직구처럼 던지기 위해 틈만 나면 혼자 공으로 농구대 백보드를 때리는 훈련을 했다. 자유투를 하는 지점에서부터 시작해 거리차를 두고 뒤로 물러나면서 하프라인에서까지 투 핸드 오버헤드 패스로 백보드를 때리는 훈련을 거듭했다. 누가 시킨 것이 아니라 나만의 특기를 조련하기 위해 내 판단으로 이런 훈련을 꾸준히 했다.

그 결과 나는 투 핸드 오버헤드 패스로 한쪽 엔드라인에서 반대쪽 엔드라인 끝까지 충분히 볼을 보낼 수 있는 기량을 갖췄다. 내 자랑을 조금 하자면 선수 시절 어느 남자 선수와 대결을 벌이더라도 투 핸드 오버헤드 패스는 이길 자신이 있었다.

미국과의 경기가 끝난 뒤 미국 팀의 26세 처녀 감독 팻 서밋은 "한국을 과소평가했다. 경기 초반 판정이 편파적인 듯했으나 한국 팀이 너무 잘했다. 우리가 완전히 졌다."고 솔직히 패배를 시인했다.

박신자 선배는 신문칼럼에서 '한국 팀이 그렇게 열심히 싸우는 모습을 본 적이 없다. 미국을 잡아 개막전에서 캐나다에게 당한 일격을 보상받아야 한다는 각오로 불꽃이 튀었다.'고 칭찬하는 평을 했다.

우리 대표 팀은 서울 세계대회 1년 뒤인 1980년 5월 불가리아에서 열린 모스크바 프레올림픽에서도 참가국 가운데 유일하게 미국에게 89대 88, 반골 차의 역전승을 거둬 서울 세계대회의 미국전 승리가 실

▲1979년 서울 세계여자농구선수권대회 시상식. 한국은 미국을 94대 82로 꺾었으나 개막전에서 캐나다에 의외의 1패를 당한 것이 발목을 잡아 미국에 우승을 넘겨주고 준우승을 차지했다. 한국, 미국, 캐나다가 결승리그 동률 5승 1패를 이뤄 골득실을 따진 결과 미국이 우승을 차지했다. 시상대 오른쪽의 흑인 선수는 기자단 투표에서 최우수선수(MVP)로 뽑힌 캐나다의 실비아.

력에 의한 것이었음을 입증했다.

팻 서밋 미국 팀 감독은 박신자 선배와 함께 미국 '농구 명예의 전당'에 헌액된 미 대학 여자농구의 최고 지도자로 꼽힌다. 미 대학 여자농구 올해의 감독상만 무려 7차례나 수상했고 1976년 몬트리올올림픽 은메달에 이어 1984년 로스앤젤레스올림픽에서 한국을 누르고 금메달을 미국에 안기는 등 지도자로서의 역량을 유감없이 발휘했다. 그는 안타깝게도 64세의 한창 나이에 타계했다.

한국 대표 팀은 서울 세계대회 개막전에서 캐나다에 당한 패배의 충격을 딛고 결승리그 첫 경기에서 미국을 완파함으로써 자신감을 회복하고 우승의 불씨를 다시 지펴 나갔다.

서울 세계여자농구선수권대회 〈하〉

골득실 차로 놓쳐버린 우승의 꿈

미국을 격파한 우리 대표 팀은 결승리그 두 번째 경기에서 숙적 일본과 맞붙었다. 이날은 연휴가 낀 5월 5일 어린이날인 데다 한일전이 벌어진다는 점 때문에 국민들의 관심이 높아 이른 아침부터 잠실 실내체육관에는 입장권을 사기 위해 많은 농구팬들이 몰려들었다.

나중에 신문기사를 보니 3,000여 명이 표를 사지 못해 발길을 돌렸고 암표가 등장해 2,500원짜리 입장권이 4,000원에 팔리기도 했다고 한다. 박정희 대통령도 한일전을 관전하기 위해 박근혜 세계대회 명예총재와 함께 실내체육관을 찾아 열기는 최고조에 달한 느낌이었다.

덕택에 대회조직위원회는 이날 하루에만 3,000만 원이 넘는 입장 수입을 올려 국내 개최 경기사상 최고의 입장수익 기록을 세웠다. 이 기록은 1982년 프로야구가 출범하기 전까지 깨지지 않았다고 한다.

우리는 한 해 전인 1978년 7월의 쿠알라룸푸르 아시아여자선수권대회(ABC)와 그해 12월 방콕 아시안게임에서 일본을 연파했기 때문에 심리적으로 안정감을 갖고 일본과 격돌했다. 일본은 은퇴한 마쓰오카 선수를 컴백시켜 전력을 강화했지만 우리 대표 팀을 넘을 만한 정도는 되지 못했다.

일본의 강점은 강한 수비에 있었으나 외곽 슛이 약한 단점도 있었다. 우리는 일본의 장·단점을 잘 파악한 상태에서 공수 작전을 적절히 펼쳐 전반을 34대 26으로 앞섰고 후반 한때 14점까지 스코어 차를 벌였으나 막판 일본의 추격에 쫓겨 점수를 까먹고 64대 58, 6점차로 이겼다. 일본전에서는 박찬숙이 32득점하고 조영란이 18점을 얻어 두 장신이 승리를 견인했다.

결승리그 세 번째 경기에서 만난 호주는 의외의 강적이었다. 장신의 호주 선수들은 우리 수비를 자르고 들어와 득점에 연결했다. 특히 호주 센터 잭슨의 노련한 골밑 공격은 박찬숙과 조영란이 막기에 벅찰 정도로 위력적이었다. 우리는 전반 막판에 실수를 연발해 점수 차를 벌릴 수 있는 기회를 놓치고 38대 36, 한 골 차로 앞선 채 끝냈다. 후반 들어 3분께 호주에 역전을 허용한 뒤 우리 팀의 수비가 흔들리면서 12분께는 53대 64로 리드 당했다. 위기상황이었다. 호주에게 패한다면 우승은 아예 꿈도 꿔보지 못한 채 산산조각이 나게 될 판이었다.

우리는 강력한 압박수비를 펴면서 추격을 벌인 끝에 게임 종료 2분 30초를 남기고 조영란이 사이드 슛을 터뜨려 67대 66의 재역전을 이루는 데 성공했다. 장내 열기가 후끈 달아오른 가운데 최종 승부는 34초를 남기고 판가름 났다. 내가 박찬숙이나 조영란에게 볼을 넣어주려고 하자 호주 수비가 그쪽으로 쏠렸고 그 틈에 드라이브 인을 치고 들어가 승패를 가르는 골을 성공시켰다. 포인트가드의 역할이 어떤 것인지를 보여준 것이었다.

정말 가슴을 쓸어내린 진땀나는 76대 72, 4점 차의 역전승을 거뒀다. 호주전에서 조영란이 최다 20득점을 올렸고 박찬숙 18, 정미라 16점에 내가 10점을 기록했고 조은자가 8점, 송금순 전미애가 각각 2점을 넣었다.

　호주 팀은 실력이 좋아 관중의 관심을 샀지만 선수들의 유별난 유니폼 때문에 화제가 되기도 했다. 참가 12개국 중 호주 선수들의 유니폼 상의가 가장 짧아 경기 도중 수시로 배꼽이 드러나 보였다.

　박신자 선배는 칼럼에서 호주 선수들을 만나 "너희들 유니폼을 보고 한국 남자들이 웃는다."고 말했더니 "우리 호주 여자 운동선수들은 모두 이렇게 입는다."면서 이상할 게 뭐 있느냐는 반응이었다고 전했다. 우리 할머니들이 보면 분명히 야단칠 육감적 유니폼이지만 그들에게는 아주 자연스런 일이었던 모양이다.

　장신의 호주를 힘겹게 이기고 난 뒤 프랑스와의 대전에서 후반 10분께 20점 차로 리드했을 때 박찬숙 정미라와 내가 빠지고 홍영순 전경숙 최승희가 들어가 76대 71로 경기를 마무리했다. 마지막 대전은 이탈리아였고 63대 56으로 낙승을 거뒀다.

　이렇게 해서 한국 미국 캐나다가 결승리그 동률 5승1패를 기록했다. 국제농구연맹(FIBA) 규정에 따라 3개 팀이 골 득실차를 따진 결과 미국이 +4점, 한국 −1점, 캐나다가 −3점이 돼 우승컵은 미국에 돌아갔고 한국이 준우승, 캐나다가 3위를 차지했다.

　미국의 경우 캐나다를 77대 61, 16점차로 이기고 한국에 94대 82, 12점차로 져서 골득실에서 +4점을 기록했고, 한국은 캐나다에 13점차로 지고 미국에 12점차로 이겨 −1점, 캐나다는 미국에 16점차로 지고 한국에 13점차로 이겨 −3점이 된 것이다.

　우리 대표 팀은 미국을 이겨놓고도 미국에게 우승을 뺏기는 결과가 되자 허탈했다. 만일 개막전에서 캐나다에게 지더라도 7점 차 이내로

▲서울 세계여자농구선수권대회가 끝난 뒤 선수단은 청와대를 방문해 대표선수들이 사인한 농구공을 박정희 대통령에게 선물했다. 그 사이에 서 있는 사람은 박찬현 문교부장관. 오른쪽은 서울대회 명예대회장을 맡았던 박근혜 전 대통령, 그 뒤로 박종규 대한체육회장.

패했다면 우리가 우승컵을 차지할 수 있었고, 그게 아니면 미국을 18점 차 이상으로 이겼어도 우승할 수 있었다는 미련이 내내 뇌리를 떠나지 않았다.

그보다도 일본이 캐나다와의 대전에서 게임 종료 1초를 남기고 '검은 치타' 실비아에게 역전 결승골을 내주지 않아 캐나다가 패했다면 한국과 미국이 동률이 돼서 승자 승 원칙에 따라 우리가 우승컵을 차지할 수 있었다는 아쉬움도 한동안 지워지지 않았다. 일본은 캐나다를 다 잡아놓고 막판에 55대 56으로 패하고 말았다.

12개국이 참가해 15일간 열전을 펼친 제8회 서울 세계여자농구선수권대회가 마침내 막을 내리고 폐회식 시상대에 올랐을 때 다시는 없을 세계챔피언의 기회를 놓쳐버렸다는 생각에 나는 웃음을 짓지 못했다.

서울 세계대회에서 준우승에 그친 아쉬움은 컸지만 그 넓은 체육관을 입추의 여지없이 가득 메운 관중의 뜨거운 성원을 받으며 엔도르핀이 팍팍 솟는 열정의 경기를 펼친 일은 언제라도 생각만 하면 가슴이 찌릿찌릿해지는 소중한 추억이다.

대회기간에 김 기자의 청혼을 받아들이겠다는 결심을 비로소 굳히게 된 것도 서울 세계대회가 나에게 특별한 의미를 주는 또 하나의 이유다.

스포츠강국을 일군 태릉선수촌

태릉선수촌은 1966년 6월 박정희 대통령 시절 세워졌다. 첫 시설로 건립된 실내체육관은 비닐하우스 모양의 콘센트 막사 같은 것이었다. 나라 살림이 어려웠던 때여서 임시 건물을 세우는 형태로 국가대표 선수들의 요람인 태릉선수촌이 첫발을 내디뎠다고 한다. 이후 실내수영장 옥외스케이트장이 건립되고 이어서 남자 숙소인 전진관과 여자 숙소인 영광의 집이 들어섰다. 이때 농구 배구 등 실내종목의 훈련과 연습경기를 위한 승리관도 세워졌다.

내가 1973년 모스크바 유니버시아드대회를 앞두고 처음 국가대표로 선발돼 태릉선수촌에 입촌한 뒤 기라성 같은 선배들의 층층시하에서 '삐리' 노릇을 하며 훈련을 했던 곳은 승리관이 세워지기 전의 실내체육관이었다.

이 실내체육관은 돔 형태의 콘센트 막사 같은 건물이었는데 여름에는 선수촌 숲속에서 온갖 날벌레와 독나방이 날아 들어와 이들과 싸우는 일이 보통 곤욕스럽지 않았다. 제대로 시설을 갖춘 실내체육관인 승리관은 모스크바 유니버시아드 대회가 끝난 뒤 그해 말에 준공돼 그 후부터는 여름철에 독나방 등의 공습을 걱정하지 않고도 훈련을 할 수 있게 됐다.

내가 1980년 9월 홍콩에서 개최된 아시아여자농구선수권대회(ABC)를 끝으로 8년간의 긴 대표선수 생활을 마감한 뒤에도 태릉선수촌에는 추가 훈련시설이 계속 들어서 국가대표 선수들의 종합훈련장으로서의 면모를 제대로 갖춰갔다.

그런데 2009년 6월 조선의 왕릉이 유네스코 세계문화유산으로 등재되면서 국가대표 선수 종합훈련장을 새로운 곳으로 이전하지 않으면 안 되게 되었다. 태릉선수촌은 조선의 11대 임금 중종의 두 번째 계비인 문정왕후 윤씨의 묘소인 태릉과 그의 아들인 명종과 인순왕후의 묘소인 강릉이 붙어 있던 것을 분리한 뒤 그곳에 들어섰고 태릉의 이름을 따 태릉선수촌으로 명명한 것이다. 유네스코는 조선 왕릉의 세계유산 등재를 결정하면서 태릉과 강릉의 원형 보존을 권고해 태릉선수촌의 철거가 불가피한 상황을 맞게 된 것이다.

이에 따라 조선 왕릉이 유네스코 세계유산으로 등재된 그해에 충북 진천에 새로운 국가대표 종합훈련장 건립의 첫 삽을 뜨고 2017년 가을에 준공함으로써 태릉선수촌 면적의 5배 규모인 진천선수촌 시대가 마침내 막을 올리게 되었다.

태릉선수촌 부지의 소유자인 문화재청은 진천선수촌이 개촌하면 태릉선수촌을 철거한다는 입장이나 선수들이 지리적인 불편 등을 이유로 태릉선수촌의 철거에 반발하고 있다. 또 대한체육회가 태릉선수촌의 초창기 시설에 대해 근대문화유산 등록을 문화재청에 신청해 놓고 있어 태릉선수촌의 철거는 불투명한 상태인 모양이다.

어쨌든 태릉선수촌은 대한민국을 스포츠강국으로 끌어올리는 데 가장 크게 기여한 1등공신이다. 나라의 인구 사이즈가 작고 스포츠 저변 인구도 적은 데다 변변한 스포츠 시설조차 없는 열악한 조건에서 올림픽 등 각종 국제대회에 나가 한국 선수들이 메달을 딴다는 것은 쉬운 일이 아니었다. 이와 같은 악조건을 극복하고 스포츠의 국제경쟁력을 키우기 위해 국가 차원에서 대표선수 종합 트레이닝 센터인 태릉선수촌을 건립하고 운영을 지원함으로써 스포츠 강국의 꿈을 실현할 수 있었다.

태릉선수촌 운영의 첫 결실은 건립된 지 10년 뒤인 1976년 몬트리올올림픽에서 레슬링의 양정모 선수가 건국 후 첫 금메달을 따낸 것이다. 그때 올림픽 첫 금메달의 획득이 전국을 감격의 물결로 넘실거리게 만들었던 일은 스포츠의 힘이 얼마나 큰 것인지를 실감나게 했다.

우리나라는 1988년 서울올림픽에서 금메달 12개를 따내 구소련 동독 미국에 이어 종합순위 4위를 차지하는 기염을 토했고 2004년 아테네 올림픽부터 2012년 런던 올림픽까지 메달 순위 10위권을 줄곧 지켰다. 그리고 그 중심에 태릉선수촌이 있었음은 어느 누구도 부인할 수 없는 일이다. 여기에 1975년 올림픽 및 주요 국제대회 메달리스트에게 지급하는 경기력 향상 연구연금, 즉 체육연금제도가 도입됨으로써 스포츠 강국으로 달려가는 말에 채찍을 가하는 효과가 만들어졌다.

태릉선수촌이 51년의 역사를 마감하고 새로운 진천선수촌 시대가 열린다고 하니 가끔은 지겹다는 느낌이 들기도 하며 익숙하게 보냈던 8년간의 태릉선수촌 생활이 온통 아름다운 추억으로 남는 것 같은 기분이다.

김 기자의 철야전투 첫날

"자네가 뭔데 내 딸을 데려간다는 거야?"

따르릉, 따르릉!

밤 10시가 훌쩍 넘은 시간에 마루에 있는 전화기의 벨이 울렸다. 직감적으로 김 기자한테서 걸려온 전화라는 것을 알 수 있었다. 내 방에서 문을 열고 나가 수화기를 들었다.

"현숙 씨, 나예요. 오늘 어떻게 된 거예요? 무슨 일이 생긴 거죠?"

내가 답변할 말을 찾지 못해 우물쭈물하는 사이 안방에 있던 엄마가 어느 틈에 마루로 나와 수화기를 낚아챘다.

"당신 누구야. 도대체 니가 뭔데 우리 딸을 마음대로 데려가겠다는 거야?"

엄마는 막걸리를 몇 잔 드신 상태였다. 술이 약한 엄마는 약간 취한 상태에서 김 기자에게 속사포를 퍼부어대듯 심한 말을 마구 쏟아내셨다. 나는 내 방으로 들어와 문을 닫아 버렸다. 바로 방문 앞에서 엄마가 상대방이 뭐라고 말할 틈도 주지 않고 일방적으로 퍼붓는 폭언이 귀청을 때렸다.

1979년 5월 중순 제8회 서울 세계여자농구선수권대회가 끝나고 며칠이 지났을 때였다. 박신자 선배가 김 기자와 나에게 저녁을 사주기로 한 날이었는데, 내가 아무런 설명도 없이 약속장소에 나가지 않자 이런 일이 벌어지게 됐다.

　박 선배는 서울 세계대회 기간에 동아일보 체육 면에 '박신자의 눈'이라는 문패를 달고 경기 관전평이나 참가국 선수들에 관한 재미있는 얘기들을 연재했다. 박 선배는 시중에서 "박신자가 글도 잘 쓰네." 하는 반응을 보일 정도의 인기칼럼을 쓰는 일로 김 기자와 매일 만나는 사이였고 나와 김 기자의 관계를 알고 있던 터여서 세계대회가 끝나자 저녁을 한 번 사주겠다고 했다. 동아일보사 부근에 있던 한 제과점에서 만나 그곳에서 용산 미8군 장교클럽으로 옮겨 저녁을 먹기로 했었다.

　그때는 미8군 장교클럽에 저녁을 초대받아 갔다 오면 은근히 빼기곤 했다. 박 선배는 남편이 예일대학 박사 출신의 미국인으로 용산 미군 영내에 거주하고 있었기 때문에 장교클럽으로 김 기자와 나를 초대했던 것이다.

　저녁 식사 장소로 옮기기 전에 만나기로 했던 제과점에 내가 나타나지 않자 김 기자는 함께 기다리던 박신자 선배에게 미안한 데다 나에게 무슨 일이 생겼나 해서 불안감이 컸던 모양이다. 나는 김 기자를 만나는 동안 한 번도 약속을 어긴 적이 없고 선수촌 훈련일정 때문에 사정이 생길 때는 반드시 사전에 연락을 했기 때문에 내가 아무런 연락도 없이 약속장소에 나타나지 않자 난감할 수밖에 없었을 것 같다.

　약속시간을 1시간 가까이 넘기도록 나한테서 아무런 연락이 없자 오후 8시가 다 돼서 김 기자는 어쩔 수 없이 후배 최용원 기자와 함께 박 선배 차량을 타고 미8군 장교클럽으로 갔다. 민간 한국인은 미군 영내 출입이 통제되기 때문에 박 선배 차량으로 함께 이동한 것이다.

　이날 장교클럽의 한국인 인기메뉴인 '티본(T-bone)' 스테이크가 테이블 위에 근사하게 차려졌으나 나의 돌연한 약속 불응 이유에 대해 신경을 곤두세우고 있는 김 기자의 입에는 아무런 의미가 없었던 것 같다.

김 기자는 박 선배에게 미안한 것도 그렇지만 무언가 불길한 예감 때문에 식사를 하는 둥 마는 둥 하다가 밤 10시가 넘어 자리에서 일어섰다고 했다. 그는 2층 장교클럽을 나오다가 입구에 주황색 공중전화기가 설치돼 있는 것을 보고 나한테 전화를 걸었다. 그때는 10원짜리 동전 3개를 넣고 3분간 통화를 할 수 있었다.

박 선배가 후배 최 기자를 데리고 주차장으로 먼저 내려가 있는 사이 김 기자가 첫 통화를 걸어왔는데 엄마는 내가 먼저 들었던 수화기를 빼앗아 심한 말을 마구 쏟아 부었던 것이다. 엄마는 얼굴도 모르는, 신문기자 한다는 사람이 딸을 데려가겠다니까 궁금증 이전에 거부감을 가지신 것 같았다.

아버지는 말할 것도 없지만 엄마도 내 딸이 어떤 사람인데 누구 마음대로 채가겠다는 것이냐고 반감이 거셀 수밖에 없었을 터이다. 부모 입장에서 충분히 그럴 수 있는 일이었다. 더욱이 아버지가 김 기자에 대해 완강하게 거부하고 있었기 때문에 엄마는 더더욱 그럴 수밖에 없었을 것이다.

어쨌든 김 기자는 첫 통화부터 엄마가 일방적으로 퍼붓는 공격에 예상치도 않았던 날벼락을 맞는 기분이있다고 한나. 훗날 결혼을 한 뒤 그는 장교클럽 공중전화로 10원짜리 동전이 모두 떨어질 때까지 10차례 가까이 연속 통화를 하는 동안 내 엄마에게서 신한 모욕감을 느꼈디고 털어놨다. 엄마의 언사를 일일이 기억할 수는 없지만 요지는 "니가 뭔데 우리 딸을 누구 마음대로 데려가겠다는 거냐. 어림도 없는 소리하지 마라."였다고 했다.

　김 기자는 엄마가 얼마나 폭언을 심하게 했는지 참고 견디기 힘들어 순간적으로 맞받아치려고 험한 대꾸가 목구멍까지 올라왔으나 용케도 참았다고 한다. 내가 여기서 감정을 제어하지 못해 말 한 마디를 잘못 뱉어 놓으면 그동안 쌓아놓은 공든 탑이 한순간에 무너진다는 생각이 퍼뜩 들었다는 것이다. 그리고 그때 참기를 얼마나 잘했는지 모르겠다며 스스로 대견하다고 훗날 말하곤 했다.

　김 기자는 동전이 떨어져 통화를 더 할 수 없자 비로소 박 선배가 주차장에서 기다린다는 것을 생각하고 부리나케 달려 내려갔다. 박 선배가 조선호텔 앞에 그를 내려줬을 때 시간은 이미 밤 11시를 넘겼고 어둠 속에 봄비가 부슬부슬 내리고 있었다. 그는 심란한 마음으로 택시를 타려고 터벅터벅 무교동 쪽으로 걸었다. 통금이 있던 시절이어서 시간이 늦을수록 택시요금은 '따블' '따따블' '따따따블'로 올라가고 택시가 손님을 골라 태우던 시절이었다.

　그는 참담한 기분으로 무교동에서 은평구 연신내의 집으로 가기 위해 택시를 기다리다 '아니다. 오늘 승부를 내야겠다.'는 결심을 하게 됐다고 한다. 그리고 길을 건너가 강동구 명일동으로 가는 택시를 잡아탔다. 택시는 천호동을 지나 길동사거리에서 좌회전해서 어둠 속을 달렸다. 길동사거리에서 명일동으로 가는 길이 지금은 잘 포장돼 시원하게 뚫려 있지만 그때는 왼편이 복개가 안 돼 개울물이 흐르고 있었고 곳곳이 흙길이었다.

　자정이 다 된 시각에 내 방에서 잠을 이루지 못한 채 걱정에 싸여 있는데 집 안으로 누가 들어오는 소리가 났다. 김 기자가 들이닥쳤던 것이다. 속으로 '어머나!' 하는 소리가 절로 나왔다. 김 기자는 씩씩한 모습으로 엄마에게 "제가 김 기잡니다." 하고 밝히더니 안방에 앉아 얘기를 시작했다. 아버지는 동네 친구 분들과 무슨 얘기를 길게 하시는지 아직 집에 들어오지 않은 상태였다.

나는 내 방에 꼼짝하지 않고 있었기 때문에 김 기자가 엄마에게 무슨 말을 했는지 정확하게 알 수 없었으나 나를 좋아한다는 말을 분명하게 했고 결혼해서 고생 안 시킬 각오가 돼 있다는 얘기를 한 것 같았다. 나중에 알았지만 그렇게 엄마에게 단호하고 정중한 자세로 말했고 엄마는 불과 두세 시간 전 맹렬하게 퍼붓던 공격적 태도를 버리고 차분하게 그의 말을 경청했다. 그는 결혼한 뒤 이때의 엄마 태도에 대해 "현물이 앞에 나타나 진지한 자세로 딸을 맡겨주세요 하니까 안심을 하셨던 모양"이라고 재미있게 해석을 했다.

얼마 뒤 아버지가 집에 들어오셨다. 이미 자정을 넘은 시각에 김 기자는 아버지와 안방에 마주 앉아 첫날의 철야전투를 시작했다. 그는 엄마를 설득했던 내용을 그대로 똑같이 아버지에게 말씀드리면서 결혼을 허락해 달라고 간청했으나 아버지는 완강했다.

"우리 현숙이를 아껴줘서 고마운데 그냥 동생으로 생각하고 잊어주시오."

"저는 동생으로 생각히고 현숙 씨를 만난 것이 아닙니다. 제가 어디가 부족한 점이 있다면 말씀해 주세요."

"그런 것 때문은 아니요. 나이도 다섯 살 차이가 나니 동생으로 생각하고 잊어줘요."

나는 내 방으로 건너온 엄마와 함께 안방에서 아버지와 김 기자가 나누는 대화 내용에 대해 신경을 곤두세울 수밖에 없었다. 내가 살던 명일동 집은 13평형 시영아파트여서 옆방에서 나누는 얘기가 잘 들리는 구조였다. 두 사람의 대화는 다람쥐 쳇바퀴 돌듯 하는 것 같았다. 평행선을 달리는 대화는 새벽 3시경이 돼서 끝나고 아버지는 김 기자를 안방에서 같이 자도록 했다. 집에 찾아온 손님을 그 시간에 여관으로 내몰 수는 없는 일이었으니까.

짧은 새벽잠을 자고 일어난 김 기자는 회사에 나가 아침을 사 먹으면 된다며 집을 나갔다. 나가기 전 내 방에 잠시 들어와 "오늘 저녁에 회사 근처로 나와요. 만나서 우리 둘이 얘기를 해봅시다." 하고 말했으나 나는 아무런 답변도 하지 않았다. 눈이 퉁퉁 부어 오른 흔적을 보여주기 싫어서 얼굴도 마주하지 않았다. 김 기자의 철야전투 첫날은 그에게 낭패감만 안겨준 채 그렇게 지나갔다.

김 기자의 철야전투 둘째 날

"그냥 동생이라고 생각하고 잊어주시오."

김 기자가 자정 무렵 우리 집에 쳐들어오듯 들이닥쳐서 엄마를 만나고 아버지와 첫 담판을 벌이다 잠깐 자고 나서 출근했던 날, 동아일보사 부근에서 저녁에 만나자고 일방적으로 한 약속에 나는 응하지 않았다.

아버지가 김 기자에 대해 완강하게 반대하는 생각을 바꿀 것 같지가 않았고 엄마는 아버지의 뜻을 거역할 수 없다는 입장을 보이고 있었기 때문에 만나서 얘기를 해보자는 김 기자의 요구를 받아들이기 힘들었다. 더구나 얼굴이 엉망인 상태였기 때문에 아예 외출할 엄두를 내지 못했다.

그는 내가 만나자는 약속에 응하지 않자 밤늦게 또 집으로 찾아왔다. 이틀째 철야전투를 벌이겠다고 작정한 모양이었다. 나는 그가 또 찾아온 것을 알고 그냥 내 방에 틀어박혀 내다보지를 않았다. 부모의 완고함에 갇혀 있는 공주를 구출하기 위해 달려온 기사에게 박수를 쳐주는 것이 마땅한 일인지는 모르겠으나 집안 분위기가 그럴 사정이 아니었다.

그는 안방에서 아버지와 마주 앉자 2차 담판을 시작했다. 내 방에서 엄마와 함께 대화 내용에 귀를 기울였으나 어제 첫날과 마찬가지로 여

전혀 평행선을 달리는 것 같았다.

사실 나는 서울 세계여자농구선수권대회를 앞두고 태릉선수촌에서 강화훈련을 쌓는 동안 김 기자의 청혼을 받아들일 것인가, 말 것인가에 대해 많은 생각을 했다. 김 기자가 결혼 약속을 해달라며 천호대교에서 투신소동을 벌이고 한밤중에 나를 한강둔치로 끌고 가서 눈밭에 메치기까지 했지만 끝내 답변을 안 했다.

하지만 그 이후로 김 기자를 매 주말 만나면서 신뢰가 쌓이기 시작함으로써 부모님이 반대하지 않는 한 그와 결혼할 수 있다는 쪽으로 생각이 기울고 있었다. 그래서 서울 세계대회를 더 잘 치러야 한다는 각오를 다지고 있었고 압박감을 느끼기도 했다.

김 기자와 내가 사귀고 있다는 사실을 농구장 주변에서는 다 알고 있는 상황이었던 만큼 서울대회에서 좋은 성적을 내야지 그렇지 못하면 무슨 뒷얘기를 듣게 될지 모른다는 것도 사실 큰 부담이었다.

그런 부담감은 김 기자도 마찬가지였다. 실제로 서울대회를 앞두고 같이 만날 때마다 우리는 서울대회에서 좋은 성적을 거둬야 당당해진다는 얘기를 자주 나누곤 했다.

내가 대표 팀의 주장으로서 역할을 충분히 해내서 한국 팀이 좋은 성적을 거둬야 나는 물론이고 김 기자도 강현숙과 연애를 했지만 운동에 지장을 주지 않도록 처신을 잘했다는 얘기를 들을 수 있는 일이었다.

나는 서울대회 기간에 경기를 치르면서 플로어 한쪽에 있는 취재기자석을 힐끔힐끔 쳐다보곤 했다. 그때마다 순간적으로 훔쳐본 김 기자의 얼굴 표정은 언제나 긴장돼 있는 것 같았다. 주장이자 포인트가드로서 플레이메이커 역할을 하는 내가 패스를 넣어주다가 인터셉트라도 당할까 봐 조마조마하고 상대수비가 떨어진 틈에 롱슛을 던진 것이 노골이 될까 봐 걱정했던 모양이었다. 서울대회를 잘 치러야 한다고 했는데 개막전에서 낙승을 예상했던 캐나다에게 일격을 당하자 위기감을 느끼기도 했다. 그러나 매를 일찍 맞은 것이 오히려 약이 되어 이후의 전 경기를 승리할 수 있었다. 미국을 10점 차 이상으로 이겨놓고도 골 득실 차에 의해 준우승을 하고 만 것이 못내 아쉬울 뿐이었다.

김 기자는 아버지와 이틀째 철야전투를 벌이면서 첫날보다 목소리를 더 크게 하는 것처럼 들렸다.

"제가 부잣집 아들은 아니지만 따님을 굶기지 않을 자신이 있습니다. 현숙 씨도 부모님이 반대하지 않는다면 저와 결혼하겠다고 했습니다."

"현숙이가 김 기자에게 무슨 얘기를 했는지는 모르지만 어쨌든 동생으로 생각하고 그만 잊어 주시오."

그는 이날도 첫날에 이어 아버지가 동생으로 생각하고 잊어달라는 말을 되풀이하자 훗날 이때의 심정을 속된 말로 미치고 환장할 것 같았다고 털어놨다.

'동생으로 생각해 달라.'는 얘기는 부모의 입장에서 딸에 대한 청혼을 거절하는 합당한 이유가 될 수 없다는 것이 그의 주장이었다. 당사자끼리 만남과 충분한 대화를 통해 서로를 신뢰하고 평생을 같이할 수 있다는 판단을 갖게 됐는데 키워준 부모라고 해서 납득할 만한 이유 없이 반대하는 것을 이해할 수 없다는 뜻이었다.

그의 주장이 틀린 얘기는 아니지만 부모의 입장에서야 합당하든 아니든 얼마든지 생각이 다를 수 있는 일이다. 내가 분명하게 말할 수 있지만 내 아버지는 딸이 무슨 스타플레이어라고 해서 위세를 하는 그런 분이 결코 아니다.

아버지는 내가 무학여중을 졸업할 때 어느 사립여고에서 물질적인 보상을 제시하며 스카우트 제의를 해오자 내 의견을 물어보셨고 어린 딸이 "우물을 파도 한 우물을 파야 한다."면서 무학여고로 진학하겠다고 하자 그대로 수용해 주신 분이다. 그 정도로 자식의 생각을 존중해 주는 분이었는데 결혼 문제만큼은 당신의 뜻을 굽히려 하지 않으셨다.

내가 서울 세계대회를 끝내고 모처럼 선수촌을 나와 집에서 자유 시간을 갖게 되자 하루는 아버지와 엄마가 결혼 문제를 꺼내면서 내 생각을 물었다.

"소문을 듣자니 동아일보 김 기자라는 사람과 결혼까지 염두에 두고 사귄다고 하는데 그게 모두 사실이냐?"

아버지의 물음에 나는 그동안 김 기자와 얘기를 나누면서 약속한 대로 솔직하게 답변했다. 김 기자는 서울 세계대회가 끝나고 부모님이 결혼 문제에 대해 물으면 본인 생각을 분명하게 밝혀줄 것을 나에게 요구했었다. 그래야 부모가 반대하는 상황이 되더라도 자기가 부딪쳐볼 수 있다는 것이었다.

"네. 아버지와 엄마가 반대 안 하시면 그 사람과 결혼할 생각을 갖고 있어요."

내가 부모의 동의를 전제 조건으로 김 기자와 결혼할 생각이 있다고 밝히자 아버지는 표정이 일그러졌다. 절대로 안 된다는 것이다. 아버지는 왜 반대하는지를 나에게 설명해주지 않은 채 하여튼 김 기자와 결혼하는 것은 허락할 수 없다고 완강한 태도를 보였다.

아버지는 원래 성격이 무뚝뚝한 분이어서 평소에도 무엇을 자상하게 설명해주고 하는 일이 없기는 했지만 단호한 태도로 계속 "안 된다."는 얘기만을 반복하시니 나는 숨이 콱콱 막히고 속이 탈 뿐이었다.

나는 김 기자와 결혼 문제를 얘기할 때 내가 구혼을 받아들이더라도 부모님이 반대하면 할 수 없다는 것을 분명하게 얘기했다. 그러나 막상 아버지의 강한 반대에 부딪치자 어떻게 돌파구를 찾아야 할지 몰랐고 난감한 심정에 눈물밖에 나오지 않았다.

내가 아버지와 엄마 앞에서 부모가 반대하지 않는 한 김 기자와 결혼하겠다고 처음으로 밝혀 집안에 난리가 일어난 그때가 바로 박신자 선배가 우리에게 미8군 장교클럽에서 저녁을 사주기로 했던 날이었다.

내 결혼문제를 놓고 아버지와 충돌하는 상황이 되자 나는 아버지의 뜻을 거역할 수도 없고 그렇다고 김 기자에게 한 결혼 약속을 뒤집을 수도 없는 일이어서 내 방에 틀어박혀 소리 없이 눈물만 쏟아냈다. 이러한 사정으로 아무런 연락 없이 박 선배와 김 기자가 기다리는 약속장소에 나가지 못했던 것이다.

안방에서 전개된 김 기자와 아버지 간의 2차 철야전투도 새벽 3시경까지 계속됐지만 접점을 찾지 못한 채 평행선을 달리기는 어제의 첫날 전투와 마찬가지였다. 김 기자는 또 안방에서 아버지와 잠을 자고 다음 날 출근했다. 이날도 우리 집을 나가기 전 잠시 내 방에 들어와 다시 "오늘 저녁에 광화문 쪽으로 나와요. 만나서 얘기를 해봐야 무슨 방법을 찾더라도 찾을 수 있지 않겠어요?" 하고 말했다.

김 기자는 나중에 연이틀 철야전투를 벌이고 난 뒤에는 나와의 결혼이 깨질 수도 있겠다는 생각을 처음으로 하게 됐다고 털어놓았다. 첫날 우리 집에 들이닥쳐 아버지와 담판을 벌이고 났을 때만 해도 그런 불안감까지는 없었으나 둘째 날 아버지와 2차 담판을 하고 나서는 철벽과 대화한다는 판단이 들자 모든 것이 만사휴의(萬事休矣)로 끝날 수도 있겠다는 절망감이 엄습하더라는 것이다.

그는 아버지의 완강한 반대에 부딪친 상황에서 공주님은 애만 태우고 있을 뿐이고 말을 탄 기사는 철옹성을 향해 돌격을 해봐도 꿈쩍도 하지 않으니 패배의 공포를 느끼지 않을 수 없었던 모양이다.

그렇게 아무런 소득 없이 김 기자의 철야전투 둘째 날도 지나가 버렸다.

김 기자의 철야전투 셋째 날

마지막 자존심을 건 최후의 승부

김 기자는 이틀째 철야담판도 무위로 끝나고 돌아가는 날 아침 또 나에게 저녁 약속을 일방적으로 해놓고 출근했다. 그는 내가 약속에 응하지 못할 것이라는 것을 알고 있는 듯했지만 그래도 희망의 끈을 놓지 않는 기분으로 저녁에 광화문 쪽으로 나오라고 요구했다.

그가 훗날 나에게 들려준 얘기로는 이틀 연속 우리 집에 찾아와 철벽같은 아버지를 상대로 정말 간곡하게 결혼을 허락해 달라고 호소를 해도 아무런 효과가 없자 가슴속에 억누르고 있던 자존심이 폭발 직전이었다고 했다. 자존심이 너무 상해 견디기가 힘들더라는 것이다.

그는 나와 만나는 동안 남자가 여자에게 자존심을 내세우는 것은 못난 행동이라고 말하곤 했다. 결혼을 하면 여자는 남자를 믿고 의지하면서 살게 되는 것인데 연애할 때 사내 자식이 여자에게 자존심 같은 것을 내세워 여자를 난처하거나 곤혹스럽게 만드는 짓은 하지 말아야 한다고 했다.

일례로 데이트 약속시간에 여자가 조금 늦게 나타났다고 해서 골을 내거나 하는 어설픈 행동은 자제해야 하고 모든 것을 여자가 편하게 느끼도록 해주는 것이 좋다는 주장이었다. 그는 자신도 더 젊었을 때 자존심을 내세웠던 경험이 있지만 부질없는 짓이라는 것을 나중에 알게 되었으며 크게 반성했다고 덧붙였다.

그렇게 여자에게 자존심을 내세우는 것은 금물이라고 주장했던 그였지만 이틀째 벌인 철야전투마저 아무런 성과 없이 끝나게 되자 자존심을 참아낸다는 것이 말처럼 쉽지 않았던 모양이다. 연 이틀째 아버지와 담판을 벌이고 난 뒤 우리 집을 나와 회사로 가면서 그는 '이제 그만 끝내야 할지도 모르겠다.'는 비장한 각오를 하게 됐다고 했다.

신문사에 출근해 하루 종일 어떻게 할 것인가를 놓고 고민에 빠져 일이 손에 잡히지 않았다고 한다. 여기서 이렇게 끝내자니 그럴 수는 없는 일이고 철옹성처럼 버티고 서 있는 여자의 아버지를 설득하는 일은 아득해 보이기만 하니 진퇴양난의 상황이었을 것이다.

그는 퇴근 시간이 다가오면서 '오늘 한 번 더 가서 마지막으로 붙어보자. 그러고도 또 안 된다면 정말 끝장을 내자.'고 결심을 했다.

그가 마지막 자존심을 걸고 연 사흘째 철야전투를 벌이기로 작정한 것은 이 결혼이 깨지더라도 훗날 '그때 왜 조금 더 노력해보지 않았을까.' 하는 미련이 남으면 안 된다는 생각에서였다고 한다. 고생고생 끝에 바로 눈앞의 목적지에 도달했는데, 훗날 최후의 난관을 극복하지 못해 패배한 것으로 드러난다면 땅을 치고 통곡할 노릇이기 때문이다.

나는 1978년 여름 김 기자를 서울 명동 태극당 빵집에서 처음 대면해 알게 됐지만 그는 이미 농구 종목을 맡게 된 1976년부터 나를 관심 있게 지켜봐 왔다고 했다. 그가 농구 담당을 하게 돼 처음 농구장에 나왔더니 타사의 선배기자들이 "강현숙을 잘 지켜봐라. 신부 감으로 최고다."라고 하더라는 것이다.

다른 언론사 선배들의 얘기를 농담 반 진담 반으로 반복해서 듣다

보니 은연중에 내가 경기하는 모습을 유심히 지켜보게 됐고 '괜찮은 여자구나.' 하는 생각만 하면서 2년을 흘려보냈다.

그러자 같은 신문사 선배는 물론 타사 선배들까지 "너, 그렇게 소극적으로 나가다가 강현숙이 놓친다."고 경고를 했다. 농구장 주변에서는 누구누구가 강현숙에게 접근하고 있다는 둥 어느 부잣집 아들이 청혼을 넣었다는 둥 이런저런 소문이 돌기도 했다.

이런 상황에서 김 기자와 친분이 많은 이인표 박한 선생님 같은 농구인들도 그에게 "뜸은 이제 그만 들이고 행동에 나서라."고 촉구했다고 한다. 비로소 김 기자는 더 늦기 전에 나서자는 생각으로 나에게 명동 태극당 빵집에서 첫 대면을 하자고 요청했던 것이다.

김 기자가 마지막 자존심을 걸고 최후의 승부를 하겠다고 연 사흘째 찾아왔던 날 나는 내 방에서 며칠째 두문불출 상태로 있었다.

이날은 안방이 아니라 내 방에서 4자대면 형태로 담판이 이루어졌다. 그는 결혼을 깰 것인지 성사시킬 것인지를 최종 결판 짓는 순간인 만큼 아버지 엄마와 나까지 모두 모여 최후의 결론을 내자고 요구했다.

네 명이 비좁은 내 방에 둘러앉았지만 나는 등을 돌리고 있었고 김 기자가 아버지와 엄마를 마주 보고 앉았다. 그는 마지막 승부라고 작정하고 온 때문인지 이판사판이라는 듯 흥분을 제어하지 못하고 목청을 높였다.

"제가 따님을 사랑하고 있고 결혼해서 호강을 시켜주겠다는 약속은 못 하지만 밥은 굶기지 않을 자신이 있디고 거듭 말씀드립니다. 도대체 왜 허락을 못 해 주시겠다는 겁니까?"

그는 무슨 민원 현장에서 시위대가 격렬하게 항의를 벌이듯 주먹을 불끈 치켜세우면서 강하게 아버지를 압박했다.

"………."

아버지는 김 기자가 온몸으로 쏟아내듯 하는 결혼 허락 요구에 조금은 놀라신 것인지 곧바로 어떤 반응을 나타내지 않으셨다. 철야전투 첫째 날과 둘째 날에 보여주던 완강함에 비하면 그 강도가 조금은 약해진 느낌이었다.

이날 담판 내용을 일일이 기억하지는 못하지만 그가 결혼 승낙의 당위성을 공격적으로 아버지에게 설득하는 내용으로 이루어졌던 것 같고 아버지는 종전과 달리 소극적으로 대응하셨다. 그렇게 시간이 흘러가던 중 예상치 않은 순간에 전세를 뒤엎는 결정적 한 마디가 터져 나올 분위기가 무르익고 있었다.

"도대체 뭐가 문젭니까? 제가 어디가 그렇게 못마땅하신 겁니까?"

"아니 뭐 그런 것은 아니고……그냥 동생으로 생각하면 좋겠다는 것인데……."

바로 이때였다. 그동안 아버지의 완강한 반대에 눌려 아무 목소리를 내지 않았던 엄마가 구세주처럼 과감하게 등장했다.

"현숙이도 좋아한다는데 결혼시켜야지 뭐."

'오! 하느님 감사합니다. 정말 감사합니다.'

그가 천군만마의 원군을 얻는 순간이었다. 엄마의 이 한 마디는 말 그대로 '신의 한 수'였고 연 사흘째 계속된 철야전투에 종지부를 찍는 완결판이었다. 고집스럽게 김 기자의 결혼 허락 요구를 거부하던 아버지도 긴 침묵 끝에 외동딸의 앞날에 대해 소신을 밝힌 엄마의 의견에 더 이상 토를 달지 못했다.

나는 아버지가 왜 김 기자를 그렇게 반대했는지 지금도 잘 모른다. 칠순을 넘기지 못하고 돌아가신 과묵한 성격의 아버지가 별 말씀을 하지 않으셨기 때문에 알 수는 없지만 내가 추정하기에는 우선 기자라는 직업을 그렇게 썩 마음에 들어 하지 않으셨던 것 같다.

결혼 후 남편이 기자 직업에 대해 자평하기를 "남 잘 되는 일은 하지 못하고 못되게 하는 일은 얼마든지 할 수 있다."고 농담 삼아 했던 얘기 같은 인상을 갖고 계셨는지도 모르겠다. 또 하나는 김 기자가 10남매나 되는 가정에서 자랐고 그 중 아홉째여서 외동딸로 외롭게 자란 내가 형제가 많은 집에 시집가서 고생이 심할까 봐 우려하셨던 것 같다.

그런데 내가 그냥 느낌으로 추정해보는 것에 불과하지만 아버지가 그때 내 결혼상대로 다른 누구를 마음에 두고 계셨던 것 같았다. 농구장 주변에서는 어느 부잣집에서 강현숙 부모에게 청혼을 넣었다는 소문이 돌기도 했다고 하나 나는 전혀 모르는 일이었고 관심도 두지 않았다. 아버지는 나의 이런 성격을 잘 알고 계셨기 때문인지 전혀 말씀이 없으셨다. 적당한 때가 되면 얘기를 꺼내려고 하셨는지는 모르겠지만.

아버지가 염두에 두고 있었던 내 결혼상대가 재력가 집안의 아들인지 다른 누구인지는 알 수 없지만 내가 아버지에 대해 갖고 있는 믿음 하나는 결코 물질적인 것에 흔들리는 분이 아니라는 점이다.

엄마의 결정적인 지원사격으로 김 기사가 사흘간의 철야전투를 승리로 마무리한 이후 우리는 서로 편한 마음으로 만날 수 있었고 김 기자에 대한 나의 신뢰는 더욱 확고해졌다.

아버지의 완고함에 갇혀 있던 연인을 구출하기 위해 돈키호테처럼 돌격을 감행해서 마침내 아버지를 설득하는 데 성공하고 당당하게 나를 구출해 주었으니 그야말로 백마 타고 온 기사나 다름없었다.

그는 마지막 자존심을 걸고 최후의 승부를 걸었다가 또 좌절을 맛보게 됐을 경우 모든 것을 끝내겠다고 결심했지만 실제로 그런 상황이 왔을 때 생각대로 결행할 수 있었을지는 모르겠다고 나중에 털어놨다.

아마 또 다른 명분을 찾아서 나흘째 철야전투를 벌이려고 우리 집으로 향했을 것 같다고 말했다. 공주가 결혼하겠다고 약속한 만큼 부모가 반대한다고 기사가 물러선다면 그것은 기사도정신의 소멸이라는 명분을 앞세울 수 있다는 것이다.

김 기자의 철야전투 사흘간의 얘기가 지금은 우리에게 아름답고 소중한 추억으로 남아 있지만 당시는 정말 힘들고 답답한 고난의 시간이었다.

모스크바 프레올림픽의 회한

 1979년 5월 제8회 서울 세계여자농구선수권대회가 끝나고 이듬해인 1980년 5월 동유럽의 불가리아 제3의 도시 바르나에서 모스크바 프레올림픽이 열렸던 기간에 국내에서는 엄청난 정변과 사건이 잇달아 일어났다.

 서울 세계대회가 끝난 뒤 우리 대표선수들은 태릉선수촌을 나와 모처럼 집에서 생활하면서 소속팀에 복귀해 가을철 실업연맹전에 대비하고 있었다. 그런데 10월 26일 박정희 대통령이 시해당하는 정변이 발생했다. 이로 인해 가을철 연맹전은 치러지지 못하고 연말에 대회 타이틀을 바꿔 실업대회가 개최됐다.

 모스크바 프레올림픽에 출전했을 때는 귀국하는 날 '5.18 광주항쟁'이 일어났다. 불안하고 갑갑했던 공산국 불가리아에서 빠져나와 스위스 취리히에서 귀국 비행기를 타려고 공항에 도착하니 현지 텔레비전 뉴스에 한국의 계엄령 사태가 보도되고 서울 시내에 탱크가 진주한 화면이 나오는 것을 보고 많이도 놀랐었다.

 1980년 새해에 들어서지미자 대표 팀이 소집돼 모스크바 프레올림픽에 대비한 미국 전지훈련에 들어갔다. 로스앤젤레스 일대에서 미국 대학팀과 연습경기를 벌이면서 장신 적응훈련을 쌓는 것이 목적이었다. 모스크바 프레올림픽에는 주최국인 구소련을 제외하고 23개국이 출전했는데 평균 신장에서 우리 한국 팀보다 크지 않은 팀은 일본 정도였다.

　프레올림픽 상위 5위 팀까지 주어지는 올림픽 본선 출전권을 따기 위해 6개 조로 나뉘어 1차 예선리그가 시작됐다. 우리 대표팀은 1차 예선리그 첫 경기에서 멕시코를 70대 54로 가볍게 눌렀으나 2차전에서 유고에게 69대 70, 반골 차로 패하고 말았다. 전반을 23대 42로 리드당한 뒤 후반 들어 속공과 외곽 슛으로 추격전을 벌였으나 전반에 벌어졌던 큰 점수 차를 극복하지 못했다.

　전반 초반에 우리 주전선수 몇 명의 슛이 불발되고 패스 미스 등 실수가 생기자 곧바로 질책성 선수교체가 이루어졌다. 이 바람에 선수들은 불안을 느끼면서 경기를 해야 했다. 나는 주장으로서 속이 상했지만 어쩔 수 없는 일이었다.

　우리는 1차 예선리그 3차전에서 영국을 78대 65로 꺾고 2위로 일단 준결 리그에 진출했으나 유고에게 진 1패를 안고 있어서 불리했다. 우리 한국 팀이 속한 X조 준결 리그에는 미국을 비롯해 체코 헝가리 프랑스 유고 등 6개 팀이 올라왔고 다른 Y조에는 홈팀 불가리아 등 6개 팀이 진출했다.

　우리 한국 팀은 준결 리그 첫 경기에서 체코에 67대 74로 패하고 말았다. 전반을 39대 37로 앞섰으나 평균 신장 1m 82cm로 한국 팀보다 5cm나 큰 체코 팀의 장신 벽에 고전해 결국 역전패의 고배를 마셨다. 결승리그 진출이 좌절됐고 모스크바올림픽 티켓 획득의 꿈이 무산되고 말았다.

　올림픽 출전은 물거품이 됐지만 한국대표팀의 체면을 세울 기회는 남아 있었다. 우리가 서울 세계대회에서 꺾었던 미국에 다시 한 번 승리하는 것이다. 준결 리그 2차전에서 프랑스에 낙승한 뒤 3차전에서 맞붙은 미국전에서 우리는 편한 마음으로 최상의 경기를 펼쳤다.

전반 5분께 16대 7로 앞서 나갔으나 리바운드 열세로 10분께 24대 25로 역전 당했고 전반을 49대 56으로 리드 당했다. 후반 14분쯤 71대 80으로 여전히 뒤졌으나 정미라 박찬숙의 연속골로 추격의 불길을 당겨 종료 1분을 남기고 85대 86을 만들었다. 40초 전 박찬숙의 자유투로 87대 86, 역전에 성공하고 15초 전 정미라의 자유투 2개가 모두 꽂혀 89대 88의 반 골 차 승리를 거뒀다.

우리는 종료 부저가 울리는 순간 플로어에서 서로 얼싸안고 마치 우승이라도 한 것처럼 마구 눈물을 쏟아냈다. 박찬숙 24점, 조영란 19, 정미라 14, 전미애 10점을 각각 득점했고 내가 20득점을 했다.

이로써 우리 한국 팀은 서울 세계대회에서 유일하게 미국을 격파한 데 이어 1년 후 모스크바 프레올림픽에서도 출전국 중 유일하게 미국을 꺾어 미국전 2연승의 큰 기록을 세웠다.

불가리아 농구팬들은 아시아에서 온 작은 체격의 한국 선수들이 장신의 미국 팀을 상대로 끈질기게 추격전을 벌이며 최선의 경기를 펼쳐 나가자 "브라보! 브라보!"를 외치며 열광했다. 구소련의 위성국가였던 불가리아 관중은 약자를 편들 듯 우리 한국 팀을 일방적으로 응원했다. 자유진영의 리더이자 자본주의 부자나라에 대한 석대감 속에 시기와 질투까지 느끼는 미국 팀이 패배하자 묘한 카타르시스 같은 것을 느끼는 모양이었다.

우리는 남은 준결 리그 마지막 경기에서 헝가리에 71대 87로 패했다. 미국전의 피로감에다 조영란과 내가 후반 중반께 잇달아 5반칙 퇴장 당하는 바람에 역전의 기회를 잡기 힘들었다. 우리는 9, 10위전으로 밀려나 중국과 격돌해서 61대 59로 승리했다.

1978년 7월 쿠알라룸푸르 아시아여자농구선수권대회(ABC)에서 중국을 꺾고 우승한 다음, 그해 12월 방콕 아시안게임에서 다시 중국을 제압해 금메달을 차지한 데 이어 프레올림픽에서 또 중국에 승리함으로써 중국전 3연승을 거두게 되었다.

프레올림픽에서 최강 미국을 이기고 중국에도 승리해 그나마 위로는 됐지만 올림픽 출전티켓을 따지 못한 허탈감은 너무나 컸다. 그때 우리 대표 팀은 팀워크나 선수 구성에서 최상의 전력을 유지하고 있었기 때문에 충분히 상위 5위권에 진입할 수 있었다는 생각이 들수록 속이 상하기만 했다. 감독과 코치 선생님이 호흡을 잘 맞춰주셨다면 얼마나 좋았을까 하는 아쉬움이 뇌리를 떠나지 않았다.

나는 프레올림픽 결과에 대한 실망과 스스로의 자책감이 커지면서 더 이상 태릉선수촌에서 강화훈련을 하는 것도 싫어졌다. 개인생활도 더는 희생당하고 싶지 않다는 생각에 이제 대표선수를 그만두겠다고 밝혔다. 조영란도 같은 생각을 했는지 대표 팀을 떠나겠다고 말했고 송금순도 같은 심정을 얘기했다. 박찬숙 또한 대표 팀 사퇴의사를 밝힌 것으로 언론에 보도됐으나 이는 확대 해석된 경우였다.

프레올림픽에서 돌아오니 3개월 뒤 홍콩에서 열리는 제8회 아시아여자농구선수권대회(ABC)가 기다리고 있었다. 프레올림픽에서 받은 낭패감을 이겨내기 힘들어 대표 팀을 떠나려고 했지만 큰 국제대회를 눈앞에 두게 되니 훌훌 털고 일어난다는 것이 쉬운 일이 아니었다.

농구협회의 만류가 있었고 대표 팀 사퇴에 대해 언론의 비판도 있었지만 이런 이유보다는 8년간의 대표선수 생활을 명예롭게 마무리하고 은퇴해야 한다는 생각에 이르자 마음을 바꿀 수밖에 없었다.

만일 프레올림픽에서 우리 한국 팀이 모스크바올림픽 출전권을 땄더라도 실제로 출전할 수는 없었다. 1980년 당시 미국과 구소련의 냉전 상태가 심화되는 가운데 구소련이 아프가니스탄을 침공하자 미국이 철군을 요구했고 구소련이 불응하자 미국이 모스크바올림픽을 보이콧함으로써 대부분의 자유진영 국가들도 불참하게 됐다. 4년 뒤에는 구소련이 보복에 나서 84년 로스앤젤레스올림픽을 보이콧했다.

한국 여자 농구는 로스앤젤레스올림픽에서 은메달을 획득해 여자농구의 건재를 과시했다. 두 차례나 반쪽 대회로 치러진 올림픽은 1988년 제24회 서울올림픽에서 다시 전 세계가 모여 인류의 스포츠 제전을 성공적으로 복원했다.

세계 베스트5

나는 선수생활을 하는 동안 여러 개인상을 수상하는 영예를 안았다.

무슨 상이든 상을 받으면 좋은 일이지만 아무래도 '세계 베스트5'에 두 차례 선정된 것이 무엇보다 자랑스럽다. 포인트가드 포지션의 베스트로 뽑힌 것인데 첫 번째는 1979년 서울 세계여자농구선수권대회 때였다.

서울 세계대회는 한국대표 팀에게 너무 미련이 많이 남는 대회다. 참가팀 중 유일하게 미국을 꺾고도 개막전에서 캐나다에게 의외의 1패를 당한 것 때문에 미국 캐나다와 함께 3개국이 결승리그 5승1패 동률이 됐고 골득실로 우승팀을 가린 결과 미국에게 우승컵을 넘겨주고 한국은 준우승에 그치고 말았다.

폐회식 시상대에 팀 주장들이 올라 트로피를 든 사진이 언론에 보도된 것을 보니 미국 팀의 주장이 활짝 웃고 있는 데 반해 나는 무표정한 모습이었다. 굳이 그렇게 내색을 할 필요까지는 없었는데 하는 생각이 나중에 들기도 했지만 시상식 때의 기분은 어쩔 수 없었다.

나는 시상식에서 발표된 서울 세계대회 베스트5에 뽑혔다. 국내기자 14명과 외신기자 13명이 투표한 결과 캐나다의 실비아(포워드)가 최다 23표를 얻었고 미국의 브래재워스키(포워드) 20, 박찬숙(센터) 19표, 그리고 캐나다의 뱁 스미스(슈팅가드)와 포인트가드인 내가 각각 17표를 얻어 베스트5로 선정됐다. 최우수선수(MVP)는 당연히 최다 득표를 획득한 실비아에게 안겨졌는데 흑인선수인 실비아는 유연한 몸으로 상대 진영의 골밑을 날렵하게 파고들어 '검은 치타'라는 별명을 얻기도 했다.

두 번째로 세계 베스트5로 선정된 것은 서울 세계대회 이듬해인 1980년 5월 불가리아에서 개최된 모스크바 여자농구 프레올림픽에서였다.

이 프레올림픽은 올림픽 개최국인 구소련 팀을 제외하고 각국의 대표 팀이 모두 출전했기 때문에 사실상의 세계선수권대회나 다름없었다. 우리 대표 팀은 한국 농구팬들의 기대에 부응하지 못한 채 올림픽 출전권이 주어지는 상위 5위 안에 들어가는 데 실패했고 하위리그에서 중국을 꺾고 9위를 기록했다.

나는 팀 성적의 부진으로 부끄럽고 면목이 없었으나 세계 베스트5에 또 뽑히는 영예를 안았다. 프레올림픽에 참가한 각국의 농구기자들이 투표로 선정하는 베스트5에 결승리그 진출이 좌절된 팀의 선수가 뽑힌 것은 이례적인 경우인 듯했다. 어쨌든 나는 서울 세계대회에 이어 포인트가드 포지션의 세계 베스트5를 두 차례나 수상하는 기쁨을 맛보았다.

전혀 예상하지 않았던 나의 베스트5 선정은 아마 한국 팀이 참가국 중 유일하게 막강 전력의 미국 팀과 내섭선을 벌인 끝에 1점차로 극적인 승리를 거둔 것이 깊은 인상을 남겼기 때문으로 보였다. 나는 미국전에서 박찬숙의 24득점 다음으로 많은 20득점을 올렸는데 게임을 리드하다가 어느 순간 장거리 슛을 던지고 긴 포물선을 그리며 날아간 볼이 그물을 출렁하고 뒤흔드는 장면에 불가리아 관중이 매료되었던 것이 아닌가 싶다. 그때 3점 슛 제도가 있었다면 더 좋았겠지만…….

체육연금 농구 1호

나는 은퇴한 후 3년이 지난 1983년부터 체육연금을 받고 있다.

농구선수로는 1호 수혜자다. 이듬해인 1984년 로스앤젤레스올림픽에서 박찬숙이 이끄는 한국 여자농구가 은메달을 획득해 수혜자 12명이 늘어남으로써 농구종목에서 모두 여자선수 16명이 체육연금을 받고 있다.

체육연금은 1975년 '경기력 향상 연구기금'이라는 이름으로 제도가 시행됐다. 아마추어 선수들에게 연금을 주는 것이 당시에는 국제올림픽위원회(IOC)로부터 아마추어리즘에 위배된다는 지적을 받을 소지가 있어 이를 피하려고 체육연금이라는 명칭 대신 경기력 향상 연구기금이라는 표현을 썼다고 한다.

이 제도가 최초 시행될 때 올림픽 메달리스트에 대한 연금액은 당시 공무원 급여를 기준으로 삼아 정해졌다. 금메달은 이사관(중앙부처 국장)의 월급인 10만 원, 은메달은 서기관(중앙부처 과장)의 7만 원, 동메달은 사무관(중앙부처 계장)의 5만 원으로 각각 책정됐다. 올림픽 메달이 입낙 귀하던 때여서 메달을 따는 선수에 대해 옛날 과거에 급제한 사람에게 주는 것 같은 대우를 약속한 셈이다.

실제로 체육연금제도가 처음 도입된 1975년까지도 한국스포츠는 올림픽 금메달을 한 개도 획득하지 못하고 있다가 이듬해인 1976년 몬트리올올림픽에서 레슬링의 양정모가 건국 후 첫 금메달을 따내는 쾌

거를 일궈냈다. 체육연금제도의 시행이 곧바로 효과를 나타낸 것 같은 결과가 얻어진 것이다.

체육연금 최초의 수혜자로 선정된 분들은 일제강점기인 1936년 베를린올림픽 마라톤에서 영광의 금메달을 획득한 손기정 옹을 비롯한 대한민국 스포츠 영웅 19명이다. 체육연금을 지급하고 있는 국민체육진흥공단에 의하면 이분들이 첫 연금 수혜자가 된 것을 시작으로 2016년 리우올림픽이 끝난 현재 1,300명이 넘는 인원이 연금을 받고 있다.

체육연금은 올림픽 메달리스트 외에도 각 종목의 세계선수권대회나 아시안게임 유니버시아드대회 등에서 메달을 획득한 선수 중 수혜 자격 기준점수를 충족한 선수들에게도 지급된다. 나는 바로 이 경우에 해당해 아래 등급이지만 자랑스러운 체육연금 수혜자가 되었고 농구선수로는 처음이어서 더욱 자부심을 느끼고 있다.

체육연금액은 시간이 흐르면서 상향 조정돼 1988년 서울올림픽을 계기로 금 100만 원, 은 45만 원, 동 30만 원으로 각각 올랐으나 금메달리스트에 비해 은, 동메달리스트가 너무 홀대를 받는다는 여론이 계속 일자 2012년 런던올림픽 직전에 은, 동메달을 각각 75만 원, 52만 5천 원으로 올려 금메달 100만 원과 적절한 차이가 나도록 조정했다. 24년 만에 은과 동메달이 위상에 맞게 제대로 대접을 받게 된 셈이다.

그러나 나의 경우는 올림픽이 아닌 세계선수권이나 아시안게임 등의 성적으로 동메달에 해당하는 연금을 받아왔기 때문에 올림픽 은과 동에 대한 연금액 상향조정과는 상관이 없었다.

체육연금으로 매년 지급되는 돈이 2017년 예산기준으로 120억 원을 넘는다고 한다. 체육연금은 직장인들이 정년 후 일정한 나이에 달했을 때 받기 시작하는 일반연금과 달리 올림픽이나 국제대회에서 메달을 따면 그 순간부터 평생 연금을 받기 시작하는 것이어서 실질적으로 상당히 큰 혜택이라고 할 수 있다. 체육연금이 선수들에게 모든 열정을 쏟아 훈련에 몰입하도록 동기 부여를 하고 있는 것이다.

국민체육진흥공단이 체육연금 재원의 안정적 확보가 힘들었던 제도 시행 초반에는 연금 받는 선수들에게 일시금으로 받아가라고 적극 권유하기도 했다. 나도 그런 연락을 받았으나 당장 목돈이 필요하지도 않았고 액수에 상관없이 체육연금을 받는다는 것 자체가 자부심을 갖게 해주는 것이어서 계속 연금으로 받겠다고 회신했다.

그런데 그때 수십 명의 연금 수혜자들이 일시금을 받고 연금 자격을 포기했던 모양이다. 개중에는 금메달 여러 개를 획득했던 메달리스트가 있었고 일시금으로 수억 원을 받아갔다고 했다. 이들은 상당한 시간이 흐른 뒤 마음을 바꿔 연금 수혜 자격을 회복하려고 탄원서를 제출하기도 했으나 받아들여지지 않았다고 한다.

얼마의 액수를 물어내고 자격을 되찾게 할 것이냐를 따지는 것도 거의 불가능한 일이지만 도의상 되돌릴 수 없는 일로 결론이 내려진 것 같았다. 일시금을 받아갔던 사람들은 일정액의 연금을 매월 평생 동안 받는다는 것이 안정적 소득원의 확보라는 의미를 가볍게 봤던 게 아닌가 싶었다.

체육연금 수혜자가 법적 처벌을 받아 자격을 상실하는 사례도 생기는 것을 보고 안타까운 마음이 들기도 했다. 승마선수 출신 한 명이 술에 취해 행동을 마구 해댄 일로 연금 자격을 잃게 되었고, 유명 프로야구 선수 한 명도 음주운전 사고가 원인이 되어 연금자격을 박탈당하고

▲1980년 11월 23일 대통령배 여자농구대회에서 고별전을 치렀다. 대한농구협회는 경기가 끝난 후 장충체육관에서 은퇴식 세리머니를 베풀어 주었다.

소속했던 미 프로야구팀에도 상당기간 복귀하지 못하는 좌절을 맛보았다.

　스포츠 스타이건 인기 연예인이건 팬들의 사랑을 먹고 사는 사람들은 스스로 가혹할 정도의 절제력을 발휘해 자신을 지키지 않으면 안 된다는 교훈을 새삼 되새기게 한다.

호리덕(胡利德) 감독과의 인연

게임 종료 부저가 울리는 순간 우리 선수들은 두 손을 번쩍 쳐들고 환호성을 질렀다. 서로 끌어안고 감격의 눈물을 흘렸다. 신동파 감독과 조승연 코치를 헹가래치며 적지에서 중국을 꺾고 아시아 정상을 확인한 기쁨을 실내체육관 천장 위로 폭죽처럼 쏘아 올렸다.

1980년 9월 홍콩의 엘리자베스체육관에서 열린 제8회 아시아여자농구선수권대회(ABC) 결승에서 우리 대표 팀이 중국을 101대 68, 기록적인 33점 차로 대파함으로써 나는 8년간의 대표선수 생활을 마감하는 은퇴 경기를 성공적으로 치러냈다. 기쁨은 말할 것도 없지만 국내에 생중계된 은퇴경기에서 유종의 미를 거뒀다는 사실 때문에 무엇보다도 홀가분하고 당당한 기분이었다.

대형 우승 트로피를 들고 한국응원단의 축하세례를 받으며 폐회식 행사를 모두 마치고 나자 적군의 장수인 중공 호리덕(胡利德) 감독에 대한 생각이 머리를 스쳐갔다. 경기가 끝난 직후 우리 벤치와 악수를 나눈 뒤 고개를 떨어뜨린 채 경기장을 빠져나가는 호 감독의 뒷모습이 자꾸 떠올랐다. 비록 적장이기는 하지만 자신들의 홈코트나 다름없는 홍콩에서 2만 관중의 열화 같은 응원도 무색할 정도로 한국에게 대패했으니 무척 참담한 심정이었을 것이다.

내가 호 감독을 처음 본 것은 1974년 제7회 테헤란 아시안게임에서였다. '죽의 장막' 속에 은둔해온 중국이 최초로 국제 스포츠무대에 등장했을 때 호 감독은 중국 여자팀을 이끌고 있었다. 이때 북한도 중국을 따라 처음 아시아 스포츠무대에 얼굴을 드러내 여자농구 첫 남북대결이 벌어졌으나 북한이 경기 종료 2분여를 남겼을 때 판정에 시비를 걸고 퇴장해 우리가 81대 63으로 기권승을 거뒀다. 우리 한국 팀은 5개국이 풀리그로 치른 경기에서 중국과도 첫 대결을 벌여 84대 71로 여유 있게 이겼었다.

그러나 2년 뒤인 1976년 11월 적지인 홍콩에서 열린 제6회 아시아여자농구선수권대회(ABC)에서는 우리가 중국에 68대 73으로 패했다. 이때의 중국 팀은 테헤란대회 때 처음 국제무대에 나와 얼떨떨해하던 모습의 그들이 아니었다. 우리는 적지에서 경기를 치르는 불리함에다 리바운드의 열세를 극복하지 못해 고배를 마셨다. 호 감독은 테헤란대회의 패인을 세심하게 분석해 설욕전을 펼친 셈이었다.

그렇지만 2년 후인 1978년 7월 쿠알라룸푸르에서 개최된 제7회 아시아여자농구선수권대회(ABC)에서는 우리 한국 팀이 설욕전을 벌여 중국을 63대 61로 꺾고 아시아 정상을 되찾았다. 그리고 5개월 뒤인 그해 12월 방콕에서 열린 제8회 아시안게임에서 중국을 77대 68로 또 제압해 중국전 2연승을 거두고 여자농구 아시아 정상의 자리를 확고히 했다.

그런데 그때까지 나는 호 감독이 다른 나라 벤치들과 마찬가지로 상대팀의 전력분석 차원에서 우리 대표선수들에 대해 관찰하고 있으리라는 생각은 했지만 나에 대해 특별히 관심을 갖고 있는 줄은 알지 못했다.

방콕 아시안게임 폐회식 때 우리 대표선수들은 한복을 차려입고 입장했다. 보통 올림픽이나 아시안게임 등의 폐회식은 입장식과 달리 각국 선수단이 자유롭게 주경기장에 들어와 서로 아쉬움을 달래며 작별인사를 나눈다. 우리 선수들 바로 뒤에는 장신파워를 앞세워 한국 남자농구를 누르고 금메달을 차지한 중국선수들이 서 있었는데 우리는 같은 선수라는 입장에서 그냥 미소는 지었지만 친근감은 느끼지 못했다. 중국이 공산국가인 데다 한국과 수교도 안 돼 있고 서로 말도 통하지 않는 상태여서 서먹서먹하고 소원할 뿐이었다.

폐회식 하이라이트 행사로 폭죽이 터지면서 밤하늘을 환상적으로 수놓았다. 여기저기서 탄성이 쏟아져 나왔다. 이때 우리 선수들과 중국 남자선수들이 같이 사진을 한 장 찍게 됐는데 옆에서 누가 내 손을 슬그머니 잡는 것이 아닌가. 깜짝 놀라서 얼굴을 돌려보니 호 감독이었다. 나는 손을 빼내려다 호 감독인 것을 알고 수줍게 그냥 웃으면서 눈인사를 했다. 만일 그가 중국 팀의 감독이 아니고 서로 말이 통할 수 있었다면 편한 마음으로 인사도 건네고 대화도 주고받을 수 있었을 텐데 그렇지 못한 것이 아쉬웠다.

호 감독은 내가 중국과 우승을 다투는 한국 대표 팀의 주장이지만 '좋은 선수'라는 것을 인정한다는 뜻으로 나에게 다가와 손을 잡았다는 느낌을 받았다.

그런 일이 있고 나서 2년 후인 1980'년 9일 중국의 홈코트나 다름없는 홍콩에서 제8회 아시아여자농구선수권대회(ABC)가 열려 중국과 또 다시 우승을 놓고 격돌했다. 우리는 바로 4개월 전 불가리아에서 개최된 모스크바 프레올림픽 9, 10위전에서도 중국을 꺾어 중국전 3연승을 거두고 있는 상태였다.

따라서 중국은 어떻게 해서든지 이번만큼은 한국을 꺾어 3연패의 수모를 털어내야 한다는 절박감이 컸다고 봐야 했다. 제8회 ABC대회를 홍콩에 유치한 것도 중국의 그러한 의도가 깔려 있었던 셈이다.

중국은 자기들이 판단하기에 여러 가지 조건상 한국을 이길 수 있다고 생각했던 것 같다. 중국 본토로 최초의 위성 라이브중계를 한 것이 그랬고, 처음으로 컬러TV 중계를 해 부유층에서는 컬러로 경기를 시청할 수 있게 했다는 것이 그렇다.

그러나 그런 자신감이 플로어에서 뛰는 선수들에게는 오히려 심적 부담으로 작용하여 역효과를 내는 결과를 가져온 것 같았다. 게임 초반부터 안정되고 활기차게 공수 전환을 해나가는 우리 팀의 경기운영에 중국 선수들은 주눅이라도 든 듯이 무거워 보이는 몸으로 제대로 맞서지 못했다.

홈 코트에서 낙승을 기대했다가 한국에게 33점 차로 대패하는 치욕을 겪고 플로어를 떠나는 호 감독의 뒷모습을 보면서 적장이지만 인간적으로 안 됐다는 생각이 들었다. 호 감독은 홍콩대회 패배로 한국에 4연패 당함으로써 이에 대한 책임을 지고 중국 여자대표팀 감독직에서 물러났다고 한다.

호 감독과의 친분은 그것으로 끝났다고 생각했는데 내가 결혼해 딸 셋을 낳고 육아에 정신이 없을 때 한국대표팀 감독을 맡았던 정주현 선생님한테서 호 감독이 만나고 싶어 한다는 연락이 왔다. 1984년 4월이었다.

서울에서 열린 제8회 아시아청소년농구대회에 중국 여자팀을 이끌고 호 감독이 처음 한국 땅을 밟은 것이었다. 그때 한국은 중국과 미수교 상태에서 스포츠교류를 한 것이어서 중국 팀의 입국사실이 공식적으로 공개되지 않았다.

나는 그 사이 아이들을 키우는 엄마가 되었다는 것을 보여주기 위해 세 살 된 큰딸을 데리고 호 감독과 만나기로 한 서울 무교동의 약속장소로 나갔다. 홍콩 ABC 대회가 끝난 뒤 4년 만에 호 감독을 다시 만나니 감회가 새로웠다. 그것도 우리나라에서 그를 보게 되자 해외에서 중국 선수단을 볼 때의 낯선 기분 같은 것이 없어지고 친근감이 생겼다.

나는 "서울서 만나게 될 줄은 정말 몰랐다."고 반가움을 표시했고, 호 감독은 "한국 팀에 강현숙 같은 선수가 없어서 이제는 우리가 계속 이긴다."고 덕담을 했다. 호 감독 일행과 명동을 산책하면서 시간을 보낸 뒤 서로 선물을 교환하고 나서 헤어졌다. 그는 대회가 모두 끝난 뒤여서 다음 날 중국으로 돌아갔다.

호 감독과의 만남은 또 이어졌다. 이번에는 1988년 서울올림픽에 그가 중국 선수단의 임원으로 참가한 것이다. 서울 송파구 방이동 올림픽 아파트에 조성된 선수촌으로 남편과 함께 호 감독을 찾아가 만났고 그 길로 늦은 시간에 우리 집으로 초대해 차 한 잔을 나눴다. 그가 중국 선수단의 임원이어서 개인행동을 마음대로 하지 못했기 때문에 서울 시내에서 식사를 같이 할 기회가 없었다.

서울올림픽을 끝으로 이제는 정말 호 감독을 더 만날 기회가 없을 거라고 생각했는데 14년 뒤 북경에서 재회를 하게 되었다. 2002년 큰딸이 대학 1학년을 마치고 중국어 연수를 위해 북경에 가 있어서 고교생이던 쌍둥이를 데리고 남편과 함께 며칠 중국을 방문했다. 이때 호 감독과 연락이 닿아 북경에서 만나게 되었다.

그는 두 딸을 두고 있었는데 큰딸은 그때 캐나다에 유학 중이어서 직장을 다니는 막내딸과 함께 나와 우리 가족과 저녁시간을 보냈다. 체조선수 출신인 호 감독의 부인은 투병 끝에 세상을 떠난 것으로 듣고 있었으나 물어보지는 않았다. 호 감독이 쇼핑센터를 열심히 안내해 줘서 우황청심환 등 이것저것 필요한 것을 사고 저녁도 같이 먹었다. 가족이 함께 만나 짧은 북경의 밤을 보낸 것으로 호 감독과의 오랜 인연도 끝나게 되었다. 내가 벌써 환갑을 넘겼으니 그는 팔순을 진작 보냈을 것이다. 나는 호 감독에게 '눈엣 가시' 같은 존재였을지도 모르는데 그는 그런 차원을 넘어 '좋은 선수', '탐나는 선수'로 나를 대해 주고 아껴주었다. 나는 호 감독의 대인 풍모를 생각하다 보면 중국인들에 대한 비호감이 조금은 줄어들기도 한다.

그리운 아버지

나의 아버지는 예순일곱에 돌아가셨다. 내가 결혼한 지 4년쯤 됐을 때였다. 너무 일찍 세상을 떠나셨다. 문득 아버지가 생각날 때는 눈물이 주르르 흘러내린다. 나는 웃기도 잘하지만 울기도 잘하는 성격이어서 나를 끔찍이 사랑해주셨던 '딸바보' 아버지가 그리울 때는 눈물을 참지 못한다.

내가 운동하는 동안 특히 무학여중고 농구부 시절 아버지는 산동네 생활의 어려운 여건 속에서도 할 수 있는 뒷받침을 아낌없이 해주셨다. 결혼해서 이제 아버지에게 그 '빚'을 갚아야 한다고 했는데 칠순도 넘기지 못하고 떠나셨으니 아버지 생각만 하면 늘 가슴이 먹먹해진다.

내가 초등교 저학년 시절 서울 왕십리 2층 양옥집에 살 때 아버지는 엄마 대신 나의 긴 머리를 땋아 주시는 날이 많았다. 보통은 엄마가 해주는 것을 더 좋아하게 마련이지만 나는 아버지가 학교에 가려는 나를 건넌방에 앉혀놓고 머리를 만져 주는 것이 싫지 않았다. 아버지는 목재소 사업의 부도로 집이 파산해 2층 양옥집까지 빚쟁이들에게 뺏기고 엄마 친구 분들 집에서 셋방살이를 전전하다 금호동 산동네에 정착했을 때 나에게 농구선수의 꿈을 심어 주었다.

아버지는 내가 광희초등교 5학년 때 농구부에 들어가자 학교에 갖고 다니는 빨간 도시락 헝겊주머니에 '농구선수 강현숙'이라고 크게 써주셨다. 어떻게 보면 별 것 아닌 듯싶지만 이것은 어린 딸에게 꿈을 길

▲1977년 대한농구협회 송년행사에서 아버지께서는 '장한 아버지상'을 받으셨다.

러주고 목표를 향해 달려가라는 격려와 칭찬의 메시지였다.

나는 이 도시락 주머니를 신나게 흔들며 학교를 오갔고 그러는 사이 정말 국가대표 농구선수가 되어야겠다는 꿈을 키워나갔는지 모른다. 아버지는 모든 일에 긍정적인 자세로 열정을 쏟아 도전하면 '꿈은 이루어진다.'는 집념을 어린 딸에게 심어줌으로써 어떤 물질적 뒷받침보다도 값진 교훈을 가르쳐 주셨다.

무학여중고 시절 학교 정규수업 시간을 빼고 나면 나의 모든 시간은 농구가 전부였다. 수업이 끝나면 농구부 훈련에 돌입했고 농구부 훈련이 끝나면 밤늦도록 개인연습을 했다. 무거운 책가방을 들고 버스에서 내려 가로등도 없는 컴컴한 산동네 길을 걸어 올라가 집에 들어서면 허기진 배를 채우자마자 곯아 떨어졌다. 그리고 새벽이 되면 다시 일어나 학교체육관으로 향했고 1교시 수업이 시작되기 전까지 혼자 드리블과 슛 연습을 했다.

농구 연습벌레의 딸을 지켜보는 아버지는 서울 제기동의 경동시장 등을 찾아다니면서 약재나 건강식 재료 등을 구입해 체력강화 '특식'을 만들어 주셨다. 기억에 오래 남아 있는 아버지의 '특별 레시피' 가운데 하나는 꿀에 잰 '미깡' 알갱이를 우유에 타서 먹는 '미깡 주스'였다. 미깡은 귤처럼 생긴 것으로 신맛이 강했는데 껍질을 까서 알갱이를 꿀에 잿다가 우유에 타서 마시면 신맛과 단맛이 어우러져 기분이 상쾌해지는 느낌을 주었다. '미깡'이 밀감(蜜柑)을 뜻하는 일본말이라는 것은 나중에 어른이 돼서야 알았다.

아버지를 떠올리다보면 우리나라가 IMF 사태를 겪은 1997년 무렵에 출간돼 당시의 사회분위기를 타고 100만 부가 넘게 팔렸다는 소설

『아버지』 속의 얘기가 꼭 남의 얘기만은 아니라는 생각이 들기도 한다.

소설 속의 아버지는 50대 공무원으로 승진의 절벽에 좌절감을 느끼는 무기력한 월급쟁이다. 귀가하면 자녀들에게 불성실한 가장이고 아내에게는 형식적인 대접을 받고 마는 남편이다. 직장에서나 집에서나 존재감이 별로 없는 외로운 존재다. 세속적인 출세를 포기한 것 같은 모습은 '무능력'으로 비치고 말로 표현하지 않는 가족사랑은 '무관심'으로 받아들여진다. 밖에서는 일에 시달리고 안에서는 소외감을 견디지 못해 술로 허전한 마음을 달래며 지내던 어느 날 아버지는 췌장암이라는 청천벽력의 진단을 받게 된다.

그는 이 사실을 가족에게 알리지 않은 채 분노와 고통 속에서 술에 더욱 빠져 들게 되고 그 이유를 모를 수밖에 없는 딸은 아버지를 맹비난한다. 그런 가운데에도 그는 죽음에 대비해 아내의 뒷일과 자녀의 앞길을 준비해나간다. 결국 시한부 선고를 받은 사실이 가족에게 알려졌을 때는 그동안 쌓였던 서로간의 불신과 오해를 풀기에 충분한 시간이 남아 있지 않았다. 소설 속의 아버지는 죽음에 순응하고 살아남은 자들의 고통을 줄이기 위해 연명 치료를 거부한 채 안락사를 택하는 것으로 이야기는 끝을 맺는다.

100세 장수시대의 기준으로 보면 너무 빨리 세상을 떠난 내 아버지는 당뇨병을 심하게 앓으셨다. 합병증이 생기면서 몸의 여기저기에 이상이 계속 나타나 건강이 악화되기만 했다. 나중에는 시력을 잃을 정도의 상황에까지 이르렀다.

그러나 아버지는 소설 속의 아버지처럼 자식에게 이 사실을 알려주지 않았다. 엄마하고 두 분이 강동구 명일동 집에 사시면서 혼자 인슐

린을 맞고 약을 복용하는 것으로 버티셨다. 아버지는 건강이 악화되기 전에는 엄마에게 "현숙이한테 가서 애도 봐주고 도와주지 않고 뭐하느냐?"고 핀잔을 하곤 하셨는데 거동이 불편할 정도가 되면서부터는 엄마가 동네에 마실 나가는 것도 싫어하셨다고 한다. 엄마가 외출했다가 집에 들어오시면 손뼉을 치며 좋아하실 정도였다. 병고를 겪다보니 엄마에게 더욱 의존하셨던 모양이다.

서울 왕십리에서 목재소를 경영하다 부도를 맞고 집이 파산했을 때 아버지는 50대 초반이었다. 한창 일할 나이에 날개가 꺾였으니 좌절감이 얼마나 크셨을지 짐작이 가고도 남는다. 가장으로서 가족을 부양해야 할 책임을 다할 수 없게 된 상황은 참담했을 것이다. 그렇다고 엄마가 경제력을 잃은 아버지를 무시하거나 무관심하게 대하는 일은 결코 없었다.

나는 그때 초등학생이어서 세상일을 알 수 없는 나이였지만 나중에 엄마에게서 들은 얘기로는 아버지가 스스로 미안함을 이겨내느라고 마음고생이 말할 수 없었다는 것이다. 아버지는 부도가 난 뒤 살던 집까지 차압당하고 엄마 친구 분들 집 셋방살이를 전전하는 동안 당신이 빌려줬다가 떼인 돈을 받기 위해 뛰어다녔으나 시원한 결과를 얻지 못했다고 한다. 그냥 세상인심을 탓하셨다고 했다.

아버지는 싶은 성을 마음속에 묻어놓고 표현을 잘하지 않는 무뚝뚝한 성격이었다. 엄마와 연애하던 시절 공수부대원 같은 군복 차림으로 찍은 사진을 보면 아버지는 너무 멋있고 늠름했다. 운동하는 딸을 위해 온갖 정성을 다 쏟아 부어 주셨지만 행동으로 하는 것이었지 다정다감한 말로 사랑을 표시하는 일은 거의 없었다.

또 남성 중심의 가부장제에 친숙한 세대이지만 자식의 진로에 대해서는 독단적으로 결정하시지 않았다. 그러한 배려와 뒷받침이 딸을 자랑스러운 국가대표로 길러내는 밑거름이 되었음은 말할 나위도 없다.

아버지가 세상을 떠나시기 전 구로구 시흥동 집에 오셨을 때 신고 계신 운동화가 밑바닥이 닳아빠질 정도로 해져 있어서 집에 갖고 있던 새 운동화를 꺼내 드렸다. 신고 오신 헌 운동화도 내가 선수 시절 스포츠용품 회사로부터 기증받은 것을 드린 것이었다. 아버지는 딸이 준 신발이라는 것 때문인지 닳고 닳을 때까지 신고 다니셨던 모양이고 가실 때 새 운동화로 갈아 신은 뒤 기분이 좋아서 집을 나서셨다.

그런데 그것이 아버지를 보는 마지막이 될 줄을 누가 알았을까.

지나고 나서 보니 아버지는 당신이 돌아가실지 모른다는 것을 예감하고 마지막으로 딸을 보기 위해 우리 집에 오셨던 모양이다. 병마와 싸우면서도 자식에게 내색을 하지 않고 그렇게 떠나버리신 아버지의 심정을 헤아리면 가슴이 미어진다.

'사랑해요, 아버지. 그리고 너무 너무 감사해요!'

제3부
긍정과 지성(至誠)으로
지킨 가정

신혼여행에서 있었던 일

　제주공항을 이륙해 김포공항으로 가는 대한항공 기내는 거의 만석이었다. 비행기가 엔진 굉음을 토해내며 10여 분간 이륙을 계속한 끝에 정상 고도를 잡았다. 대표선수 시절 국제대회에 출전하느라 비행기를 탈 때마다 느꼈던 일이지만 나는 어떻게 이 거대한 비행기 동체가 하늘로 뜰 수 있는 것인지 늘 신기했다.
　비행기가 수평으로 비행을 시작하자 여기저기서 '척', '척' 안전벨트 푸는 소리가 들렸다. 그때였다.
　"이 중에서 날탕 치고 오는 사람은 우리뿐일 거야."
　킥~킥. 웃기 잘하는 나는 이제 남편이 된 김 기자가 이 한 마디를 툭 던지는 순간 웃음을 참느라고 혼이 났다.
　남편은 우리가 앉은 주변 좌석이 신혼여행을 마치고 돌아가는 다른 신혼부부들로 가득 차서 즐거운 표정들을 짓고 있는 것을 보더니 나에게 불만을 표시하듯 이런 코멘트를 던졌다. 3박4일 간의 허니문을 보내면서도 나는 남편에게 허락을 하지 않았다.
　특별히 무슨 이유가 있어서가 아니라 솔직히 좀 겁이 났다.
　남편이 남자라고 해도 8년간 태릉선수촌에서 강화훈련으로 단련된 나를 마음대로 하지는 못했다. 남편은 그렇게 황금 같은 시간을 속절없이 보내고 돌아오는데 앞뒤와 좌우에 앉아 있는 다른 신혼부부들이 유쾌한 모습으로 담소하는 것을 보니 심사가 뒤틀릴 만도 했을 것 같다.

제주도 신혼여행 때 한 가지 기억에 남는 일은 1972년 KBS의 일일 연속극 <여로>에서 영구라는 이름으로 바보 역할을 맡아 국민배우라는 엄청난 인기를 누렸던 장욱제 씨가 신혼부부를 위해 진행하는 행사에 초대받아 갔던 일이다.

장씨와 '분이' 역을 맡은 태현실 씨가 주인공으로 연기한 <여로>는 오후 7시 30분부터 20분간 방영됐고 시청률이 무려 70%에 달했다. 이 프로가 나가는 동안에는 거리가 한산할 정도였고 정신을 놓고 여로를 보는 통에 밥을 태우기도 하고 도둑을 맞는 집도 있었다고 한다.

째지게 가난한 집에서 태어난 분이는 가족을 먹여 살리기 위해 술집 작부 등을 전전하다 시골 부잣집에 씨받이로 들어가 정신미약자인 바보 남편 영구를 지극 정성으로 보살피고 하녀 같은 생활을 감내하면서 소중한 아들을 낳는다.

그러나 재산상속 문제가 생기자 계모인 시어머니와 시누이의 중상모략으로 쫓겨나게 되고 외지에서 고단한 삶을 이겨낸 끝에 남편 영구와 극적으로 재회한다는 해피엔딩의 스토리다. 여로는 1990년대 50%대의 기록적인 시청률을 나타냈던 <모래시계>와 쌍벽을 이룬다는 평가를 받고 있다. 1980년대 중후반에는 개그맨 심형래 씨가 여로의 영구를 패러디한 코미디극 <영구 어~없다>로 큰 인기를 누리기도 했다.

그런데 남편과 내가 장욱세 씨의 초내 선화를 받고 서녁시간에 찾아간 곳은 서귀포해안 절벽에 위치한 단층짜리 허니문호텔이었던 것으로 기억된다. 우리는 장 씨를 개인적으로 잘 모르는 사이였는데 결혼 사실을 뉴스를 통해 알고 우리가 투숙했던 서귀포의 호텔로 전화를 해 온 것 같았다. 장 씨가 신혼부부를 위한 프로그램을 진행하는 허니문

호텔에 가보니 많은 신혼부부들이 모여 있었고 그 중에는 코미디언 이상해 국악인 김영임씨 커플도 보였다. 두 사람은 4년간의 연애 끝에 열 살의 나이 차이를 극복하고 결혼에 골인한 신랑신부였다.

나중에 알게 됐지만 장욱제 씨는 일일연속극 <여로>를 끝낸 뒤 연기활동을 몇 년 더 하다가 처삼촌인 파라다이스그룹 창업주 전낙원 회장의 권유로 1977년에 탤런트를 그만두고 파라다이스호텔에 입사했다고 한다. 허니문호텔은 신혼부부 유치를 위해 파라다이스호텔이 운영하는 계열사였다.

한국 여자농구 대표팀이 1980년 9월 홍콩에서 열린 제8회 아시아선수권대회(ABC)에서 중국에 101대 68의 기록적인 33점 차 대승을 거둠으로써 내가 국가대표로서의 마지막 은퇴경기를 당당하게 마쳤을 때 결혼식을 불과 두 달여 남겨놓고 있었다.

나는 가톨릭신자여서 성당 결혼식을 원했기 때문에 비신자인 남편은 나를 따라 내가 다니던 천호동성당 김병일 주임신부님을 찾아가 그 앞에서 결혼서약을 했다. 신랑신부 한쪽이 비신자인 경우 성당에서 결혼미사를 드리려면 비신자는 결혼 후 배우자의 신앙생활을 보장하고 본인도 영세를 받겠다고 혼인서약을 해야 한다. 이런 절차를 거쳐 우리 결혼식은 11월 26일 명동성당으로 일정이 잡혔다.

나는 대표 팀을 은퇴하고 두 달 후에 열린 가을철 실업연맹전에서 고별경기를 갖게 되었다. 내가 소속한 외환은행은 4강 진출을 놓고 코오롱과 접전을 벌였으나 58대 59, 1점 차로 패하고 말았다. 나의 선수 생활 15년을 최종 마감하는 고별경기는 이렇게 끝났다. 내 나이 26세 때였다. 광희초교 5학년 때 농구에 뜻을 세운 뒤 무학여중고 6년간 고단한 삶 속에서 오로지 외길을 가듯 모든 열정을 바스켓에 쏟아 마침내 국가대표의 꿈을 이뤘다. 실업 1년생 때 처음 태극마크를 달고 1973년 모스크바 유니버시아드대회에 출전한 이후 8년간 줄곧 대한민국을 대표하는 선수로 뛴 '강현숙의 농구인생'은 스스로 자랑이었고 자부심이었다.

그 자랑과 자부심이 고별경기를 마치는 순간 뜨거운 눈물이 되어 뚝뚝 흘러내렸다. 고별경기를 마치고 농구장을 떠나는 나에게 한 언론은 '부동의 국가대표 가드로 명성을 떨쳤다.'고 박수를 보내주었다.

나는 고별경기를 갖고 나서 불과 나흘 뒤에 명동성당에서 결혼식을 올렸다. 결혼미사는 우리의 결혼서약을 받아주신 김병일 신부님과 경기도 의왕시 모락산 자락에 위치한 나환자촌 '나자로마을'의 초대 원장을 지내신 이경재 신부님 두 분이 집전해주셨다.

두 신부님 모두 이미 선종하셨지만 이 신부님이 김 신부님과 함께 우리 결혼미사를 해주신 것은 내가 대표 팀 은퇴 직후 이 신부님의 초청을 받아 김 기자와 같이 나자로마을을 방문했던 것이 계기가 되었다. 이 신부님의 안내로 나자로마을 성전에 들어가니 나환자 가족들이 가득 모여 있었다. 그들을 보는 순간 그냥 마음이 짠했다. 어쩌다가 한센병을 앓게 되었고 그 부모들의 자녀로 태어나 격리된 공간에서 생활해야 하는지 가슴이 아프기만 했다.

이 신부님이 나를 소개해주신 뒤 성전 제대에 올라가 인사와 격려의 말을 하고 사인해 갖고 갔던 농구공과 배구공 여러 개를 그들에게 선물했다. 나는 그때 이후 나자로마을 후원회원으로 매달 소액의 기부금을 내고 있다. 1980년 당시 나자로마을은 숲에 둘러싸인 고즈넉한 모습이 아름답게 드러나는 곳이었으나 이제는 도시 팽창으로 주변에 아파트 단지가 들어서면서 주변 환경이 많이 바뀌었다.

나자로마을은 천주교 신자들이 피정(避靜)을 위해 많이 찾기도 한다. 피정은 조용한 곳으로 물러난다는 뜻으로 속세의 일상에서 잠시 벗어나 침묵의 공간에서 묵상하고 성찰하고 기도하면서 종교적 수련을 하는 것이다. 불교의 템플 스테이나 개신교의 기도의 집 생활도 취지가 같은 것이다.

우리 결혼식에는 많은 농구팬들이 참석해 축하를 해주었다. 특히 여고생 팬들이 대성전을 가득 메운 채 축하를 보내줘 너무 고마웠다. 그때 한국일보의 자매지로 유일한 스포츠신문이었던 일간스포츠가 우리의 결혼식을 사진과 함께 보도해주기도 했다.

결혼식이 끝나고 제주도로 신혼여행을 떠나기 위해 김포공항으로 가는 길에 나의 절친들인 황선금 박옥자 등이 배웅을 해주려고 따라왔다.

비행기를 타러 국내선 청사 안으로 들어갈 때 한 절친이 짓궂은 표정을 지으며 신랑 김 기자에게 "너무 무리하지 말아요." 하고 농을 건넸다. 그때는 김 기자도 3박4일 간의 신혼여행에서 날탕치고 돌아오게 될 줄은 미처 예상하지 못했을 것이다.

밥을 태우는 여자

나는 결혼하기 전에 신부수업을 받을 기회가 없었다. 무학여고를 졸업하고 실업 1년생이 되자마자 대표선수로 선발돼 8년간 태극마크를 달고 뛰는 동안 매년 평균 6~7개월을 태릉선수촌에서 강화훈련을 받으며 생활했다. 태릉선수촌에서 나와 있는 동안에는 소속 팀에 복귀해 국내대회 출전에 대비하면서 지냈기 때문에 차분하게 밥하고 김치 담그고 된장찌개 끓이는 일 같은 것을 배울 기회가 없었다. 결혼해서 닥치면 다 배우게 되려니 하고 생각했다.

신혼여행에서 돌아와 서울 구로구 시흥동에 마련한 신혼집에서 첫 밤을 지내고 난 다음 날 아침이었다. 신혼집은 23평형 아파트로 민간건설사가 지은 것이어서 실(實)평수는 공공주택의 18평형과 같고 방이 2개였다. 나는 남편이 우유 등 마실 것을 사러 나간 사이 밥솥을 가스불 위에 올려놓고 된장찌개를 어떻게 끓이면 되나 하고 한참 궁리를 하고 있는데 남편이 문을 열고 들어오면서 소리를 쳤다.

"어, 이거 밥 타는 냄새 아냐? 아니 이 사람이 뭐하고 있는 거야?"

나는 깜짝 놀라 "어머니!" 하고 소리를 지르면서 급히 가스 불을 껐지만 이미 환풍기 위로 연기가 가득 퍼져 있었고 밥은 3층이 돼 버린 상태였다. 맨 아래는 탔고 가운데는 질었으며 맨 위는 설익은 밥이 되고 말았다. 밥을 태우는 일이 실제로 있나 했는데 내가 밥을 태울 줄은 정말 몰랐다. 밥솥에 물을 적게 넣었던 모양이고 밥이 끓어서 솥의 물이 없어진 상태가 되면 불을 약하게 줄여 이때부터 밥이 서서히 되도록 해야 하는데 그것을 몰랐던 것이다.

신혼집에서의 첫 밥 짓기는 이렇게 NG로 끝나 버렸다. 라면을 끓여 3층 밥을 말아서 먹었던 것으로 기억에 남아 있다.

음식을 만드는 일이 서툴러서 신혼 초에 집들이 하느라고 애를 많이 먹었다. 집안 식구들이 올 때는 그래도 괜찮았으나 남편 친구들이나 회사 선·후배와 동료들이 집들이하러 오면 정말 걱정이 태산 같았다.

요즘은 집들이문화가 바뀌어 집 근처의 음식점에서 식사를 한 뒤 집으로 옮겨 차를 한 잔 나누는 것이 일반화됐다지만 그때는 집에서 일일이 음식을 준비해 손님을 맞이했다. 친정엄마나 시어머니의 도움을 받을 수 있었으면 좋았겠지만 두 분 모두 우리 신혼집에서 꽤 거리가 있는 강동구 명일동과 은평구 갈현동에 각각 살고 계셔서 집들이 음식 만드는 데 도와주십사 하고 말씀드릴 상황이 아니었다.

그런데 어려운 일이 생길 때는 도와주는 귀인이 나타난다고 큰형님과 셋째형님이 구세주처럼 등장했다. 두 분 형님들의 도움으로 나는 몇 차례의 집들이를 무난하게 치러낼 수 있었다. 그 과정에서 음식 만드는 것도 많이 배웠다. 막내며느리인 나는 큰형님이 아무래도 어렵게 느껴지는 탓에 대화 도중 불쑥불쑥 재미있는 농을 잘 던지던 셋째 형님과 좀 더 편하게 가까이 지냈다. 그런데 그 셋째 형님이 암 투병 끝에 60대 초반의 한창 나이에 세상을 떠나버려 가슴이 너무 아프기만 하다.

집들이를 할 때 손님의 장난스런 치기에 놀라 순진했던 내가 눈물을 흘렸던 에피소드도 있었다. 남편의 선·후배와 동료들인 동아일보 사회부기자들이 집들이를 왔을 때 일어난 일이다. 사회부장님을 비롯해 거의 30명에 달하는 사회부 기자 전원이 집에 들이닥치니 발 딛을 틈이 없을 정도였다.

집들이 손님들이 술잔을 돌리면서 시끌벅적한 시간을 보내고 나서 돌아갈 즈음이 됐는데 남편의 선배기자 중 한 분이 두 손으로 갑자기 내 손을 덥석 잡으면서 뭐라고 한 마디를 건넸다. 나는 너무 놀라서 가슴이 철렁했다. 사회부 기자들은 하는 일의 성격상 거칠고 무섭기도 하다고 듣고 있던 참에 느닷없이 손을 잡혔으니 정말 거칠게 행동하는 사람들인 모양이라는 생각이 들었다.

나는 그런 일을 처음 겪어보는 것이어서 잠시지만 어이도 없고 화가 났다. 사회부 손님들이 모두 돌아가고 난 뒤 긴장이 풀린 상태에서 음식상을 치우고 설거지를 하는데 눈물이 나왔다. 남편은 그 선배가 스포츠를 좋아하고 특히 거리농구를 직접 즐길 정도로 농구를 사랑하는 사람이어서 스타플레이어 강현숙을 가까이에서 보게 되니 반가운 마음에 손을 잡은 것이라고 설명했지만 그때는 그 말을 받아들이지 못했었다.

신혼 초에 눈물을 흘린 일이 두 번 정도 더 있었던 것 같다.

한번은 하루 종일 집을 지키며 남편의 퇴근을 목이 빠지게 기다리고 있는데 밤 10시가 넘고 11시가 지나가는데도 귀가는커녕 전화 한 통화도 없었다. 그때까지만 해도 통금이 있어서 밤 12시만 넘으면 모든 교통이 끊겼다. 통금은 2년 뒤인 1982년 1월 전두환 정부가 전면 해제조치를 취함에 따라 34년 만에 역사 속으로 사라졌다. 통금은 1948년 8월 대한민국 수립 직후부터 시행됐다고 한다.

통금이 가까워 오는데도 남편한테서 아무런 소식이 없자 걱정은 말할 것도 없고 무서워서 견딜 수가 없었다. 복도 밖에서 우리 집 문 쪽으로 걸어오는 발소리에 온 신경을 곤두세웠지만 적막만이 흐를 뿐이었다.

이때의 내 심정을 남편이 나중에 고교 시절 고문(古文)시간에 배운 '예리성(曳履聲)'이라는 고시조에 비유해 설명했던가. 예리성은 짚신 끄는 소리를 말하는 것으로 임이 오는 소리를 뜻하는 기다림의 대명사라는 것이다.

> 설월(雪月)이 만창(滿窓)한데 바람아 부지 마라
> 예리성 아닌 줄은 판연히 알건마는
> 그립고 아쉬운 적이면 행여 귄가 하노라.

남편의 예리성은 새벽 1시가 다 돼서야 마침내 문밖에서 들려왔다. 나는 공포심 속에서 어둑한 거실에 쭈그리고 앉아 눈물을 흘리고 있었고 남편이 아파트 문을 철컥 열고 들어서는 순간 안도감과 야속함이 뒤섞이면서 눈물이 왈칵 더 쏟아졌다.

"택시비 좀 주라. 택시운전사가 밖에 기다리고 있어."

남편은 집에 들어오자마자 내가 어떤 상태인지는 관심도 두지 않은 채 빨리 택시비를 달라고 재촉했다.

그날 저녁 술자리에서 늦게 일어나 서울시청역에서 수원행 마지막 지하철을 탔는데 깜박 조는 바람에 내려야 할 시흥역을 지나쳤다고 했다. 역 2개를 지나서 하차했을 때는 이미 통금을 넘긴 시간이어서 택시도 탈 수 없는 상황이었고 그날따라 주머니도 비어 있었다는 것이다. 그래서 근처 파출소를 찾아가 경찰관에게 사정을 설명하고 임시통행증을 받아 겨우 택시를 탈 수 있었고 택시비가 없어 운전기사를 밖에 기다리게 했다는 것이다.

그런데 일이 꼬이려면 그렇게 되는 것인지 나도 마침 현금을 가진 것이 없었다. 돼지저금통이 100원짜리 동전으로 가득 차 있었기 망정이지 그마저도 없었다면 어떻게 할 뻔했는지……. 돼지저금통을 깨자 따블로 주기로 한 택시요금이 거의 됐다. 남편은 동전 다발을 들고 3층 아래로 급히 내려가 택시요금을 주고 돌아왔다. 그제서야 내가 눈물을 훔치고 있던 것을 알고 나서 미안하다는 말을 수차례 반복했다.

또 한 번 나를 눈물 나게 만든 것은 신혼집 취득세였다.

회사 상조금과 은행대출 등을 받아 신혼집을 마련했기 때문에 신혼 초부터 빚을 갚아 나가느라고 여유가 없던 터에 아파트 취득세 납부고지서가 날아왔다. 납부기한 내에 취득세를 낼 방법이 없어 할 수 없이 갖고 있던 금붙이를 팔기로 했다. 결혼 전에 시어머니가 선물로 주신 금팔찌와 내가 선수 시절에 받아 두었던 행운의 열쇠 등을 들고 종로3가의 금은방을 찾아가는데 정말 마음속으로 눈물이 났다.

그런데 금은방 문을 열고 들어가는 일이 처음에 쉽지 않았다. 장물을 팔러 온 것도 아니고 내가 사정이 생겨 내 물건을 처분하러 온 것인데도 무슨 잘못이나 하는 것 같은 심정이었다. 이곳저곳을 배회하다 나이 든 아주머니가 진열내 앞에 있는 금은방에 들어갔다. 남자가 진열대에 서 있는 금은방에서는 나를 알아볼 것 같아 들어갈 용기가 나지 않았다.

금붙이를 팔고 나서 시내에서 남편의 퇴근을 기다렸다가 만나서 같이 지하철을 타고 집으로 올 때 그가 던진 한 마디가 한나절 내내 울적

했던 내 기분을 한 방에 날려 보냈다.

"강현숙은 나의 영원한 여자야. 기를 펴고 당당하게 살자."

엄마가 되다

결혼을 하고 나니 아이를 갖는 것이 가장 큰 열망이 되었다. 그때는 맞벌이부부가 일반화된 시절이 아니어서 결혼하면 여자들은 전업주부의 길을 택하는 경우가 많았고 그래서 임신도 되도록 빨리 하고 싶어 했다.

나는 허니문 베이비는 가질 수 없었지만 신혼 초에 아기를 갖는 것이 좋겠다고 생각했고 남편도 마찬가지였다. 기다리던 소식은 결혼 3개월이 지나서 왔다. 나도 기뻤지만 남편은 더 좋아했다. 그런데 임신 3개월에 들어갈 즈음 병원에 갔더니 의사가 유산기가 있다고 하는 것이 아닌가. 나는 첫 임신인데 유산의 우려가 있다고 해서 많이 놀랐고 남편은 체격이 좋은 것과 임신은 별개인 문제인 모양이라며 걱정을 했다.

의사의 권고에 따라 곧바로 병원에 입원해 2주간 침대에 누워 있으면서 안정을 취했다. 이렇게 해서 임신 후 가장 조심해야 한다는 3개월을 잘 넘길 수 있었다.

임신 초기에 나는 입덧을 심하게 하지는 않았다. 이와 관련한 한 가지 에피소드는 남편이 친구들을 만난 자리에서 "내 마누라는 임신했는데도 입덧을 하지 않는다."고 자랑하듯 말했다는 일이었다. 이에 친구들은 운동선수 출신이라서 역시 다른 데가 있는 모양이구나 하는 반응을 보였다는 것인데 그날 밤 귀가한 뒤 나에게 이 얘기를 하기에 웃음을 터뜨리고 말았다.

"아니 무슨 소리를 하는 거예요. 나도 당연히 입덧을 했지요. 심하지 않았을 뿐이지……."

"뭐, 아니 입덧을 하지 않았잖아. 입가에 뭐가 나거나 하는 것 못 봤는데……."

남편은 입덧한다는 것을 입술이 부르트거나 입가에 무엇이 나는 것이라고 생각했다는 것이다. 아무리 남자라고 해도 그렇게 모를 수 있는지 딱하다는 생각이 들 정도였다.

남편은 첫 아이가 아들이기를 바라는 눈치였다. 겉으로는 아들이든 딸이든 건강한 아이를 출산하고 산모도 건강하면 된다고 말했지만 첫 아이라는 사실 때문인지 이왕이면 사내아이가 태어나길 기대하는 모습이었다.

그는 아침에 출근 준비를 하느라 화장실에서 면도를 하면서 "아들이 태어나면 동네 공원에 데리고 나가서 야구를 가르쳐야지." 하고 흥얼거리기도 했다. 남편의 그런 기대감을 의식한 탓인지 나도 배가 불러가는 모양을 보면서 '이런 경우 아들일 확률이 높다는데…….' 하는 생각을 해본 적도 있었다.

첫 아이를 갖고서 태교(胎敎)에도 신경을 썼다.

태아에게 어떻게 하면 심리적·정서적·신체적으로 좋은 영향을 줄 수 있을까 하고 태교에 관한 글을 찾아서 읽기도 하고 주위 사람들로부터 경험담도 들었다. 태아는 3개월이면 청각기관이 발달하고 5개월이면 외부의 소리를 들을 수 있다고 해서 불룩한 배를 쓰다듬으면서 태아에게 자주 말을 걸었고 칭찬도 많이 해주었다. 매일 밤 성모님에게 태아를 위한 기도를 올리는 일은 물론 빼놓지 않았다.

나는 태아의 성별을 의사에게 굳이 물어보지 않았다. 의사도 성별을 알려주지 않도록 돼 있는 규정을 지키려고 했는지 귀띔을 하지 않았다. 출산 예정일에 맞춰 병원 분만대기실로 들어갔다. 나는 옆에 누워 있는 다른 산모들이 고함에 가까운 소리로 임박한 출산의 통증을 참지 못해 하는 것을 보고 약간 겁이 나기도 했다.

그러나 나는 끝까지 소리 지르지 말고 참아야겠다고 주먹을 꽉 쥐었다. 운동선수 출신이 이 정도를 참아내지 못하고 소리를 지르는 것은 좀 창피한 일이라는 생각이 들었다. 분만실에서 첫 출산을 하면서 나는 이를 악물고 참았으나 통증을 완전히 억누를 수는 없었던 것 같다.

열 달 동안 뱃속에서 소중하게 키운 첫 아이가 '으앙!' 하고 힘찬 울음을 터뜨리며 마침내 세상에 태어났다. 딸이었다. 분만침대에 누워 막 태어난 생명을 가슴에 처음 안아보는 순간 눈물이 주르르 흘러내렸고 황홀한 기분이었으며 건강한 아기를 주신 하느님에게 감사했다. 남편은 분만실 입구에서 의자에 앉아 몇 시간째 출산을 초조하게 기다리고 있었다고 한다.

그때 간호사가 포대기에 아기를 쌓아 안고 분만실 문을 열고 나오면서 "강현숙 씨 보호자가 누구세요." 하더란다. 남편이 "전데요." 하고 벌떡 일이섰더니 "딸이에요." 하고 짧게 한 마디를 던지고는 신생아실로 훌쩍 가버렸다. 남편은 간호사가 딸이라고 말하는 순간 솔직히 서운한 마음이 들었다고 했다. 첫 아이는 아들을 낳아 야구 축구를 가르치고 산을 같이 타면서 사내다운 녀석으로 키워보고 싶었다는 것이다.

남편의 이런 생각은 우리 사회의 남아 선호사상이 여전하다는 것을 보여주는 것이기도 했다. 그때는 특히 가족계획이 강력하게 추진되고 있어서 3자녀 이상 낳는 것을 정책적으로 억제했다. 대표적인 것으로 셋째 자녀를 출산할 때부터는 의료보험 혜택을 주지 않았다. 그래서 첫 출산 때 아들을 낳아야 두 번째 출산에서 아들 낳는 것에 대한 부담이 없어지고 마음이 편해지는 만큼 첫 아이가 아들이기를 바라는 일이 많았다.

그런데 인구증가 억제를 위한 가족계획사업은 그로부터 불과 10여 년 후인 1994년에 사실상 폐지되고 인구정책이 180도로 바뀌어 저출산 해소를 위한 출산 장려정책으로 급반전을 이루게 된다. 앞을 내다보지 못한 정부의 단견이 얼마나 원망스러운지 모를 일이다.

산아제한정책은 우리나라가 째지게 가난했던 1960년대부터 시작되었다. 이때 가족계획 구호는 '덮어놓고 낳다보면 거지꼴을 못 면한다.'였다. 구호 내용이 지금 보면 너무 거칠다는 느낌까지 준다. 1970년대에는 '아들 딸 구별 말고 둘만 낳아 잘 기르자.'로 훨씬 세련돼졌다. 1980년대는 '잘 키운 딸 하나 열 아들 안 부럽다.'로 구호가 바뀌어 남아 선호사상을 해소하는 것이 가족계획 성공의 지름길이라는 정책 의도를 엿보게 했다.

어쨌든 첫 딸이 태어나 돌을 지내고 나서 예쁜 짓을 해대기 시작하자 남편은 아들에 대한 미련을 버리는 것 같았다. 출근할 때 딸을 주머니에 넣고 나갈 수 있으면 좋겠다고 말할 정도로 예뻐서 어쩔 줄을 몰랐다. 첫 딸이 우리 부부에게는 너무 귀엽고 소중한 존재였지만 돌을 막 지났을 무렵까지도 머리털이 더디게 자라서 사내아이처럼 보이는 것이 아쉬운 점이었다.

하루는 내가 소속돼 있던 외환은행 농구팀의 후배들이 집에 놀러왔는데 누워 있는 딸을 보고 "언니, 딸아이가 무난하게 생겼네요." 하고 말하는 바람에 웃기 잘하는 내가 또 한바탕 폭소를 터뜨렸다. 딸을 보고 무슨 좋은 말을 하긴 해야겠는데 사내아이처럼 보이니 예쁘다는 말을 할 수는 없어 그렇게 표현했던 모양이다.

첫 딸은 1년 반쯤 뒤에 쌍둥이 여동생이 태어나자 이제 자기가 맏딸 노릇을 해야 한다고 생각했는지 어려서부터 사려 깊게 행동하려고 노력했고 동생들에게 늘 양보하는 등 배려하는 자세를 몸에 익히며 성장했다. 부모의 입장에서는 믿음이 가는 큰딸이었다.

다섯 집의 인연

첫 아이를 출산해 처음 육아를 하는 일은 쉽지 않았다.

하루 24시간을 갓난아이에게 매달려 지내다 보니 정말 힘들었다. 나는 젖이 잘 나오는 편이어서 아이에게 모유를 먹이는 데 애로는 없었다. 그런데 모유를 먹이다 보니 밤에 수시로 깨어서 우는 아이에게 젖을 물리느라 수면을 제대로 취할 수 없었고 늘 잠이 모자랐다.

종이 기저귀가 흔하게 쓰이던 때가 아니어서 쌓이는 헝겊 기저귀를 쉴 새 없이 빨래해야 하는 것도 큰일이었고 집안은 온통 기저귀로 휘장을 쳐놓은 듯했다. 젖을 떼고 나자 그때부터는 이유식을 만들어 먹이느라 하루 종일 분주했다.

첫 아이를 낳아 키우는 엄마들은 아이에게 매달려 생활하다 보면 자칫 우울증에 빠지기도 한다. 그러나 내 경우는 아파트의 같은 층에 사는 엄마들과의 소통과 교류를 통해 그런 우울증 같은 것은 거의 느껴보지 않고 지낼 수 있었다.

내가 신혼 때 살았던 서울 구로구 시흥동의 아파트 23평형은 복도식으로 1개 층에 10가구가 살았는데 같이 3층에 살던 엄마들끼리 마음이 통해 서로 친해졌다. 우리 집을 포함해 모두 다섯 집이었고 이때 맺은 인연으로 남편들까지 평생친구가 되었다.

우리 집 바로 오른쪽 옆집에는 '수연이 엄마'로 불리는 정선영 씨가 살았다. 나보다 네 살이 위였고, 이미 다섯 살 된 딸과 세 살 난 아들을 두고 있는 엄마여서 언니같이 느껴졌다. 수연이 엄마는 자녀 두 명을 이미 키우고 있는 엄마였기 때문에 '초짜엄마'인 나에게 육아방법에 대해 많은 조언과 도움을 주었다. 또 바로 왼쪽 옆집에는 '상엽이 엄마'로 불리는 정계선 씨가 살았다. 상엽이 엄마는 나보다 1년 정도 앞서 첫 아들을 낳아 한창 기르는 중이었고 나중에 둘째 아들을 출산했다.

그리고 평생의 인연이 된 다섯 집 가운데 나머지 두 집은 우리 집에서 몇 집 떨어져 있던 '석경이네'와 '전여사네'다. '석경이 엄마'로 불리는 김춘애 씨도 나보다 1년 정도 빨리 첫 딸을 낳아 한창 육아 중이었고 두 번째 출산에서 아들을 낳았다. 수연이 엄마처럼 첫 딸을 낳고 나서 아들을 출산했으니 '100점짜리 엄마'인 셈이다. 전여사네는 전정숙 씨를 그렇게 부른 것인데 첫 자녀 출산을 기다리고 있는 상태였다.

우리 엄마들은 남편들이 출근한 뒤 집안일을 정리하고 나면 아이들을 안거나 데리고 3층 복도로 나왔다. 자연히 서로 대화가 이루어지면서 친해지게 됐다. 우리가 살던 이 아파트는 서울 외곽에 위치한 서민 주택으로 생활수준이 비슷한 30대 초반의 월급쟁이들이 주로 입주해 살았기 때문에 서로 말문이 자연스럽게 터졌고 친근감을 가질 수 있었던 것 같다.

처음에는 3층에 사는 전체 10가구의 엄마들이 모두 얘기를 나누는 사이였으나 시간이 지나면서 이런저런 사정으로 다른 엄마들은 빠지고 다섯 집이 끈끈한 관계를 형성하게 되었다.

엄마 다섯 명이 이렇게 가까워지자 남편들이 자연스레 코가 꿰어서 서로 통성명을 하게 되었고 친구관계를 만들어 나갔다. 다섯 남자들 중 우리 집만 언론 종사자이고 나머지 네 분은 모두 민간 대기업에 근무했다. 그런데 남자 5명은 나이 차이가 거의 없는 데다 같은 월급쟁이라는 동질감 때문인지 여자들 이상으로 빠르게 친숙해졌다.

부부가 같이 친구가 되는 관계로 발전하자 아이들도 형제자매들처럼 어울려서 지내게 되었다. 나중에 아이들이 성장하면서 다섯 집이 각각 이사를 가게 돼 뿔뿔이 흩어졌어도 어른들은 친교를 계속 유지해 나갔는데 아이들은 그렇지 못했다.

머리가 커진 데다 다니는 학교가 같지 않고 생활권이 달라지니 아무래도 아이들은 소원해질 수밖에 없었던 것 같다.

아이들을 한창 키우며 구로구 시흥동 아파트에서 살 때 다섯 집은 주말에 함께 시간을 보내는 일이 많았다. 1박2일 캠핑을 다녀오기도 했고 당일치기 나들이도 자주 가졌다. 그리고 한 달에 한 번 주말 저녁에 다섯 집이 돌아가면서 음식상을 차려놓고 같이 만나는 '대화의 광장'이 정기적으로 이뤄졌다.

여자들이 친했기 때문에 가능한 일들이었다. 남자들이 친구가 된 것으로는 그런 모임이 꾸준하게 지속될 수 없었다.

그런데 다섯 집의 부부들이 주말 저녁에 모이면 그 자리에서 남편이 술에 취해 기분이 한껏 업(up)된 상태에서 야한 농담을 혼자 도맡아 하듯이 쏟아내 좌중에 폭소가 터지게 하곤 했다. 나는 이것이 싫어서 집으로 돌아오면 남편에게 시비를 걸었다.

"이제 그런 야한 농담 그만해요. 나는 듣기 싫어요. 창피하기도 하구……"

"이 사람아, 지금 우리 남자들이 만난 지 얼마 안 돼서 서먹할 수 있기 때문에 내가 분위기를 부드럽게 만들어 보려고 그러는 거야. 그러니 그렇게 이해를 해줘."

"그래도 나는 싫으니까 다음에 만날 때는 하지 말아요. 알았죠?"

나는 정말 남편이 그런 와이당[猥談]을 하는 것이 굉장히 못마땅했다. 아직은 부부들 간에 친밀감이 부족한 상태여서 분위기를 띄우려고 야한 농담을 하는 거라는 설명은 이해할 수 있더라도 어쨌든 싫었다.

그러나 남편은 다음 모임에서도 여전히 그런 농담을 쏟아내 좌중을 웃겼다. 어디서 그런 내용을 배워 와서는 본인은 아무런 재미도 못 느낀다는 표정으로 천연덕스럽게 얘기를 털어놓고 좌중에 폭소가 터지게 하는지 신기할 정도였다. 남편은 그 후에도 몇 년간은 저녁모임이 있을 때마다 여전히 웃음이 빵 터지는 농담을 그치지 않았다. 정말 다섯 집 부부들이 오랜 친구 같은 사이가 될 때까지 와이당을 계속해댄 것이다.

남자 다섯 분 가운데 평소 위트가 넘치는 '석경이 아빠' 홍성기 씨가 남편에게서 전염된 탓인지 한동안은 다섯 집이 모일 때 와이당을 대신 많이 꺼내 우리를 웃게 만들곤 했다. 석경이 아빠는 대기업 임원을 거쳐 계열사 대표를 지냈고 경우가 바른 분이다.

그런데 처음에는 남편이 야한 농담을 거침없이 쏟아내는 것에 대해 심한 거부감을 나타냈던 나도 몇 년째 계속해서 듣다 보니 면역이 되었고 욕하면서 따라 배운다고 나중에는 같이 웃고 즐기는 여유마저 갖게 되었다.

우리 다섯 집 부부 모임은 문패를 '오자보'라고 지었다. 다섯 부부의 자애롭고 보배로운 만남이라는 뜻으로 남편이 지어 모두의 동의를 얻었다. 오자보의 회장은 '수연이 아빠'인 심우정 씨다. 수연이 아빠는 세계적인 대기업의 인사부장을 지낸 뒤 회사를 옮겨 요식업 체인업체의 전문경영인으로 오랫동안 활동했다. 워커홀릭이라는 평을 듣는 것이 장점이자 약점인 그는 매사에 빈틈이 없는 반듯한 분이다.

오자보의 나머지 남자 두 분은 '상엽이 아빠'인 이강우 씨와 '일구 아빠'인 정동환 씨다. 두 분 모두 역시 대기업 임원을 지냈고 모범적이고 성실한 가장들이다.

오자보의 자녀 10명은 각자 전공을 살려 사회 각 분야에서 활동을 하고 있고 적당한 나이에 모두 결혼을 해서 자녀들을 낳아 가정을 꾸렸다. 다섯 집의 인연은 사랑과 우정으로 끈끈하게 맺어져 오래도록 잔잔하게 흐른다.

두 번째 출산에서 쌍둥이 낳다

"머리가 둘인 것 같네요."

"네? 아니 머리가 둘이라뇨?"

모니터 화면을 들여다보며 복부 초음파검사를 하던 여의사가 약간의 긴장감 속에 누워 있는 나에게 머리가 둘이라고 하는 소리에 깜짝 놀랐다. 순간적으로 태아에 뭔가 이상이 있다는 것으로 잘못 알아들었다.

"몸도 둘인가요?"

"네, 쌍둥이를 임신하셨네요. 성별은 확인이 어렵구요."

'어머나!' 하고 나는 또 한 번 놀랐다. 전혀 상상도 하지 않았던 일이 일어난 것이다. 쌍둥이를 임신하리라고는 꿈도 꾸지 않았는데……그러고 보니 첫 아이를 가졌을 때보다 몸이 훨씬 더 무겁고 힘이 들어서 왜 이럴까 하고 이상하게 생각하고 있던 터였다.

나는 그날 같은 아파트에 사는 무학여고 후배 '소진이 엄마'와 둘이서 병원에 정기검사를 받으러 갔었다. 나처럼 첫 딸을 낳고 서로 비슷한 시기에 무슨 약속이라도 한 듯이 둘째를 임신한 소진이 엄마는 아들을 고대하는 입장이었다. 먼저 초음파검사실에 들어갔던 그는 의사에게서 원하는 소식을 귀띔 받았는지 밝은 표정으로 진찰실에서 나왔다.

이어서 내가 복부 초음파검사를 받게 됐는데 앞서 두 차례인가 초음파검사를 했을 때 의사에게서 특별히 언질을 받은 것이 없었기 때문에 나는 쌍둥이일지도 모른다는 생각은 상상조차 하지 않았다. 다만 집안

일을 하다가 허리를 굽히면 뱃속이 앞으로 쏟아지는 것 같은 데다 몸이 천근같고 진땀이 나는 일이 거듭돼 걱정도 생기고 이상하다는 생각만 했다. 시흥동성당에서 주일미사를 드리는 동안에 고개를 숙이고 자리에 앉아 있는 일도 생겼다. 신자가 미사 도중에 해서는 안 되는 행동이었는데 그만한 이유가 있었던 것이다.

집에 돌아와 더 불룩해진 것 같은 배를 쓰다듬으면서 가만히 돌아보니 쌍둥이 임신을 예고하는 태몽을 꾸었던 것이 비로소 생각나는 것이 아닌가.

태몽은 이런 것이었다.

어느 날 경기도 양평의 친할머니 집으로 가는 길모퉁이에 서 있는데 하늘에서 대형 동아줄에 두 개의 커다란 무가 매달려 내려왔다. 동아줄은 대형 선박을 부두에 정박시킬 때 사용하는 것 같은 굵은 것이었고 거기에 매달려 내려오는 두 개의 무도 깨끗하게 다음어진 것이 무척 컸다. 나는 이 무 두 개를 가슴에 받아 안고서 친할머니 집이 있는 쪽으로 돌아 들어가는 꿈을 꾸었다. 쌍둥이를 가진 사실을 알고 나서 이 꿈을 생각하니 정말 신기했다.

쌍둥이는 집안에 내력이 있어야 생긴다는 말이 있어서 새삼 내 친정 쪽을 둘러봤으나 쌍둥이가 있었다는 얘기는 들은 적이 없었다. 그렇다면 시가 쪽에 쌍둥이가 있었을 수 있다는 생각에 남편의 귀가를 기다렸다가 병원에 다녀온 일을 설명하고 궁금증에 대해 물었다.

"있있지. 둘째 형이 원래 쌍둥이였다고 했어. 근데 한 명이 갓난아기 때 병사하고 지금의 둘째 형이 살아남은 거라고 했어."

나는 '그러면 그렇지.' 하고 무릎을 치고 말았다. 작은 키에 단아한

체구의 시어머니는 쌍둥이를 임신했을 때 배가 너무 불러 허리를 잘 굽히지 못하는 바람에 행동하는 데 애를 많이 먹었다고 하셨다. 어쨌든 내가 쌍둥이를 임신하게 된 내력에 대한 궁금증이 풀리자 유난히 힘들었던 것이 조금은 괜찮아지면서 두 녀석을 배 속에서 잘 길러서 건강하게 낳아야겠다는 의욕이 더욱 커지는 것이었다.

쌍둥이를 가진 지 8개월쯤 됐을 때 남산만한 배를 하고서 두 살 된 큰딸을 데리고 남편과 속초로 여름휴가를 갔다가 혼난 일이 기억에 오래 남아 있다.

설악산에서 며칠간의 휴가를 마치고 속초 대포항 횟집에서 점심을 먹은 뒤 관광버스에 올라 귀가할 때였다. 버스가 대관령을 넘는데 아흔아홉 굽이 고갯길을 돌고 돌아 오르자 어른인 나도 어지러워 토할 지경이었다. 그러니 어린 딸아이가 견딜 수가 없는 것은 어쩌면 당연했다.

점심 때 밥을 먹는 둥 마는 둥 해서 평소 잘 먹는 생우유를 먹인 뒤 버스에 올라 품에 안고 잠을 재웠으나 버스가 대관령 아흔아홉(99) 굽이 길을 오르자 칭얼거리기 시작하더니 기어이 내 가슴 위로 '우웨에엑!' 하고 세 차례나 토해냈다. 배가 불러 의자에서 거동하기도 힘이 드는 판에 일이 벌어지자 정말 난감했다.

나는 임신복 같은 통치마를 입고 있어서 토사물을 옷 속으로 받아 의자에 흐르지 않도록 조치는 했으나 냄새가 문제였다. 어린아이가 토한 것이라도 역한 냄새가 버스 안에 진동했다. 다른 승객들에게 미안해서 몸 둘 바를 모를 지경인데 한 중년부인 승객이 다가오더니 걱정하는 말투로 괜찮으냐면서 딸아이를 다독거려 주는 것이었다.

자녀를 키워 본 사람의 이해심 깊은 처사에 나는 감동을 받았다. 버스에 많은 승객이 타고 있지 않았던 것도 다행이었다. 6시간가량 딸아이를 그대로 안고 버스에 앉은 상태로 달려 어둠이 깔린 서울에 도착했을 때의 그 안도감이란…….

그때 강릉시에서 아흔아홉 굽이의 고갯길을 휘돌아 올랐다가 대관령휴게소를 지나 내려오는 '멀미공포'의 19km 산악도로가 지금은 추억의 '대관령옛길'이 되어 트레킹 명소로 변했다. 그 대신 대관령 밑으로 터널을 뚫고 계곡에 교각을 세워 도로를 놓는 직선화공사가 2001년 완공돼 이제는 멀미를 걱정하지 않고 차량들이 이 구간을 씽씽 달린다.

2018년 평창 동계올림픽 개최를 계기로 국내에서 가장 긴 22km의 대관령 산악철도 터널까지 뚫려 KTX 같은 고속철도가 인천공항에서 강릉까지 1시간 52분 만에 주파할 수 있게 되었다. 큰애가 아흔아홉 굽이 고갯길을 휘돌아 오르다가 토한 일이 호랑이 담배 먹던 시절의 얘기처럼 느껴진다.

출산 예정일이 다가올수록 배는 더 불러오고 쌍둥이 태아가 점점 밑으로 처지는 것 같아서 임이 너 들있다. 그래도 니는 체격이ㅏ 컸으니 그렇지만 키가 작았던 시어머니는 쌍둥이를 임신했을 때 얼마나 고생이 심하셨을까 싶었다. 의사는 쌍둥이여서 출산이 예정보다 빠를 수 있으니 그렇게 대비하고 있으라고 알려줬다.

여름이 끝나가는 어느 날 아침 뱃속이 아래쪽으로 더 많이 쏠리는 것 같았다. 의사 말대로 조기 출산을 할 것 같은 예감이 들어 출근하는 남편에게 아무래도 병원에 가야 할 것 같다고 말하자 택시 편으로 나를 데려다주고 회사로 갔다. 의사는 상태를 진찰하더니 적절한 때에 잘 왔다면서 분만대기실에 들어가도록 조치했다.

여러 명의 임신부가 대기실 침대에 누워 있었는데 바로 옆의 산모는 얼마나 통증이 참기 어려웠는지 마구 소리를 질렀다. 보호자로 온 친정 엄마가 "너는 애 낳는 것이 그냥 쉽게 되는 일로 아느냐?"고 나무라듯 얘기하자 "시끄러워. 잔말 말고 무통 분만하게 해주라고." 하고 소리를 질렀다.

아마 초산이었기 때문에 더 힘들어하는 것 같았는데 마취과 의사가 와서 그 산모의 척추에 무통주사를 놓자 조용해지더니 곧바로 분만실로 들어가 얼마 후 아기를 낳았다. 마취과 의사가 옆에 누워 있는 나를 보고도 무통주사를 맞겠느냐고 눈짓을 보내기에 나는 고개를 흔들며 그냥 참을 것이라고 응답해줬다.

나는 오전 내내 분만대기실에서 통증을 참고 견디다가 오후에 분만실로 들어가 4시쯤 돼서 마침내 쌍둥이를 출산했다. 예정일보다 한 달 가량 빠른 것이었다. 온몸에 힘을 줘서 한 아이를 낳고 나니까 거의 탈진한 상태가 되었다. 의사 옆에 서 있던 간호사가 한 번 더 힘을 주라고 재촉하는데 도저히 힘을 줄 수가 없었다. 조금 기다려달라고 말한 뒤 숨을 고르다가 진짜 젖 먹던 힘까지 내서 두 번째 아이를 낳았다. 먼저 나온 딸아이는 체중이 2.65kg이었으나 나중에 나온 딸아이는 1.8kg에 불과해 곧바로 인큐베이터로 옮겨졌다.

5분 차이로 쌍둥이를 낳고 나니 온몸에서 성기가 다 빠져나간 듯 맥이 없었다. 순산을 했다는 사실에 안도감과 자부심을 느끼면서도 까닭 모르게 눈물이 자꾸 흘렀다. 그때 남편이 침대 옆으로 다가와 "너무 힘들었지. 고생 많았어." 하면서 어깨를 토닥거려주었다.

아이 셋 키우기

딸 쌍둥이를 낳고 보니 아이 셋을 한꺼번에 키워야 하는 상황이 되었다. 큰애는 만 두 살이 채 안 됐으니 세 쌍둥이를 기르는 것이나 다름없었다. 정말 정신이 없었다. 하루 24시간 세 아이를 붙잡고 '육아전쟁'을 벌여야 했다. 친정엄마나 시어머니는 두 분 모두 우리 집에서 상당한 거리에 살고 계신 데다 여러 가지 여건이 육아에 도움을 주실 만한 처지가 되지 못했다.

쌍둥이 중 먼저 나온 둘째는 체중이 2.65kg여서 출산 이틀 뒤 퇴원할 때 집에 데려올 수 있었으나 5분 뒤에 나온 막내는 1.8kg밖에 되지 않아 3주 예정으로 인큐베이터에 들어가 있었다. 그런데 집에 데려온 아이가 며칠 지나지도 않아 고열이 나면서 젖도 빨지 않고 밤새 울어댔다. 병원으로 데려갔더니 턱밑이 붓는 유행성 이하선염 '볼거리'라는 진단이 나왔다. 그 자리에서 입원 조치가 취해져 태어난 지 며칠밖에 안 된 갓난애를 병실에 눕혀놓으니 옆에서 지켜보는 마음이 심란하기 짝이 없었다.

간호사가 링거주사를 놓으려고 아이의 발바닥에 주사기 꽂을 혈관을 찾다가 여의치 않자 이마에 주사기를 찔러 넣었다. 아이가 자지러지게 울어대는 과정을 지켜보는 것은 엄마로서 정말 괴로운 일이었다. 소아병실에는 갓난애를 입원시킨 같은 처지의 다른 엄마들도 여러 명이 있었는데 적어도 우리 엄마들이 보기에 간호사들은 너무 무신경한 것 같았다.

　갓난애들이 울든 말든 아랑곳없이 발바닥이나 이마의 여기저기를 찔러대면서 주사바늘을 꽂는 '임무 완수'에만 골몰하는 것 같았다. 지켜보는 엄마들은 예외 없이 눈물을 쏟아냈다. 그런데 볼거리 치료를 위해 아이의 입안에 잉크색의 파란 약을 발라 놓았는데 신생아실 인큐베이터에 있는 아이를 보러 갔더니 똑같이 입 주변에 파란 잉크색 치료약을 칠해 놓고 있는 것이 아닌가. 웃음이 절로 나오면서 내가 정말 쌍둥이를 낳았구나 하는 것이 실감 났다.

　인큐베이터에 있던 막내는 3주가 지나서 바깥세상으로 나왔고 집에 데려오니 딸 셋 키우기 '육아전쟁'이 본격적인 막을 올렸다. 큰딸처럼 쌍둥이에게도 모유를 먹이기 시작했는데 두 녀석에게 번갈아 가며 젖을 물려야 하는 상황이 계속 이어지다보니 견디기 힘들었다. 무엇보다 가장 힘 드는 것은 밤에 잠을 제대로 잘 수 없는 일이었다. 밤새 울고 보채는 두 아이에게 번갈아 가며 젖을 먹이려면 산모는 계속 깨어 있을 수밖에 없었다.

　쌍둥이에게도 6개월 정도는 모유를 먹이고 나서 분유로 바꾸려고 했으나 내가 수면부족을 더 이상 감당하기 어려울 것으로 보이자 남편이 빨리 모유를 끊으라고 했다. 우유로 바꾸면 남편도 먹일 수 있고 그 사이에 내가 잠깐씩이라도 수면을 취할 수 있어서였다. 그래서 쌍둥이는 모유를 3개월밖에 먹지 못했다. 젖이 충분한데도 모유를 먹이지 못하는 것이 너무 안타까웠다.

　방이 두 개이고 작은 거실이 있는 집안은 쌍둥이들이 똥오줌을 싸서 내놓는 헝겊 기저귀를 빨아 널어놓느라고 온통 흰색 휘장에 덮여 있는 것 같은 풍경이었다. 종이 기저귀 사용이 일반화돼 있던 때가 아니어서 헝겊 기저귀를 쓰다 보니 두 녀석의 기저귀를 빨래하는 일이 보통 고단한 일이 아니었다. 큰애는 어느 정도 대소변을 가려서 기저귀 빨래 양을 조금은 줄여주었다. 어쨌든 하루 종일 세 아이를 먹이고 똥오줌 치우고 기저귀 빨고 재우는 일에 매달려 시간이 어떻게 지나가는지 몰랐다.

세 아이를 들쳐 업고 동네 의원에 다녀오는 일도 육아전쟁의 중요한 부분이다. 쌍둥이 중 한 아이가 감기 증세를 보이면 어김없이 다른 아이도 마찬가지였고 큰애까지 같은 증세를 보이는 경우가 많았다.

동네 소아과의원은 시흥사거리 쪽에 있어서 큰 길을 건너야 했기 때문에 빠른 걸음으로 가도 10분이 넘게 걸렸다. 쌍둥이가 배탈이 나거나 감기에 걸릴 때는 옆집 수연이 엄마에게 큰애와 한 아이를 잠시 봐 달라고 부탁해 놓은 뒤 다른 한 아이를 들쳐 업고 구보를 하듯 의원으로 달려갔다. 그리고 돌아와서 치료받은 아이를 내려놓고 다시 한 아이를 업고 부리나케 가서 진료를 받고 집에 돌아오면 온몸이 땀에 흠뻑 젖었다. 운동을 그만둬서 이제 뛸 일이 없어 좋다고 했는데 엄마가 되고 보니 그게 아니었다.

쌍둥이가 첫돌을 지내고 나서 걸음을 뗄 정도가 되었을 때는 큰애까지 아이 셋을 양떼를 몰고 가듯 걸려서 소아과의원에 다녀오곤 했다. 세 아이를 끌고 대기실로 들어가면 간호사가 먼저 와서 기다리고 있던 다른 엄마들에게 양해를 구하고 세 아이를 곧바로 진찰실로 들어가도록 배려해주는 날이 많았다.

한 번은 세 아이에게 청진기를 대고 차례로 진찰하던 의사가 "이 녀석들 아버지는 왜 돈을 번대요?" 하면서 웃었다. 아이 셋이 자주 병원에 오는 것을 두고 엄마 아빠가 고생이 많다는 뜻으로 농담을 건넨 것이었다. 세 아이가 소아과의원을 방문한 횟수는 평균적인 것이었지만 세 명이 한꺼번에 진찰을 받다 보니 의사는 소아과 방문 빈도가 높은 경우라고 생각했던 것 같다.

세 딸이 어렸을 때 소아과의원에 들락거리는 것은 커가는 과정에서 잔병치레를 하는 것이어서 힘은 들어도 별다른 걱정은 없었다. 그런데 큰애가 다섯 살 때 긴급수술을 받아야 하는 상황이 벌어져 놀란 가슴을 쓸어내렸던 일이 있다.

아이가 배가 아프다고 보채면서 밥도 제대로 먹지 않아 소아과의원에 데려갔더니 장에 탈이 난 정도이니까 크게 걱정하지 않아도 된다고 했다. 의사 처방대로 약을 먹이고 나아지기를 기다렸으나 아이는 배가 아프다고 계속 통증을 호소했다.

하루를 자고 난 다음 날이 일요일이었는데 아이의 통증 호소가 오히려 심해지는 상황이어서 집 인근에 있는 100병상 규모의 병원 응급실로 아이를 데려갔다. 응급실 당직의사는 복부 X레이를 촬영한 필름에 무슨 거품 같은 것이 끼여 있는 상태를 보여주면서 소아과의원의 진단처럼 장염인 것 같다는 소견을 밝혔다. 큰애를 입원시켜 하룻밤을 보내고 났지만 고열이 계속되고 복부 통증이 가라앉지 않자 소아과의사는 외과의에게 진찰을 의뢰했고 맹장이 터져 복막염이 된 것 같다는 진단이 나왔다.

남편과 나는 다섯 살짜리가 맹장염에 걸렸으리라고는 상상을 하지 못했기 때문에 무척이나 당황했다. 다행히 퇴근했던 이 병원 외과의가 밤 10시가 넘은 시각에 급히 달려 나와 긴급수술을 해주었다. 수술실을 나오면서 걱정하지 말라고 얘기해주는 의사가 얼마나 우러러 보이고 고마웠던지…….

큰애가 처음에 배가 아프다고 통증을 호소했을 때 소아과의사는 장염인 것 같으니 하루 이틀 약을 먹으면 나을 것이라고 진단했었다. 이 사실을 나중에 다른 의사에게 얘기했더니 그것이 전문의들의 맹점일 수 있다면서 소아과 전문의는 어린애가 급성 맹장을 앓을 것이라고 생각하지 않기 때문에 외과의사의 시각으로 의심을 해보지 않았을 것이라고 설명했다.

늑막염에 걸리다

가슴이 결리는 데다 갑갑하고 숨을 제대로 쉬지 못해 잠을 잘 수 없었다. 다섯 식구가 방바닥에 이불을 펴고 함께 자는 안방에서 남편은 곤하게 자고 있고 세 아이들도 머리 방향을 제멋대로 한 채 잠들어 있다.

남편과 아이들이 자는 모습을 보면서 아침에 과연 내가 일어날 수 있을까 하는 걱정이 생겼다. 일어나면 동네 내과의원에 우선 가봐야겠다면서 억지로 잠을 청했다.

"요 며칠 동안 숨을 제대로 쉬기 힘들고 가슴이 결려서 밤에 잠을 못 잤어요."

증세를 설명하자 의사는 가슴 위아래로 청진기를 대보고 손으로 아픈 부위를 이곳저곳 진찰했다. 추가로 증상에 대해 묻고 나더니 걱정스런 표정을 내비치면서 나를 바라보았다.

"아무래도 늑막염인 것 같습니다. 큰 병원으로 가보시는 게 좋겠어요."

우리 몸의 폐는 늑막(흉막)에 둘러싸여 흉벽과 분리되는데 늑막에 염증이 생기거나 물이 차면 폐의 정상적인 팽창과 수축이 어려워져 숨을 제대로 쉴 수 없고 날카로운 통증도 생긴다는 것이다. 의사의 1차 진단결과를 듣고 나니 걱정이 태산 같았다.

입원 치료라도 받아야 하는 상황이 온다면 보통 고민이 아닐 수 없었다. 돌을 지나서 이제 겨우 걸음마를 떼어 놓을 정도인 쌍둥이와 세 살밖에 안 된 큰애를 누구에게 맡기고 병원에 누워 있어야 한다는 말인지 아득해지기도 했다. 애들 아빠에게 이 사실을 알렸더니 나보다 더 걱정을 토해낸다.

"아니 그럼 뭐 수술까지 해야 된다는 얘기야?"

"일단 큰 병원에 가서 정밀진단을 받아보라니까 그 결과를 봐야겠죠."

다음 날 지체 없이 서울대병원을 찾아갔다. 남편은 병원 건물 밖 벤치에서 기다리고 있고 나는 의사를 만나 진찰을 받았다. 증세에 관해 설명하고 내진을 받은 뒤 피검사와 X-레이를 찍고 나자 의사는 며칠 후 결과를 보러 오라고 했다. 그때 어떻게 치료해야 할지 판단해보자는 것이다. 진단 결과를 기다리는 며칠간이 꽤나 긴 시간으로 느껴지는 것은 당연했다.

늑막염은 독감 같은 바이러스성 질환에 의해 유발되기도 하고 결핵균 감염에 의해 생길 수도 있다는 의사의 설명이 있었으나 나의 경우는 아이 셋을 키우다 보니 체력이 완전히 고갈돼 얻게 된 병으로 보였다.

아이를 출산하고 나서 최소한 돌을 지날 때까지 아이에게 온종일 매달려서 살다 보면 산모들이 우울증을 겪는 일이 흔하다는데 나는 쌍둥이에다 큰애까지 세 놈과 씨름을 하다 보니 우울증 같은 것은 아예 생각할 겨를조차 없었다.

남편은 하루에 몇 시간이라도 파출부를 쓰는 것이 어떠냐고 했으나 내가 받아들이지 않았다. 비용도 비용이지만 내 아이를 키우는 일에 남의 손을 빌리고 싶지 않았다. 그런 생각의 밑바닥에는 어쩌면 나의 체력에 대한 과신도 있었던 것 같다. 운동으로 단련된 몸인데 세 아이를 키우는 일이 아무리 힘들어도 그 정도야 못 이겨내겠느냐는 생각이었는데 과욕을 부린 것이 결과적으로 늑막염이라는 병을 가져온 셈이 되었다.

늑막염에 대한 검사 결과를 확인하는 날 잔뜩 긴장된 마음으로 병원 진찰실 문을 들어섰다.

"X-레이 사진도 보고 피검사 결과도 봤는데 늑막에 물이 차 있네요. 그런데 좀 시간이 걸리더라도 치료약을 꾸준히 복용하는 방법으로 물을 말려보는 것이 괜찮겠어요."

"네, 그럼 입원 같은 거는 안 해도 되는 건가요?"

의사의 말을 듣는 순간 긴 안도의 한숨이 새어 나오면서 마음속으로 '성모님 감사합니다.' 하고 몇 번이나 되뇌었다. 늑막에 고여 있는 물을 투약 치료로 없애도록 하고 입원은 하지 않아도 된다니 얼마나 다행스러운 일인가. 만일 입원치료가 필요하다는 진단이 떨어졌다면 아직도 기저귀를 완전히 떼지 못하는 쌍둥이와 큰애를 누구한테 맡기고 병실에 누워 있어야 할 것인지 정말 난감한 노릇이었을 것이다.

나는 늑막염 치료를 위해 약을 참 많이도 먹었다. 한 번에 먹는 약의 분량이 거의 한 주먹에 달했다. 아침저녁으로 치료약을 한 번도 거르지 않고 먹었다. 그리고 매달 주치의를 만나 진료상담을 하고 처방해 주는 한 달분의 약을 한 보따리씩 받아와 의사의 지시대로 우직하게 먹었다. 그렇게 성실하게 약을 복용한 지 1년이 시날 즈음에 늑막염 증세는 거의 사라졌고 마침내 주치의로부터 다 나았다는 판정을 받았다. 의사를 믿고 의사의 처방에 따라 참을성 있게 약을 잘 복용한 결과였다.

쌍둥이를 키워본 엄마들은 쌍둥이 육아가 얼마나 힘 드는 일인지 잘 안다. 특히 나처럼 별 도움 없이 거의 혼자서 기른 엄마들은 더욱 그럴

다. 언젠가 아침에 라디오방송을 듣는데 어느 쌍둥이엄마가 보낸 사연을 진행자가 읽고 있었다. 이 글을 보낸 엄마는 쌍둥이를 키우면서 겪은 애환을 재미있게 설명하면서 쌍둥이 육아가 얼마나 고된 일인지 자기는 미운 사람에게 욕을 하고 싶을 때 "쌍둥이나 낳아라." 하고 말한다는 것이다.

나는 늑막염까지 걸리면서 세 아이를 키우느라 고생이 심했지만 딸 셋이 다 장성해서 결혼을 하고 자녀를 낳아 키우는 것을 보면 늑막염 사건은 이제 아련한 추억이 되었다.

봉사활동

큰애가 초등학교에 취학함으로써 학부모가 됐다는 사실은 녹색어머니회 봉사활동에 참여하면서 더욱 실감났다. 매일 아침 아이들이 등교를 시작하는 시간에 맞춰 학교 부근 횡단보도에 나가 지각하는 아이가 길을 건널 때까지 녹색 깃발을 들고 안전 지킴이 역할을 하는 것은 즐거운 일이었다.

나는 큰애가 일원초등학교에 입학하고 2년 후에는 또 쌍둥이가 취학했기 때문에 거의 5년간 녹색어머니회 활동을 계속했다.

한 번은 유난히 추운 겨울이었다. 이날도 횡단보도에서 녹색 깃발을 들고 아이들이 안전하게 건너도록 하는데 발이 몹시 시려서 견디기가 어려울 정도였다. 억지로 참으면서 봉사활동을 마친 뒤 부리나케 집으로 돌아가는데 발이 얼어서 감각이 없었다. 그 바람에 얼어붙은 눈길에 '꽈당!' 하고 자빠졌다. 덩치도 작지 않은 부인네가 엉덩방아를 찧는 모습이 길을 가던 행인들에게 어떻게 비쳤을까 싶지만 웃음이 나오는 추억의 한 장면으로 남아 있다.

나의 봉사활동은 성당 레지오 조직에 들어가면서 본격적으로 시작됐다. 우리나라의 모든 성당은 레지오라는 신앙공동체 남녀 봉사 조직을 갖고 있다. 레지오라는 명칭은 '마리아의 군단(The Legion of Mary)'이라는 의미로 성모마리아의 지휘 아래 선행과 봉사를 수행하는 것이 목적이다. 일원동성당에는 남녀 레지오 팀이 여럿 있었는데 내가 참여했던 레지오 팀의 이름은 '하늘의 문'으로 모두 16명이 활동했다.

레지오 팀은 한 개 조직이 최대 12명의 신자로 구성하도록 되어 있으나 내가 단장을 맡았던 '하늘의 문' 레지오 단원들은 분단해서 다른 레지오로 옮기는 것을 싫어해 그냥 한 팀이 되어 레지오 봉사를 꽤 열심히 했다.

레지오 활동은 크게 성당 밖 봉사와 성당 안 봉사로 나눠 이뤄졌다. 우리 레지오 팀은 성당 밖 활동으로 노숙자 급식봉사, 성가정입양원 빨래봉사, 나 홀로 노인 방문봉사 등을 했다. 급식봉사는 일원동성당에서 가까운 가락동 농수산물시장 식당시설에서 노숙자 등 끼니 해결이 어려운 사람들에게 무료 점심을 제공하는 일이다. 급식봉사가 있는 날에는 레지오 단원들이 남편을 출근시키고 아이들이 등교하고 나면 집안 정리를 끝내자마자 성당에 모여 함께 급식 봉사를 하는 곳으로 갔다.

오전 10시 무렵부터 일을 분담해 200명 분량이 넘는 식사를 준비하느라고 바쁘게 움직였다. 자발적으로 하는 봉사활동인 만큼 모두 신바람 나게 일했다. 정말 즐겁게 했다. 나는 쌀을 씻고 밥 짓는 일을 맡아 대형 솥단지 3개에서 밥을 지어냈고 국을 조리하는 일을 맡은 단원들은 뜨거운 된장배춧국 등을 끓여 내놓았다.

반찬은 김치를 포함해 보통 두세 가지가 배식대에 올려졌다. 길게 줄을 지어서 배식을 받는 사람들에게 김이 무럭무럭 나는 밥과 뜨거운 국물을 퍼주고 몇 가지 반찬을 식판에 떠주는 일은 고단함보다는 보람과 행복을 주는 일이었다.

서울 성북동 숲속에 있는 성가정입양원은 미혼모들이 낳은 애기들을 입양되기 전까지 수녀님들이 맡아 돌보는 곳이다. 우리 레지오 단원들은 정해진 날에 입양원에 가서 빨래봉사를 했다. 40명 안팎의 아기들이 쏟아내는 헝겊 기저귀와 옷 이불 등을 대형 건조기에서 말려 내고 개서 정리하는 일을 주로 했다.

입양원 봉사를 다니면서 알게 된 한 가지 사실은 국내 가정에서 입양을 할 경우 뚜렷하게 여아를 선호한다는 것이다. 여자아이는 입양해 키워서 나중에 결혼을 시키면 홀가분하지만 남자아이의 경우는 그렇지 않을 수 있어서 입양을 기피하는 현상이 있는 것 같았다. 그래서 성가정입양원에서 돌보는 아이들은 늘 남아가 많은 상태였다. 국내 입양은 경제상황과도 연관이 깊어 경기가 나쁠 때는 입양도 줄어든다고 했다.

나 홀로 노인들을 찾아가 밥을 차려드리고 빨래도 해드리는 일을 한 것 중에 오래 기억에 남아 있는 것은 90세가 넘은 어머니와 70대의 딸이 같이 사는 할머니모녀가정 봉사활동이었다. 할머니모녀의 기구한 인생역정에 대해서는 자세히 알 수 없었지만 딸 할머니는 신혼 초에 신랑이 일본에 징용으로 끌려간 뒤 소식이 끊겼고 그것이 영영 이별이 되었다고 한다. 슬하에 자식을 둘 여유도 없이 남편을 징용 보냈다고 하니 그 한(恨)이 얼마나 깊었을까 생각하면 가슴이 아려왔다.

그런데 더욱 안타까운 것은 딸 할머니가 어머니 할머니를 두고 먼저 세상을 떠난 것이다. 딸 할머니는 암 투병을 하다 '불효막심하게도' 홀어머니를 남겨두고 한 많은 이승을 하직했다. 이렇게 되자 어머니 할머니는 "내가 너무 오래 살아 죄인"이라고 장탄식을 하면서 아파트 베란다로 나가 투신하려는 행동을 해 주위사람들이 진정시키느라 애를 먹기도 했다.

할머니는 자식을 먼저 보낸 슬픔이 컸던지 돌아가시기 얼마 전부터는 치매가 심해지면서 이웃집에 소음피해를 주는 행동까지 해 안타까움을 더했다.

우리 레지오 단원들은 성당 안의 봉사활동도 열심히 했다. 모든 남녀 레지오 단원들이 다 같이 하는 것이지만 성당 교우들이 돌아가시는 일이 생기면 빈소를 찾아가 연도(煉禱)를 자주 했다. 연도는 '위령(慰靈) 기도'를 말하는 것인데 돌아가신 분의 영혼이 연옥(煉獄)에 머무는 동안을 위해 기도하는 것이다. 연옥은 가톨릭교회에서 하느님의 나라로 완전히 들어가기 위해 영혼을 일시적으로 정화시키는 곳을 말한다.

연도는 빈소를 찾은 레지오 단원들이 두 개 조로 나뉘어 성서의 시편 구절을 창을 하듯 구성진 가락으로 서로 주고받으며 진행한다. 그런데 한 번은 우리 레지오 단원들이 연도를 갔을 때 새로 바뀐 연도 음정에 익숙지 않아 구성지게 읊는다는 것이 영 어색해지는 바람에 웃음이 터져 나올 뻔한 일이 있었다.

웃음을 참느라고 서로 무릎을 꼬집으면서 억지로 견디어냈지만 만일 이를 참지 못해 상가에서 웃음을 터뜨렸더라면 다른 조문객들로부터 무슨 소리를 들었을까 싶다.

성당 교우들의 봉사활동 중에서 비신자들에게까지 큰 감동을 주는 것은 돌아가신 분의 장례를 치러주는 '연령회'의 활동이다. 주로 나이 드신 교우들로 구성된 연령회는 신자의 임종에서부터 입관과 무덤 하관에 이르기까지 모든 장례 과정에 도움을 준다. 특히 연령회원들이 돌아가신 분의 몸을 씻기고 수의를 입히는 염(殮)을 한 뒤 입관하는 활동 과정을 지켜보면 엄숙해지면서 마음속에 큰 울림이 생기게 된다. 고인의 집안 형제나 가까운 친지들 가운데 바로 옆에서 이런 입관 예절을 보고 나서 감명을 받아 신자가 되는 일이 적지 않다.

우리 '하늘의 문' 레지오 단원들이 끈끈한 팀워크로 왕성하게 활동할 때 일원동성당이 성전을 새로 지으려고 신축 헌금을 한창 모금하고 있었다. 우리 단원들은 함께 모여 김장김치를 담그고 김밥과 빵을 만들어 성당 바자회에서 팔아 신축기금에 보태는 일도 꾸준하게 했다.

돌이켜보면 일원동성당 시절 레지오를 통해 성당 안팎에서 참 많은 봉사활동을 즐겁게 했던 것 같다. 평화방송이 신자들의 봉사활동을 소개하는 30분짜리 프로그램에 나를 출연시킨 것도 이때였다.

내가 15년간 일원동에서 살다가 홍은동으로 이사를 갈 무렵을 전후해 레지오 활동을 같이 했던 몇몇 단원들도 일원동을 떠나게 돼 '하늘의 문' 레지오에 많은 변화가 생겼다. 그렇지만 그때 함께 봉사활동을 하면서 서로 쌓은 정이 워낙 두터웠던 까닭에 옛날을 추억하면서 서로 교류하는 만남은 계속 이어지고 있다.

남편의 노조활동

"잠깐 일어나 봐요. 할 얘기가 있어요."

자정이 넘은 시각에 집에 들어와 안방에 이부자리를 펴고 막 누운 남편 옆으로 다가가서 일어나라고 했더니 왜 피곤한 사람을 귀찮게 하느냐는 표정으로 나를 쳐다봤다.

"걱정하지 말고 소신껏 해요. 회사에서 쫓겨나면 내가 콩나물장수라도 해서 먹여 살릴 테니까 하고 싶은 일 하세요."

갑작스런 나의 말에 남편은 잠시 멍한 표정을 짓더니 이내 뜻을 알아차리고는 '으응.' 하면서 웃음을 지었다.

"그래 고마워. 아니 뭐 그런 걱정이 전혀 없는 것은 아닌데 동아일보는 그렇게까지 억압적인 회사는 아닐 거야. 걱정하지 마. 하여튼 이해 잘 해줘서 고맙네."

남편은 동아일보노동조합 창립 준비 때문이었는지 몇 달째 밤늦게 귀가하는 날이 많았다. 나에게 무슨 귀띔을 해준 것이 없어서 처음에는 잘 모르고 있었으나 시간이 지나면서 노조 만드는 일을 하고 있다는 것을 눈치로 알게 되었다.

기자들의 노조 설립 운동은 1987년 '6.29 선언'에 의해 대통령직선제 실시가 천명되는 등 민주화 분위기가 고조되면서 탄력을 받는 상황이었다. 물론 타 직종에서도 그동안 억눌려왔던 노조 설립에 대한 열망이 봇물 터지듯 쏟아지고 있다고 남편은 설명해 주었다.

그렇지만 종전까지 노조 설립을 주도하는 사람들에게 유무형의 인사보복이 가해지는 경우가 많았던 탓에 노조 만드는 일에 적극적으로 나서는 것을 여전히 부담스러워 했다. 오랫동안 지속되어온 노조운동 억압 행태가 하루아침에 없어질 수 없다고 봤기 때문에 노조 설립에 앞장 서는 것에 대한 두려움이 여전했다는 것이다.

그런 이유로 KBS와 MBC 등 방송노조의 경우 초대 위원장을 허리층에 있는 기자나 PD 대신 그 밑의 후배들이 맡게 된 것 같다고 남편은 설명해주었다.

동아일보 노조는 약 3개월 동안의 공개적인 논의과정을 거쳐 1987년 11월에 설립신고를 마치고 출범했다. 어느 직장이든 거의 모든 노조는 은밀하게 설립을 추진하는 것이 상례처럼 돼 있으나 동아일보 기자들은 부차장과 국장 등 선배기자들이나 경영진이 갖고 있는 불안감을 되도록 해소하려는 뜻에서 공개적으로 노조 설립을 추진했다고 한다.

동아 노조 출범과 함께 남편은 초대 위원장을 맡았다. 편집국의 중심부서 역할을 하는 사회부의 허리 층에 해당하는 기자여서 노조 설립을 주도하는 일을 맡게 된 것 같았다. 남편은 당시 전두환 정권의 언론탄압을 비판하는 편집국기자 비상총회가 열릴 때마다 회의 진행을 맡았던 일로 노조 설립 움직임이 생겼을 때 자연스레 이를 수도하는 입장이 되었다고 했다.

정부를 비판하는 기사를 쓴 편집국 기자나 간부가 검찰 또는 안기부에 불려가 조사를 받는 사건이 발생하면 이를 규탄하는 기자 비상총회가 몇 차례 열렸다고 한다. 이때는 '6.29 선언'이 나오기도 전이어서 기자총회를 소집하는 것도 용기 있는 신문사가 할 수 있는 행동이었다는 남편의 설명을 듣고 나니 기자들이 느끼는 언론 탄압에 대한 압박감이 꽤 컸겠구나 하는 생각이 들었다.

동아일보 노조가 출범하자 전국에서 언론사 노조들이 속속 설립됐다. 타 언론사 기자들이 동아노조에 전화를 걸어와 노조 설립에 대해 자문하거나 지방에서 직접 찾아오는 일도 생기는 등 동아 노조가 언론노조운동을 확산시키는 데 중심 역할을 했다.

동아 노조 설립 이듬해인 1988년 4월 전국에 15개 언론노조가 생겼을 때 전국언론노조협의회(언노협)가 결성됐다. 15명의 노조위원장이 모인 회의에서 남편이 언노협 의장으로 선출됐다. 남편은 동아일보의 위상 때문에 자신이 의장으로 뽑힌 것이라면서 언노협은 임의단체로서 법적 단체인 전국언론노동조합연맹(언론노련)을 출범시키는 산파역을 해야 한다고 말했다.

언노협 결성 후 전국에서 언론노조가 계속 늘어나 조선일보 노조를 마지막으로 모두 52개 언론노조가 언노협에 참여했고 이것이 모태가 되어 8개월 뒤 법적 단체인 언론노련이 닻을 올리게 된다.

임의단체인 언노협이 활동을 시작하자 노조의 특성인 연대투쟁이 전개되어 남편은 지방으로 다니는 일이 잦아졌다. 한 언론노조가 사측과의 단체교섭이 결렬되어 파업에 들어가면 각 언론사 노조 간부들 수십 명이 함께 파업 현장으로 달려가 언노협 차원의 단체행동을 벌이는 것이다. 언노협 차원의 연대투쟁으로 거둔 대표적 성과는 부산일보 노조의 편집국장 직선제 관철이었다. 편집국장을 기자들이 투표로 결정하는 직선제의 폐해 유무를 따지는 것은 제쳐놓고 일단 정부여당 매체라는 이미지에 눌려 있던 부산일보는 이를 계기로 면모를 일신하고 부산경남의 대표신문으로 발돋움했다고 한다.

남편은 부산일보 노조의 파업이 계속되는 동안 1주일 이상을 그곳에서 같이 지냈다. 부산일보 노조의 편집국장 직선제 관철에 이어 상당수의 타 언론노조들은 편집국장 임명 동의제, 즉 경영진이 편집국장을 지명하되 평기자들의 과반수 동의를 얻도록 하는 장치를 단체협약에 명기하는 데 성공했다.

남편은 언노협 의장을 맡고 있는 동안 지방신문 노조의 파업은 물론 공중파방송의 파업사태에도 연대투쟁 차원의 지원활동을 다니느라 바쁜 모습이었다. 언노협은 단위 언론노조를 지원하는 이와 같은 활동을 계속하는 한편으로 법적 단체로 가기 위한 언론노련 실무추진위를 구성해 본격적인 준비 작업에 들어갔다. 학계 노동계 언론계 인사들이 발제 및 토론자로 참석하는 '언론노조 전개 방향에 관한 토론회'를 개최해 언론노조의 활동방향과 목표를 어떻게 설정할 것인지를 모색하기도 했다.

언노협은 1988년 11월 한국일보 강당에서 임시총회를 열고 언론노련 실무추진위가 마련한 전국언론노동조합연맹 결성에 관한 사항을 채택했다. 임의단체인 언노협이 모체가 되어 법적 단체인 언론노련 결성을 추진한 지 8개월 만에 모든 준비가 끝난 것이다.

언론노련 결성이 구체화되면서 자연히 초대 위원장을 누가 맡을 것이냐가 물밑에서 관심사항으로 떠오르기 시작했다. 남편은 언노협 의장으로 활동해왔기 때문에 당연하게 후보 중 한 명이 되었고 그밖에 두세 명이 뜻을 두고 있었다고 했다.

그런데 남편은 언론노련 초대 위원장을 맡는 것에 처음부터 마음이 없었던 모양이다. 언론노련이 출범하고 나면 기자로 돌아가겠다는 생각을 갖고 있었다. 자신은 이념적으로 개혁보수의 입장이어서 강경투쟁 일변도로 나갈 것이 쉽게 예상되는 언론노련의 활동이 맞지 않는다고 판단했다. 특히 남편은 노동운동을 발판 삼아 정치를 해보겠다는 생각은 더더욱 하지 않았기 때문에 언론노련 출범에 발을 담그지 않겠다는 생각을 진작 굳히고 있었다고 했다.

그렇다면 초대 위원장으로 누구를 추천할 것인가. 서울신문의 후배 노조위원장 밑에서 부위원장을 맡아 언노협의 연대투쟁에 적극 참여해온 권영길 선배가 자연스레 적임자로 떠올랐다고 남편은 기자로 복귀한 뒤 어느 날 나에게 말해주었다.

나이로는 남편보다 아홉 살이나 위인 권 선배는 서울신문 파리특파원을 마치고 귀국해 노조 부위원장 타이틀을 달고 활동했는데 이념성향을 떠나서 볼 때 인품이 좋고 리더십도 갖춘 분이라고 남편은 평가했다. 언론노련 출범을 앞두고 여기저기서 초대 위원장 선출 문제와 관련한 이런저런 움직임이 있던 어느 날 남편은 권 선배에게 차 한 잔 하자고 해 세종로 프레스센터 지하다방에 둘이 마주 앉게 되었다.

"권 선배, 언론노련을 맡아보실 생각이 있으신가요?"

"아 그거, 기회가 주어지면 내가 해보고 싶어요."

"그럼, 됐네요. 권 선배가 맡으시면 잘 될 거예요."

권 선배는 그해 11월 말에 공식 출범한 언론노련의 초대 위원장이 되었고 이후 민주노총 초대 위원장과 민주노동당 대표를 지냈다. 대통령선거에 세 차례 출마했고 창원 지역구에서 국회의원으로 두 차례 당선했다. 남편은 언노협이 해체된 뒤 몇 달 남아 있던 동아일보 노조위원장 2년 임기를 마치고 사회부기자로 복귀했다.

미국 연수와 자동차 여행

1990년 7월 말 한여름의 태양빛이 눈부시게 쏟아졌다. 비행기는 좌우로 은빛 날개를 흔들며 세인트루이스 공항으로 착륙을 시도했다. 길게 뻗은 미시시피 강과 미주리 강의 강줄기가 완만하게 굽이치며 합류하고 있었다.

입국 수속을 마치고 세관을 통과한 뒤 밖으로 나오자 조선일보 정해영 기자와 미주리대학에서 교육학박사를 받은 뒤 체류 중인 성덕기 씨가 반갑게 맞아준다. 정 기자는 남편과 같이 성곡언론재단의 미주리대학 저널리즘스쿨 연수생으로 선발돼 우리 가족보다 열흘 정도 먼저 미국에 와 있었다.

밴 차량 뒤쪽에 1년 연수기간 동안 세 아이를 데리고 사는 데 필요한 옷가지와 생필품 등을 잔뜩 우겨넣은 대형 여행용 가방 2개를 싣고 나서 차량에 오르자 잠깐 만에 공항을 빠져 나간다.

연수생활을 해야 할 캠퍼스타운 컬럼비아까지는 자동차로 2시간이 걸렸다. 한국의 고속도로와 같은 '프리웨이' I-70에 들어서자 폭넓은 잔디밭 분리대를 사이에 두고 좌우로 각각 2차선도로가 멀리 업다운(up-down)의 굴곡을 지으면서 한없이 길게 뻗어 있다. '미국 땅은 정말 넓구나.' 하는 감탄이 절로 나왔다.

나는 대표선수 시절 미국 서부 쪽으로 여러 차례 전지훈련을 다닌 적이 있지만 도시 안에서 체류하다 귀국하곤 했기 때문에 진짜 미국의 속살을 들여다볼 기회가 없었다. 미국의 고속도로를 프리웨이라고 부르는 것은 통행료를 받지 않기 때문이라는 것인데 미국의 광활한 국토를 프리웨이가 사통팔달로 연결하고 있어 미국은 과연 자동차의 나라라는 사실이 실감났다. 조수석에 앉아 있던 정 기자는 중국의 등소평이 미국을 방문했을 때 프리웨이가 거미줄처럼 깔려 있는 것을 보고 충격을 받았고 강대국 미국의 힘을 절감했다고 하더라는 얘기를 해주었다.

미국 연수는 어린 세 딸에게 일찍 넓은 세상을 보여주고 영어공부를 할 수 있는 기회를 갖게 해주었다. 세 아이가 다닌 초등학교는 공립이어서 단기 연수를 온 외국인 자녀에게도 내국인과 똑같이 무상교육을 받을 수 있게 해주었다. 점심 때 학생들이 먹는 학교 급식비는 2달러였으나 외국인 연수생 자녀는 유료급식의 예외에 해당한다면서 무료로 먹을 수 있게 해주어 세 딸은 1년간 공짜로 학교급식을 먹었다.

세 아이는 학교에 첫 등교해 3개월 정도가 지날 때까지는 꽤 스트레스를 받는 것 같았다. 한 학급이 20명 미만인 교실에서 말이 통하지 않는 미국 학생들과 어울려 공부를 한다는 것이 쉬운 일이 아니었을 터이다.

특히 1학년에 들어간 쌍둥이가 3학년 학급에 편성된 큰딸보다 긴장감이 더 심했던 모양으로 한 번은 쌍둥이 중 한 녀석이 새벽 4시경에 일어나 학교에 가겠다고 하는 일도 있었다. 얼마나 스트레스를 많이 느꼈으면 그랬을까 하니 마음이 아프기도 했다.

그러나 역시 아이들은 적응이 빨랐다. 한 달이 지나고 두 달이 지나면서 짧은 영어로 반 친구들과 소통을 하게 됐고 스트레스도 조금씩 해소되는 것 같았다.

그렇게 되는 데는 비영어권 지역에서 온 외국인 학생에 대한 학교

측의 배려가 도움이 되었다. 학교 정규수업이 끝나면 외국인 학생들을 위한 별도의 영어교실이 열렸다. 은퇴한 교사 출신 할머니 선생님이 자상하고 친절하게 영어를 가르치는 것이다. 우리 집 세 아이를 포함해서 주로 아시아 지역에서 온 10명 내외의 아이들이 영어수업을 받았는데 부모 입장에서는 학교에 얼마나 감사한 일인지 몰랐다.

특히 보이지 않는 배려는 담임선생이 미국인 학생 한 명에게 '특별임무'를 주어 외국인 학생과 가까운 친구가 되어주도록 하는 것이다. 나는 이 사실을 한참 지난 후에 알게 되었다. 큰애와 쌍둥이가 똑같이 자기 반에서 자신에게 아주 친절한 미국인 친구들이 한 명씩 있다고 얘기하는 것을 듣고 '아, 이것은 담임선생이 외국인 학생을 특별히 챙기는 방법이구나.' 하고 짐작할 수 있었다. 그러다가 쌍둥이의 학급 친구 한 명은 너무 친해져서 서로 자기 이불을 들고 집을 오가면서 하룻밤을 같이 지내는 일도 생겼다.

외국어 공부는 모방이고 흉내이기 때문에 체면 같은 것을 생각하지 않는 어린 아이들이 빨리 배운다는 말이 맞는 것 같았다. 세 아이는 한 학기를 끝내고 2학기에 들어서자 영어에 대한 두려움 없이 학교에 다니는 것으로 보였다. 그렇게 1년이 지나자 그동안 쌓은 영어공부가 토대가 되어 이제부터 빠른 속도로 영어를 배울 수 있는 시점이 되었다. 워밍업을 충분히 끝내고 100m 레이스 출발선에 섰다고 할까. 그러나 안타깝게도 이 시점에 귀국을 하게 되니 준비운동만 실컷 하고 끝내는 기분이었다.

실제로 경제부처 공무원 한 분이 미주리대학에서 2년 석사과정을 마치고 귀국할 무렵이 되었을 때 초등학교 5, 6학년인 두 아들을 한인

체육대회 때 마주칠 기회가 있었는데 깨끗한 영어를 구사하는 것을 보고 내심 놀랐다. 이분의 두 아들은 처음 1년간 영어의 기초를 잘 닦은 뒤 나머지 1년 동안 빠른 속도로 영어를 습득한 결과임을 보여주는 사례 같았다.

연수생활 1년 동안 틈나는 대로 세 아이를 데리고 미국의 전역으로 자동차 여행을 많이 했다. 미주리 주는 미국의 중서부에 위치하고 있어 미 대륙을 동서남북으로 다니기에 좋았다. 자동차는 주행거리 10만 마일을 기록하고 있는 중고 왜건 미국차를 3,000달러를 주고 구입했다. 왜건은 뒷좌석 등받이를 앞으로 젖히면 세 아이가 누워서 잘 수 있는 공간을 만들 수 있어 장거리여행을 하는 데 아주 좋았다.

하루에 평균 8시간 정도를 자동차로 이동하는데 승용차 뒷좌석에 세 아이를 앉혀 놓고 견디라고 한다면 온몸을 비틀고 난리를 치다 병이 날 것이 틀림없는 일이다.

자동차 여행을 할 때는 내가 운전을 도맡아서 했고 남편은 조수석에 앉아 지도를 보면서 길안내를 했다. 미국은 기본적으로 전국의 도로망이 잘 돼 있는 데다 운전자가 길을 찾아가는 데 필요한 지점마다 어김없이 도로 표지가 세워져 있고 지도가 정확해서 대도시 골목 안에 있는 모텔까지 남편의 길 안내로 문제없이 찾아다녔다.

자동차 여행을 위해 '트리플에이(AAA)'라고 부르는 미국자동차협회(American Automobile Association) 회원으로 가입하면 미국 지역을 여행할 때 필요한 모든 도로 지도와 모텔 맛집이 소개돼 있는 책자를 무료로 받을 수 있다. 여행 중 자동차가 고장 나면 무료 견인까지 해준다. 자동차 여행은 보통 1주일 안팎의 일정으로 다녔지만 미주리에

겨울이 찾아왔을 때는 추위를 피할 겸 따뜻한 플로리다로 여행을 떠나 보름이 걸린 적도 있다.

자동차 여행에 나서면 먼저 뒷좌석 등받이를 젖혀 놓아 아이들이 누울 수 있는 공간을 만든 뒤 한쪽 구석에 전기밥솥을 모셔 놓는다. 그리고 쌀을 비롯해 냄새가 강하지 않은 음식 위주로 반찬 몇 가지를 비축한다. 김치는 집에서는 먹지만 여행을 다닐 때는 갖고 다니지 않았다. 모텔 방에서 주로 저녁밥을 해먹을 때 김치를 꺼내놓고 먹으면 냄새가 배어 창문을 한참 열어놓아도 빠지지 않았다. 그래서 절인 반찬과 고추장 간장, 그리고 특히 김을 많이 갖고 다녔다.

아침은 모텔비에 포함돼 있는 경우가 보통이어서 넓지 않은 로비에 차려진 빵과 커피 우유 등으로 때운 뒤 다음 목적지로 향했다. 이동 중에 점심때가 되면 맥도널드나 버거킹을 찾아가 햄버거를 먹었다.

자동차 여행은 같은 기간 연수를 했던 조선일보 정해영 기자(서해네)와 방송광고공사 직원인 유완근 씨(영선이네), 김종량 씨(대웅이네) 등 모두 네 집이 함께 다녀오는 경우도 있었다. 이때는 이동 중에 공원으로 찾아들어가 설치돼 있는 식탁에 점심상을 차려놓고 여유 있게 고기를 구워먹기도 했다.

여행을 떠날 때 가장 신경이 쓰이는 첫 번째 일은 아이들이 도중에 병이 나면 어쩌나 하는 것이다. 또 하나는 자동차가 말썽을 부리지 말아줘야 하는 일이다. 다행히 아이들은 연수생활을 막 시작했을 때 동네의 나무 열매를 잘못 만졌다가 세 아이가 모두 얼굴이 퉁퉁 붓는 '포이즌아이비'에 걸려 병원치료를 받은 것을 제외하고는 아픈 일이 없이 건강하게 지내주었다.

그러나 자동차는 한 차례 애를 먹인 적이 있다. 10만 마일이나 달린 중고 왜건 차량을 샀기 때문에 여행을 떠나면 자동차가 고장이 나는 일이 생길까 봐 늘 신경이 쓰여서 출발하기 전에 서비스센터에 가서 점검을 받곤 했다. 그리고 집에 돌아오면 자동차 본네트를 툭툭 치면서 "수고했어." 하고 얘기하는 것을 잊지 않았다. 자동차가 생명이 없는 물체라고 해도 고맙다는 말을 해주는 것이 좋을 듯싶었다.

어디를 여행했을 때인지는 기억이 나지 않지만 자동차가 중간에 서 버렸다. 도로 옆 공간으로 차를 밀어놓고 '트리플에이(AAA)' 도움을 청하려고 하는데 미국인 차량 한 대가 옆에 와서 섰다. 그는 차에서 내리더니 "무엇이 문제냐? 뭘 도와주면 되느냐?"고 물었다. 연수생활을 하는 동안 겪기도 하고 다른 사람한테서 듣기도 했던 것이지만 미국인들은 길에서 자동차가 고장이 나 서 있을 때는 누군가는 가던 길을 멈추고 도와주려고 나타난다. 특히 가족이 여행을 하다 곤란한 상황에 처한 것을 보면 더 적극적으로 도와주려고 한다.

우리 가족은 미국인의 도움을 받아 차량을 가까운 도시지역의 서비스센터로 견인한 뒤 수리를 마치고 목적지로 떠날 수 있었다.

짧은 1년 동안 틈틈이 광활한 미 대륙을 여행하면서 아이들에게 역사의 현장을 보여주고 사계절이 공존하며 세계의 독특한 자연을 하나씩 골라서 모두 품고 있는 깃 같은 미국 전역의 명승지를 둘러본 것은 산교육의 소중한 기회였다는 점에서 너무나 감사한 일이었다.

가정 최대의 위기-①

청천벽력의 간암 판정

남편은 밤에 잠을 자면서 땀을 비 오듯 흘렸다.

베개가 흥건하게 젖었다. 마치 베개를 물에 담갔다가 꺼낸 것 같았다. 회사에 출근해 오전 일을 마치고 나서 점심을 먹으면 소화가 잘 안 된다고 했다. 몸이 노곤한 상태가 계속되어 오후 2시경 편집국 회의가 시작되기 전까지 의자에 기대어 늘어졌다. 전에는 없던 일이었다.

또 하나 이상한 일은 남편이 입는 흰 와이셔츠 오른쪽 상단에 퍼렇게 물이 드는 것이었다. 남편은 건강에 이상이 생긴 것을 감지했으나 병원에 가는 것을 계속 미뤘다. 내가 병원에 가보자고 재촉을 해도 사회부 일이 많고 바빠서 갈 시간이 없다고 피했다.

이때 애들 아빠는 사회부장을 맡은 지 1년이 됐을 무렵이었다. 전국부장(지방부장)을 2년간 한 뒤 사회부장으로 옮긴 것을 따진다면 사회부서장을 3년간 하고 있던 셈이다. 내가 옆에서 지켜보기에도 실제로 사회부 업무는 과중한 것 같았다. 편집국의 다른 부서도 바쁜 것은 마찬가지겠지만 업무 강도에 있어서 사회부서가 더 심하다는 느낌이었다.

남편은 매일 아침을 불안하게 맞았다. 주요 기사를 누락해 경쟁지에 '물 먹은 것'은 없나 해서다. 그리고 매일 밤늦게 귀가했다. 체질적으로 안 받는 술을 거의 매일 과음했고 담배를 하루에 한 갑반을 피웠다. 엄청난 스트레스에 시달렸다. 성격이 느긋하고 낙천적이지 못해서 남이 하나 느끼면 되는 스트레스를 남편은 두 배 이상 받으며 너무 자책을 하곤 했다. 옆에서 그러지 않아도 된다고 충고하지만 성격이어서 어쩔 수 없었다.

건강에 이상이 생긴 것을 감지하고 나서 한 달쯤 지났을 때 남편은 부국장으로 승진 발령을 받았다. 부국장은 편집국장의 참모 역할을 하는 자리이고 사회부장 정치부장 경제부장들처럼 일선 지휘관 책임을 맡고 있는 것이 아니어서 시간적으로나 심정적으로 여유가 생겼다.

이제는 병원에 안 가겠다는 핑계를 댈 수 없게 됨으로써 예약을 잡아 검진을 받게 됐다. 남편은 사회부장을 맡고 있을 때 사실은 병원에 가는 것이 겁이 나서 피했다고 털어놓았다. 출근을 조금 늦춰놓고 찾아간 병원은 일원동 집에서 가까운 대치동의 '이정균내과의원'이었다. 이정균 원장은 남편의 초등학교 동창으로 오랜 친구다.

이 원장은 소화가 잘 안 된다는 얘기를 듣고 청진기로 남편의 배와 등을 진찰해보더니 특별한 얘기 없이 위층에 가서 초음파검사를 받으라고 했다. 남편이 초음파검사를 받는 동안 나는 아래층 환자 대기실에서 초조한 마음으로 기다리고 있었다.

그런데 얼마 후 이 원장이 진찰실에서 나와 위층으로 올라가는 것이 보였다. 많은 환자들이 대기하고 있는 상태인데 진찰을 잠시 중단하고 이 원장이 초음파실로 올라가는 것을 목격하는 순간 불길한 예감이 들었다. 부원장을 맡고 있는 의사가 초음파검사를 했는데 이 원장이 다시 초음파를 보러 간다는 것은 이상이 발견됐다는 신호로밖에 볼 수 없었다.

초음파검사를 받고 난 남편과 대기실에서 기다리고 있는데 간호사가 "김종완 님과 보호자분, 진찰실로 들어가세요." 하고 호명을 했다.

이 원장은 진찰실 책상 위에 초음파로 찍은 사진들을 펼쳐놓고 있었다. 우리가 앉은 왼쪽에 사진 한 장이 별도로 있고 그 오른쪽에는 세로로 초음파사진 여러 장이 길게 이어져 놓여 있었다. 이 원장은 굳은 표정으로 사진을 보며 말문을 열었다.

"오른쪽에 있는 여러 장의 사진을 보세요. 모두 한가운데가 허옇게 나타나죠. 왼쪽 사진이 전체가 까맣게 보이는 것과 달라요."

"그럼 허옇게 보이는 사진들이 이 사람 초음파 찍은 거고 뭐가 잘못된 건가요?"

내가 초초함을 감추지 못하고 급하게 묻자 이 원장은 잠시 침묵을 지키다가 힘들게 답변을 했다.

"왼쪽의 까만 사진 한 장은 건강한 사람의 간을 찍은 거예요. 오른쪽 사진들 가운데가 허옇게 나타난 것은 종양을 의심하게 합니다. '시리어스(serious)'한 상태로 보여요."

남편이 청천벽력의 간암 판정을 받는 순간이었다.

이제 만 48세의 나이였다. 이 원장은 우리가 충격을 받을 것을 우려해 '간암'이라는 표현을 쓰지 않고 악성종양으로 판단되며 피검사를 해봐야 확진을 할 수 있으니 채혈을 하고 오후에 검사결과를 보자고 했다.

피검사 결과 수치가 기준치 이하면 허옇게 보이는 것이 물혹일 수도 있다고 했으나 그것은 그냥 해보는 말이라는 것을 누가 모르겠는가. 나는 이 원장에게서 종양으로 의심된다는 말을 듣는 순간 눈물이 수도꼭지 틀어놓듯 쏟아지려는 것을 온힘을 다해 억눌렀다. 남편은 아무 말도 못 하고 멍한 표정을 지었다.

이정균내과를 나섰을 때 2월 중순의 겨울 하늘은 파란 모습을 하고 분명히 개어 있었다. 그런데 남편은 병원 문을 나서는 순간 올려다본 하늘이 노랗게 보인다고 말했다. 남들이 '하늘이 노래진다.'는 말을 하는 것이 진짜 있는 일이라는 것을 깨닫게 됐다고 뇌까렸다.

나는 감정을 내비치지 않은 채 집으로 갔고 남편은 출근하기 위해 지하철역으로 향했다. 러시아워가 지나 조금 한산해진 지하철 3호선이 압구정역을 빠져나와 지상구간인 동호대교 옥수역을 향해 달려 들어갈 때 창밖으로 보이는 한강이 남편의 가슴을 아프게 찔러댔다고 했다.

'큰애는 고1이고 쌍둥이는 이제 중학교 2학년인데 이 아이들을 어떡해야 하지……?'

남편은 간암 진단을 받고 나자 세 아이들 걱정밖에 떠오르지 않았다고 했다. 마누라는 뒷전이었다고 한다. 모든 아버지들이 비슷한 상황에 처했을 때 자녀 걱정이 가장 앞서는 것은 마찬가지였을 테고 어쩌면 당연한 일이기도 할 것이다.

이날은 시어머니 기일이어서 나는 큰집에 가야 했다. 손위 형님들과 제사 음식을 만들던 중에 이 원장에게 전화를 걸어 피검사 결과를 확인했다. 지푸라기라도 잡는 심정으로 혹시나 수치가 기준 이하여서 암이 아니고 물혹으로 판정이 날 수는 없을까 했지만 역시 쓸데없는 공상에 시나시 않았다.

"피검사 수치가 5,800으로 나왔어요. 20 이하라야 물혹이 되는 건데……."

간암으로 확진됐다는 말을 듣는 순간 다리에 힘이 쭉 빠졌다. 이 원장은 피검사 결과 수치가 기준을 넘으면 5,800이든 5만 8,000이든 의

미에 차이가 없다면서 이제 서둘러 종합병원으로 가야 한다고 말했다. 나는 약간 소란한 분위기 속에서 부침개 등을 만드느라 바쁘게 손을 놀리는 손위 형님들에게 일단 내색을 하지 않았다.

전화 통화를 하고 나서 참담해진 기분을 더 암담하게 만드는 사실은 남편의 초음파 사진에서 나타난 종양의 위치가 간의 거의 한가운데인 것으로 판단돼 수술도 용이하지 않을 성싶다는 점이었다.

제사가 끝난 뒤 모두들 둘러앉아 제사상에 올렸던 음식으로 저녁을 먹는데 눈물이 또 떨어지려는 것을 힘들게 참아냈다. 남편은 그날따라 숙직이어서 제사에 참석하지 않아도 됐다. 큰집을 나와 택시를 타고 뒷좌석에 몸을 깊숙이 묻으니 무슨 비극영화 속 대사의 한 토막처럼 슬픔이 파도처럼 밀려왔다.

애들 아빠는 이제 길어야 1년 정도 살 수 있을지 모르겠고 그 전에 세상을 떠날지도 모른다. 나 혼자 세 아이를 키워서 대학에 보내고 결혼까지 시켜야 한다고 생각하니 기가 막혔다.

그러나 생각은 곧 반전했다. 내가 이렇게 주저앉을 수는 없다고 오기 같은 것이 솟아났다. 이럴수록 내가 더 강인해져야 하고 내가 중심을 잃지 말아야 한다. 청소년기에 고달픈 산동네의 삶을 이겨내고 긍정의 힘으로 국가대표의 꿈을 성취한 내가 절대로 무너질 수는 없다는 생각에 이르자 나도 모르게 주먹이 불끈 쥐어졌다.

간암 판정을 받은 다음 날 아침 아무 일도 없는 것처럼 세 아이에게 평소와 같이 아침을 차려주고 바쁘게 도시락을 싸주었다. 그러나 아이들은 우리 집에 무슨 큰일이 생겼다는 것을 하룻밤 사이에 무슨 육감처럼 느끼는 눈치였다. 아이들에게 가정이 최대의 위기를 맞은 이 충격적인 사실을 어떻게 설명해줘야 할지 고민이 앞섰다.

가정 최대의 위기-②

색전술 치료

저녁 설거지를 끝내고 나서 남편과 같이 거실에 있는 성모상 기도대 앞에 앉았다. 나는 오래 전부터 매일 잠자리에 들기 전에 성모님에게 5단 묵주기도를 바치는 습관을 가져왔다. 묵주는 구슬이나 나무 알 등을 열 개씩 구분해 다섯 마디로 엮어서 연결한 것으로 끝에는 십자가가 달려 있는 보편적이고 전통적인 기독교의 성물이다.

가톨릭신자들은 묵주 알을 하나씩 돌려가며 기도를 한다. '주님의 기도' '성모송' '영광송' 등을 암송하면서 예수님과 성모님의 행적을 묵상하고 생애를 체험해보는 것이다. 나는 방에 있는 아이들을 불러내 성모상 기도대 앞에 둘러앉도록 했다. 예사롭지 않은 분위기에 아이들은 긴장하는 얼굴이었다. 잠시 무거운 침묵이 흘렀다.

"너희들 이제부터 엄마가 하는 얘기를 잘 들어라. 사실은 아빠가 큰 병에 걸리셨다. 어제 병원에 갔다가 알게 됐어. 아빠는 앞으로 치료를 잘 받아서 회복하셔야 한다. 오늘부터 아빠도 묵주기도를 시작하실 거야. 너희들도 진심을 담아 열심히 기도해라. 기도의 힘으로 아빠의 병이 나을 수 있도록 해보자."

다음 날 아침 남편이 출근하고 세 아이가 등교하자 적막해진 집에 혼자 남았다. 애들 아빠가 자고 난 이불을 개는데 억누르고 있던 슬픔이 터져 나오는 것을 더 이상 참을 수 없었다. 그이의 베개를 가슴에 끌어안고 소리 내어 펑펑 울었다.

간암 진단을 받는 순간부터 남편 앞에서 의도적으로 꿋꿋하게 보이려고 억눌렀던 눈물이 폭발해 콧물과 뒤범벅이 되어 흘러내렸다. 어쩌면 이렇게 허망하게 이 사람을 보내야 한단 말인가. 아무도 없는 집안에서 한참동안 대성통곡을 하며 참았던 울음을 쏟아냈다.

그러나 어쩔 것이냐. 이 위기에 용기를 내서 맞닥뜨리지 않으면 안 된다. 이럴수록 마음을 굳건하게 먹자고 다짐했다. 의기소침하거나 불안에 떠는 표정을 내비치지 말자. 의연하게 대처하면서 할 수 있는 모든 치료를 다해보고 하느님에게 간절하게 기도하자. 그리고 결과를 지켜보는 거다.

이 사람이 일찍 세상을 떠나야 하는 것이라면 감내할 수밖에 없다. 남편의 죽음을 각오하는 마당에 내가 두려울 게 뭐가 있겠느냐는 생각이 들었다.

간암을 진단한 이정균 원장은 서울아산병원 소화기내과에 남편의 치료를 의뢰했다. 예약된 날에 찾아간 소화기내과의 대기실은 소화기 계통의 암환자와 보호자들로 붐볐다. 나도 이제 이들 틈에 들어가 암 투병에 나서는 남편의 간병을 위해 힘든 싸움을 시작해야 하는 것이다.

진찰실에 들어가사 의사는 1차 의료기관인 이정균내과에서 보낸 진료소견서를 훑어보고 나서 이것저것을 물은 뒤 CT를 찍어 간암의 상태를 확인해보자고 했다. 며칠 후 다시 만난 의사는 CT 판독 결과 종양의 크기는 6cm 정도이고 간의 거의 중심부에 위치하고 있는 데다 문맥(門脈) 일부를 덮고 있다고 설명했다.

종양은 한 개여서 그나마 다행이지만 지름이 6cm로 큰 편이었다. 그리고 문맥 일부를 걸치고 있어 암세포의 전이 위험성이 높은 상태였다. 문맥은 간과 내장기관의 혈액 순환로로 혈액을 내장으로부터 간까지 전달해주는 대정맥이다. 간으로 들어가는 가장 큰 혈관 위를 암세포가 덮고 있으니 언제 문맥을 타고 암세포가 퍼져 전이가 될지 모르는 상황이었다.

의사는 환자의 상태를 조심스럽게 설명해주는 것 같았지만 보호자가 듣기에는 그것만으로도 오금이 저려오는 것이었다.

소화기내과 담당의는 수술이 아닌 시술방법으로서 색전술 치료를 해보자고 했다. 색전술은 사타구니 밑을 지나는 대퇴부 동맥을 따고 내시경이 달린 가는 관을 넣어 간암 세포에 접근시킨 뒤 암세포가 자라도록 영양분을 공급하는 혈관에 항암제를 투사하여 '병참선'을 먼저 차단한 다음, 이어 간 조직에 손상을 주지 않으면서 암세포를 정면 공격하는 방법으로 항암제를 직접 쏴서 파괴하는 치료법이다.

색전술 치료 일정이 잡히자 남편은 회사에 병가를 냈고 미래가 어떻게 전개될지 모르는 불안 속의 암 투병은 본격적으로 시작됐다.

색전술은 방사선과 담당의가 시술했다. 수술포를 몇 겹으로 덮은 뒤 담당의가 현미경으로 들여다보며 약 2시간 동안 진행했다. 시술을 받고 침대에 누워 입원실로 돌아온 남편은 얼굴이 백지장처럼 하얗게 변한 상태에서 고통을 이겨내지 못해 신음을 토해내고 몸부림을 쳤다.

색전술은 암세포에 독한 항암제를 직접 쏘는 것이기 때문에 시술 후 간 부위를 바늘로 마구 찌르는 것 같은 통증이 있고 이틀 정도 심한 구토에 시달리게 된다는 설명을 미리 듣긴 했지만 남편의 심각한 상태를 보니 겁이 덜컥 났다.

 이러다가 정말 이 사람 가겠구나 하는 생각이 들었다. 색전술 치료를 받은 같은 병동의 다른 환자들이 화장실에 들어가 여기저기에서 구토를 하는 소리가 끊이지 않는 분위기는 공포감을 더 키웠다.

 며칠 후 남편은 일단 퇴원했다. 집에서 얼마간 요양을 한 뒤 다시 병원에 가서 CT를 찍었다. 색전술 시술 효과가 어떻게 나타났는지를 보기 위해서였다. CT 판독 결과가 나왔을 때 소화기내과 담당의를 만났다.

 "색전술 결과가 괜찮아요. 이거 보세요. 암세포가 깨져 나가고 있죠. 괴사가 진행되는 겁니다."

 담당의가 가리키는 CT 필름에는 암세포를 나타내는 둥그런 모양의 그림자 같은 것이 여러 조각으로 깨져 나가는 상태가 드러나 있었다. 담당의는 색전술 효과가 좋으니 3개월 후에 2차 색전술을 해보자고 했다. 보통은 6개월 간격을 두고 추가로 색전술을 하지만 남편은 효과가 괜찮으니 기간을 당겨서 해보는 것이 좋겠다는 의견이다.

 나는 처음 시도해본 색전술 결과가 좋다는 담당의사의 설명을 듣고 약간의 안도감을 느끼기는 했지만 효과가 아무리 좋다고 하더라도 공포의 암세포에 대한 근원적인 치료는 될 수 없는 한계가 있었다.

 나는 남편이 색전술 치료를 받기로 일정이 잡혔을 때 이 사실을 비로소 집안 식구들에게 처음 알렸다. 모두가 충격을 받은 반응을 나타내는 가운데 특히 신경외과 전문의인 남편의 큰조카가 많이 놀라는 모습이었다.

 강원도 철원에서 한양신경외과의원을 경영하고 있는 이훈경 원장은 학생 시절부터 막내 외삼촌인 남편을 무척 따르면서 좋아했다고 한다.

나이는 세 살 차이에 불과하지만 젊은 날의 그런 관계 때문인지 이 원장은 막내 외삼촌의 치료와 관련해 적극 조언하고 지원에 나섰다.

이 원장은 나와 둘이 있는 자리에서 색전술 치료 결과에 대해 설명을 듣고 나더니 "아니다."라고 머리를 내저으면서 안도해서는 안 된다고 말했다. 암세포는 공포 그 자체여서 근원적인 제거가 이루어져야 안심할 수 있는데 색전술 치료는 암세포를 괴사시켜 콩알만 하게 줄일 수 있기는 하지만 암세포는 그대로 살아 있다는 것이다.

남편은 색전술 치료를 받고 나서 회사에 출근을 시작했다. 병가를 낸 동안에 회사 내에도 중병에 걸린 사실이 자연스럽게 알려진 모양이었다. 나는 그 사이에 이훈경 원장의 권유에 따라 그의 의과대 은사인 어느 대학병원 외과과장을 찾아가 만났다. 색전술 치료 때 찍었던 CT 필름을 들고 갔다.

이 원장은 외과과장을 만나러 가기 전에 나에게 한 가지 당부를 했다. 말을 과격하게 하는 분이니 절대로 놀라지 말고 들으라는 것이다. 정말 그랬다. 독일에서 공부하고 왔다는 이 외과과장은 CT 필름을 보고 나더니 험한 말을 거침없이 퍼부었다.

"색전술 치료 한 번 했더니 좋아졌다고 좋아하지 마세요. 암 덩어리가 간의 문맥을 덮고 있는데 언제 암세포가 문맥을 타고 전신으로 퍼질지 몰라요. 당장 수술하도록 서두르세요. 그렇지 않으면 1년도 못 돼서 남편 장례 치르는 일이 생길 수 있습니다."

이 외과과장이 '장례'라는 표현까지 써서 놀라기는 했지만 나는 돌아오는 길에 기분이 나쁘거나 하지는 않았다. 오히려 실질적인 경고를 강력하게 해줌으로써 늦기 전에 수술을 받도록 해야겠다는 결심을 굳힐 수 있게 된 것이 고마웠다.

    그러나 남편이 수술을 하는 것에 너무 겁을 먹고 있는 것이 문제였다. 설득이 잘 안 되면 그냥 밀어붙일 수밖에 없다고 생각했다.

가정 최대의 위기-③

겁쟁이 남편

"수술을 받아야 해요. 색전술 치료효과가 좋아 암세포가 아무리 작아지더라도 언제 혈관을 타고 퍼질지 모른다고 하잖아요. 마음의 준비를 해요."

"수술하지 말고 그냥 색전술 치료를 더 받으면서 지켜보지 뭐."

"무슨 소리를 하고 있어요, 지금? 암세포가 언제 퍼져서 전이가 될지 모른다고 하잖아요. 1년 안에 갈 수도 있다는데……."

나는 순간적으로 화가 치밀어서 남편에게 마구 퍼부어댔다. 내가 운전하는 옆의 조수석에 늘어지듯 몸을 기대고 앉은 남편이 겁을 먹은 얼굴로 수술은 안 받겠다고 말하는 바람에 참을 수가 없었다. 남편이 색전술 치료를 받고 나서 회사에 출근을 시작하자 나는 매일 아침 세 아이들을 학교에 보내고 나서 동아일보 충정로 사옥까지 데려다주었다.

대학병원 외과과장한테서 험한 말로 경고를 듣고 온 다음 날 출근길에 수술 얘기를 꺼내자 예상대로 남편은 거부반응을 나타냈다. 마누라가 큰조카 이훈경 원장과 짜고 자신을 수술로 몰아넣고 있다는 식으로 오해까지 하는 것 같았다. 그래서 아이들을 혼내듯이 심하게 야단을 친 것이다.

환자 본인의 두려움을 이해하지 못하는 것은 아니었다.

여태껏 수술이라는 것을 해보지 않고 맹장수술을 한다고 해도 겁이 나는 판에 간 수술을 한다고 하니 공포심을 느끼는 것은 당연했다. 나도 사실 겁이 안 나는 것은 아니었다. 다만 성당의 레지오 봉사활동을 통해 암 투병하는 분들을 많이 보면서 암환자 치료에 관한 간접경험을 해봤기 때문에 남편의 수술문제에 대해 과감하게 결심을 할 수 있었다.

곁가지 얘기지만 레지오 봉사를 열심히 한 것이 거저 한 것은 아니었다는 생각이 들었고 성모님에게 감사했다.

남편은 내가 수술해야 한다고 강하게 몰아붙이자 절충안을 제시했다. 간암을 처음 진단한 이정균 원장의 의견을 들어보자고 했다. 이 원장은 남편의 경우 암세포가 간의 거의 한가운데에 위치하고 있어 수술이 어렵다고 말했었다. 남편은 이 원장의 이러한 판단도 있으니 겁나는 수술은 하지 않고 색전술 치료를 계속 받으면서 지내보자는 안이한 생각이었다.

그러나 나는 생각이 달랐다. 대학병원 외과과장을 만나고 난 후에는 의사들도 전공분야에 따라 환자 치료에 대한 접근 시각이 다를 수 있다는 것을 알게 되었다. 이정균 원장은 내과 전문의여서 색전술 시술에 더 무게를 두고 있는 것인지도 몰랐다. 지체 없이 다음 날 이 원장을 찾아가 만났다.

"그렇다면 서울아산병원 일반외과 과장인 이승규 선생님을 만나 보세요. 그분이 수술해볼 수 있겠다고 판단하면 수술을 받도록 해요."

남편은 수술이 가능하다면 해보라는 이 원장의 얘기를 듣고 나서야 더 이상 피할 수 없겠다고 생각했는지 마지못해 받아들였다. 물론 이것은 환자 입장인 우리 생각일 뿐이었고 실제로 수술이 가능한지 여부는 이승규 박사를 만나고 나서야 알 수 있는 일이었다.

이 박사는 그때 일반인들에게는 많이 알려져 있지 않았지만 의료계 내에서는 간암 수술의 최고 명의로 평가받고 있는 의사였다. 이 박사는 간 이식수술 분야에서 세계적으로도 대단한 명의로 주목받고 있었다. 흔한 말로 매스컴 타는 것을 사양하는 이 박사 본인의 겸손한 성격과 수술에만 몰두하는 직업정신 때문에 세상에 크게 드러나지 않고 있을 뿐이었다.

그런 만큼 예약하고 상당 기간 기다리는 일 없이 이 박사를 만나기는 쉽지 않았다. 그런데 묘한 일이었다. 같은 아파트에 살면서 가깝게 알고 지내던 '보경이 엄마'가 지름길을 열어주는 것이 아닌가. 남편의 암 투병 소식을 듣고 있던 터에 아산병원 사무직으로 근무하는 고향의 초등학교 남자 동창에게 이 사실을 얘기했더니 이승규 박사에게서 수술 가능 여부를 빨리 판단을 받아볼 수 있도록 도와주겠다고 했다는 것이다.

나는 보경이 엄마를 통해 전달받은 약속시간에 아산병원으로 가서 그 남자 직원을 만났고 안내를 받아 남편의 CT 필름을 들고 이 박사 외래진료실에 들어갈 수 있었다. 이 박사는 CT를 형광 불빛판에 대고 자세히 들여다보기 시작했다. 나는 뒤에 서서 이 박사의 뒷머리에 시선을 꽂고 '제발, 제발!' 하면서 두 손을 움켜쥐었다. 바로 그 순간이었다.

"수술해보죠. 성공 가능성은 30% 정도입니다. 그래도 색전술 하는 것보다는 나을 테니 수술을 해보기로 하죠."

'아, 성모님 감사합니다!' 하는 소리가 저절로 나올 뻔했다.

바리톤 목소리로 차분하게 설명해주는 이 박사의 말은 무한한 신뢰감을 주었다. 나는 진료실을 나서면서 '하느님이 무언가 인도해주시는구나.' 하는 느낌을 받았다. 생각지도 않게 보경이 엄마 고향 친구의 도움을 받아 수술 주치의를 빨리 만날 수 있었고 수술이 가능하다는 판단까지 듣게 되니 하느님이 남편을 버리시지는 않을 것 같다는 기대감이 생겼다.

집에 돌아와 남편에게 수술 상담 결과를 알려줬으나 성공 확률이 30% 정도라는 말은 해주지 않았다. 겁을 잔뜩 먹고 있으니 안 해주는 것이 좋겠다는 판단에서였다.

서울아산병원 일반외과에 입원하게 되자 소화기내과에서 2차 색전술 치료를 받기로 했던 것은 자동 취소됐다. 외과병동에 들어가 보니 주변 환자들은 모두 암환자였다. 암 투병 중인 사람들이 이렇게 많구나 하고 새삼 놀랐다.

2인실에 들어가 환자복으로 갈아입고 침대에 올라앉은 남편은 창밖 멀리 내다보이는 한강 위로 지하철 2호선이 달리는 모습을 물끄러미 바라보았다. 강변역과 잠실나루역 구간을 달리는 지하철을 보니 '내가 다시 저 지하철을 타고 한강을 건너볼 수 있을까' 하는 생각이 들었고 비감한 심정에 젖게 되더라는 것이다.

입원하자 잠시 후 수련의가 찾아와 남편의 부모 형제 가운데 암 관련 병력이 있는지를 조사했다. 암 발병은 집안의 병력과 상당한 관계가 있다는 점 때문에 이를 파악하려는 것 같았다. 다행스럽게 시부모와 형제 누구도 간암 투병을 한 적이 없었다. 남편의 발병은 일 스트레스와 과로 과음 흡연 등 후천적인 요인에 의한 것임이 틀림없어 보였다.

외과병동에 입원한 다음 날 위와 식도 내시경 검사를 받았다. 이날 저녁 큰조카 이훈경 원장 부부가 철원에서 찾아왔다. 조카며느리는 산부인과 전문의로 이들은 의사 부부다. 조카며느리는 위와 식도 내시경 검사에서 이상이 없다는 결과가 나온 것을 보고 암세포가 다른 장기로 전이되지 않았다는 의미라면서 다행이라고 말했다.

남편은 외과병동에 입원하고 나서도 여전히 수술에 겁을 먹고 있었다. 그러다가 어떤 기회에 병실을 자주 찾아와 상태를 체크하던 의사에게 한 마디 얘기를 듣고 나서는 수술을 받는 것에 대해 더 이상 아무런 토를 달지 않았다.

"의사가 수술할 수 있다고 판정해주는 것만으로도 큰 복인 줄 아세요. 수술 받고 싶어도 몸 상태가 수술 조건을 갖추지 못해 애를 태우는 입원환자들이 많습니다."

실제로 남편은 같은 외과병동에 입원해 있는 환자들과 복도에 둘러서서 동병상련(同病相憐)의 대화를 주고받던 중에 빨리 수술을 받아야 하는데 몸 상태가 되지 않아 속상해 하는 환자의 하소연을 들었다.

"이번에도 수술을 또 못 받게 됐어요, 몇 가지 수술 전 사전검사를 다 통과했는데 한 가지 검사결과가 나쁘게 나왔다고 또 기다리라고 하네요. 이미 몇 번 수술 날짜를 잡았다가 연기가 됐는데……."

남편은 이제 더 이상 수술에 대해 겁을 먹거나 불안해하는 모습은 보이지 않았다. 수술을 잘 받아야 한다는 의지를 다지는 것 같았다. 앞으로 수술 전 검사를 모두 통과하고 드디어 수술을 받았을 때 그 결과는 어떻게 나올 것인가.

나는 누구도 장담할 수 없는 결과에 대해 매달리려고 하지 않았다. 수술하는 의료진의 손에 하느님의 자비와 은총이 내려와 수술이 잘 이루어지도록 기도하면서 진인사대천명(盡人事待天命)의 심정으로 기다릴 뿐이었다.

가정 최대의 위기-④

"누군데 이렇게 시끄러우냐?"

남편이 간암 판정을 받은 다음 날 저녁 성모상 기도대 앞에 세 딸을 불러놓고, "오늘부터 아빠를 위해 열심히 기도하자."고 당부한 뒤 그날부터 내가 평소 해오던 묵주기도를 남편도 함께 하도록 했다.

묵주기도는 예수님과 성모님의 행적을 묵상하며 생애를 체험해보는 것으로 기도 중에 "저희를 지켜주시고 어려울 때 저희가 드리는 간절한 기도를 물리치지 마소서." 하고 간구한다.

남편은 생사의 기로에 서는 비상상황을 맞게 되자 정말 진지하게 하느님에게 매달리는 모습으로 묵주기도를 열심히 했다. 누구나 중병에 걸리면 그렇듯이 남편도 하느님을 간절하게 찾기 시작했다.

나는 중학교 2학년 때 금호동성당에서 영세를 받고 천주교 신자가 된 이후 기도를 생활화해왔다. 무학여고 시절 학교체육관에서 밤늦게까지 개인연습을 한 뒤 귀갓길에 가로등 하나 없는 컴컴한 금호동 산동네 길을 오를 때는 '죽음이 그늘진 골짜기를 간다 해도 주 함께 계시오니 무서울 것 없나이다.'라는 성서 시편 23장 4절을 암송하며 두려움을 이겨내기도 했다.

돌이켜보면 나는 청소년기에 참 어렵게 생활했다. 전깃불도 제대로 들어오지 않는 산동네 단칸방에서 살았지만 나는 힘들고 서러운 일이 생길 때마다 기도하면서 이겨내려고 했다. 그런 습관이 자연스레 몸에 배면서 성격도 긍정적이고 낙천적으로 형성된 것이 아닌가 싶다. 어쨌든 신앙에 의지하면서 오직 국가대표 선수의 꿈을 향해 달려 나갔던 것이 어려운 환경을 극복할 수 있는 버팀목이 돼주었던 것 같다.

나는 대표선수가 되어 태릉선수촌에서 생활할 때도 매일 밤 기도를 하고 나서 잠자리에 들었다. 이런 모습이 좋아 보였던지 같이 대표선수를 했던 홍혜란 홍영순 차양숙 등 여러 후배들이 천주교 신자가 되었다. 그때마다 나에게 대모(代母)를 서줄 것을 부탁해 영세 받는 날 성당에 같이 가서 후견인이 되어 주었다.

가톨릭에서 세례성사를 받는 여자 신자는 대모, 남자 신자는 대부(代父)가 있어서 이들이 신앙생활을 잘할 수 있도록 후견인이 되어주겠다는 약속을 해야 한다. 남편은 대표선수 후배 여러 명이 영세를 받은 얘기를 듣고 나더니 "그렇게 전도를 많이 했으니 하느님이 이뻐하시겠다."고 한 마디를 하곤 했다. 사실 나는 농구 후배들 외에도 주위 사람들의 부탁을 받고 대모를 많이 서 주었다.

남편의 암 투병 사실이 알려지면서 집안 형제들은 물론이고 주위의 친지들이 성심으로 기도를 해주기 시작했다. 불교신자인 아이들 큰아버지는 염주 알을 굴리시면서 막내 동생이 간암을 이겨내도록 빌어주셨고 개신교 신자인 큰고모와 천주교 신자인 작은고모도 정말 간절히 기도해주었다. 큰고모는 "내 기도발이 세기 때문에 하나님이 꼭 들어주실 것"이라고 말하기도 했고 작은고모는 "막내오빠의 영이 맑아서 좋은 결과가 있을 것"이라며 위로해주었다.

일원동성당 레지오 단원들은 물론이고 친교가 있는 다른 교우들도 남편을 위해 많은 기도를 올려주었다. 특히 김용화(바오로) 일원동성당 주임신부님은 남편이 수술을 받기 위해 입원하러 가는 날 평일미사에 참석했을 때 강론 중에 "김종완 스테파노가 수술을 잘 받고 건강을 회복할 수 있도록 기원합시다." 하고 말씀하시는 바람에 나는 왈칵 눈물을 쏟아냈다.

그런데 김 신부님은 수년 후 다른 성당 주임신부로 옮겨 사목활동을 하시던 중 신자들과 지방으로 성지순례에 나섰다가 뇌출혈로 쓰러져 12년간 의식불명 상태로 투병하셨다. 그리고 2018년 2월 묘하게도 자신이 사제서품을 받으신 바로 그날 61세를 일기로 선종하셨다. 남편과 같이 명동성당에서 거행된 영결식에 참석해 한창 나이에 오랜 시간 '침묵의 병환'으로 누워 계시다가 하느님의 품으로 떠나신 김 신부님의 명복을 빌었다.

친지들 중에는 간암이 너무 위중한 중병이라는 사실 때문인지 위로전화를 해놓고서도 처음엔 적당한 말을 찾지 못해 난처해하는 경우가 꽤 있었다. 이럴 때마다 나는 오히려 씩씩한 목소리로 환자의 상태를 자세하게 설명해주고 기도를 많이 해달라고 부탁했다.

남편이 간암에 걸린 것을 일부러 소문낼 일은 아니었지만 소식을 전해 듣고 전화를 해주는 친지들에게는 편하게 들을 수 있게 모두 얘기해주고 감사의 뜻과 함께 기도해줄 것을 빼놓지 않고 부탁했다. 기도는 해외에서도 많이 날려주었다. 해외에 있는 남편의 친구들이나 신문사 후배들, 그리고 나의 친지들도 소식을 듣고 기도를 세게 올려주겠다고 위로전화를 해주었다.

국내는 말할 것도 없고 세계 곳곳에서도 기도를 하늘로 쏴대니 하느님이 "도대체 어떤 녀석인데 이렇게 시끄럽게 난리를 피우느냐?"고 하실 법하지 않았을까 싶다. 나는 간암판정이 떨어진 다음 날 아침 남편이 자고 나간 베개를 끌어안고 대성통곡을 하고 난 뒤 단단히 각오를 했다. 남편이 세상을 일찍 떠날 수도 있다는 것을 인정하고 나니 주저할 것도 없고 무서울 것도 없었다. 주위 사람들에게 위축된 모습을 보이지 않고 의연하게 행동하면서 진심을 담아 하느님에게 기도하고 결과를 기다리겠다는 생각뿐이었다.

그런데 실제로 기도의 효과는 얼마나 있을까.

기도의 효과에 대해 실험해본 결과를 신문에서 읽은 적이 있는데 1988년 샌프란시스코 의대의 랜돌프 버드라는 교수가 실험한 내용이었다. 심장 발작을 일으킨 적이 있거나 증상이 있는 393명의 환자를 두 그룹으로 나눠 A그룹은 기도를 받도록 했고 나머지 B그룹은 전혀 기도를 해주지 않도록 했다. 환자 당사자들에게 이 사실은 비밀에 부쳐놓았으며 기도를 받는 A그룹 환자들의 간단한 인적 사항만 기도해주는 사람들에게 알려주고 실험을 진행했다.

결과는 미국의 주요 방송과 신문이 상세하게 보도할 정도로 놀라운 것이었다. 기도를 받은 A그룹에서는 사망자가 훨씬 적게 나왔고 독성이 강한 약을 써야 하는 경우도 현저히 낮았으며 생명 유지 장치를 부착한 사람은 한 명도 없었다는 것이다. 기도는 지구 반대편에서 해주더라도 거리에 상관없이 효과에는 차이가 없었다고 한다.

이런 실험의 결과를 신앙의 효과로 직접 연결시키는 것은 무리한 일이겠지만 기도는 물리적 법칙을 뛰어넘는 어떤 힘과 효과를 갖고 있다는 믿음으로 기도생활을 잘하는 것이 실제로 중요한 일이 아닐까 한다.

서울아산병원 외과병동에 입원하는 날 아침 일원동성당 평일미사에 참석해 주임신부님의 기도까지 받고 나서 남편을 태우고 병원으로 향했다. 올림픽공원 부근을 지날 때 도로변에 길게 이어져 있는 가로수 은행나무들은 이제 막 움트는 기운을 느끼게 했다. 4월 중순이었다. 남편은 스쳐가는 은행나무들을 보면서 '은행잎이 파랗게 나왔을 때 내가 이 길을 다시 지날 수 있을까.' 하고 생각하는 듯한 표정으로 차창 밖을 바라보았다.

발병 사실을 처음 알고 나서 아산병원 소화기내과에 입원해 색전술 치료를 한 차례 받고 난 뒤 아예 수술을 받기 위해 외과병동에 입원하게 되자 나의 하루 24시간은 남편의 간병에 올 인하게 되었다. 아침에 세 아이를 등교시키고 나서 청소와 빨래 등을 해놓고 나면 병원으로 향했고 아이들이 학교에서 돌아올 즈음에 다시 집으로 가서 저녁을 차려주고 나서 또 병원으로 향했다.

오전 오후에 병원에 갈 때마다 열심히 남편을 위한 음식을 싸들고 다녔다. 병원에서 식사가 나오지만 수술을 잘 받으려면 환자의 체력이 좋아야 한다는 생각 때문에 집에서 좋은 음식을 만들어 갔다.

하루가 어떻게 지나가는지 모르게 지나가는 상황이었지만 일원동 집과 아산병원이 멀지 않은 거리여서 다행이었다. 나는 밤늦게까지 남편의 입원실에 함께 있다가 묵주기도를 같이 마친 뒤에야 귀가했다. 그리고 다음 날 아침 6시에는 일원동성당에서 혼자 새벽기도를 드리는 일을 빼놓지 않았다.

"주님, 의료진의 손에 은총과 자비를 내려주시어 남편이 최상의 수술을 받을 수 있도록 도와주소서!"

나의 기도는 끊임없이 계속되었다.

가정 최대의 위기-⑤

70시간 같았던 7시간의 수술

중앙수술실 입구 앞 보호자 대기실 벽에 걸린 시계가 오후 4시를 가리켰다. 코를 통해 위 속으로 들어가는 줄을 꽂고 이동침대에 실려 남편이 수술실로 사라진 지 2시간이 흐른 시점이었다. 나는 '시간아, 어서 더 빨리 지나라.' 하고 묵주기도를 계속하면서 환자의 수술 종료와 회복실 이동 여부를 노란색 불빛으로 표시하는 전광판을 연신 쳐다봤다.

행여 이 시간에 '김종완 환자' 상태에 대해 언급하는 무슨 사인이라도 나오면 '모든 것은 끝난다.'는 생각에 긴장감은 최고조에 달했다.

수술의 첫 고비는 수술 2시간이 경과했을 때라고 전날 보호자 서약서를 받으러 온 의사로부터 들었다. 복부를 열었을 때 CT 판독결과와 달리 암세포가 다른 장기에 전이된 것으로 드러난다면 개복했던 배를 다시 덮고 수술을 중단하게 되는데 수술 2시간쯤이 지났을 때 일어날 수 있는 일이라는 것이었다. 그런 '마(魔)의 2시간'이 지나는 순간인 만큼 전광판을 쳐다보는 것 자체가 공포였고 가슴은 계속 쿵쾅거렸.

'2시간이여, 어서 빨리 지나가 다오!'

수술 일정은 아산병원 외과병동에 입원한 지 한 달쯤 지났을 때 잡혔다. 언제 수술을 하는 것인지 궁금증이 커지고 있을 즈음에 아침 회진을 온 주치의 이승규 박사가 수술 준비에 대해 처음 언급을 했다.

"색전술 치료를 한 번 더 해보고 나서 수술에 들어가도록 하지요."

세 아이를 등교시키고 집안일을 처리하고 난 뒤 서둘러서 병원으로 갔더니 아침 회진 때 이 박사가 수술 얘기를 하면서 그 전에 색전술 치료를 한 번 더 해보는 것이 좋겠다고 말했다는 것이다. 소화기내과 병동에 입원했을 때 처음 받았던 색전술 치료 효과가 좋아 지름 6cm 크기의 암세포가 많이 괴사했는데 색전술을 한 번 더 해서 종양 크기를 최소한으로 줄여 놓고 절제 수술에 들어가겠다는 뜻이었다.

주치의가 수술 일정에 대해 언급하고 난 뒤 수술을 위한 몇 가지 사전검사가 진행되자 긴장감이 높아지기 시작했다. 사전검사에서 수술하는 데 문제가 없다는 결과가 나와야 예정대로 수술을 받을 수 있기 때문에 수험생이 조마조마한 심정으로 예비시험을 치르는 것 같았다.

사전검사는 혈액검사 심전도검사 등을 거쳐 마지막으로 마취반응검사를 통과해야 외과의가 집도를 할 수 있다. 수술환자가 마취를 했다가 수술 후 깨어나지 못하는 경우가 아주 드물기는 하지만 발생할 수 있는 일이어서 마취과 의사가 '오케이' 사인을 내야 외과의가 수술에 착수할 수 있다고 했다.

그런데 남편의 경우는 통상적인 사전검사 외에 색전술 치료를 한 번 더 해서 그 결과를 보고 수술에 들어간다는 것이 주치의 판단이어서 색진술 효과가 어떻게 나올시에 내해 신상할 수밖에 없었다. 만일 색전술 치료를 추가로 했는데도 암세포 크기가 더 줄지 않는 것으로 나타날 때는 간을 절제하는 수술 계획이 미뤄질지도 모르는 일이었다.

색전술 치료를 받기 위해 남편이 방사선과 시술실로 들어가고 나는 밖에서 초조하게 기다렸다. 방사선과 전문의는 소화기내과 병동에 입원해 처음 색전술을 했을 때 시술했던 그 의사였다. 그런데 2시간 정도 걸릴 것으로 예상했던 것과 달리 남편은 시술실에서 빨리 나와 이동침대에 실려 입원실로 돌아왔다. 어떻게 된 일인가 하고 궁금해 하고 있을 때 철원에서 남편의 큰조카 이훈경 원장이 상기된 목소리로 전화를 걸어왔다.

"외숙모, 좋은 소식이에요. 외삼촌 색전술 치료를 한 의사에게서 연락이 왔는데 상태가 아주 양호해서 색전술 치료를 더 안 해도 된다고 해요. 간 수술을 하는 데도 문제가 없겠다고 합니다. 이제 수술이 잘 되기만을 빌면 되겠어요."

방사선과 전문의는 이 원장과 같은 대학병원에서 일한 인연이 있던 참에 이 원장의 외삼촌이 수술을 받게 됐다는 얘기를 전해 듣고 남편을 관심 있게 지켜본 모양이었다. 나는 이 원장과 전화 통화가 끝나자마자 입원실에 기운 없이 누워 있는 남편에게 통화내용을 알려주었다.

"그래, 그게 정말이야? 아 감사해. 너무 감사하다. 너무 감사해."

남편은 언제 그랬냐는 듯 기운 찬 목소리로 웃음을 지으면서 성모님한테서 무언가 은총을 받고 있는 느낌이라고 말했다. 물론 이런 느낌은 나도 마찬가지였다. 정말 이제는 수술을 잘 받는 일만 남아 있었.

'마의 수술 2시간'이 불안감 속에 마침내 지나가고 수술이 3시간을 넘어서 소요 예정시간인 7시간을 향해 흘러가고 있었다. 그러나 수술 종료 예정시간인 밤 9시가 다가오는데도 전광판에는 아무런 사인이 뜰 기미를 보이지 않고 있었다. 초조함 속에 7시간이 70시간처럼 한없이 길게 느껴졌다. 다른 수술환자들의 종료나 회복실 이동 사인 등은 나오고 있는데 이 사람 소식은 여전히 기척이 없었다.

혹시 마취에서 깨어나지 못하고 있는 것은 아닌가? 또 다시 불안감이 일기 시작하는 바로 그때 '김종완 환자 회복실'이라는 노란색 사인이 전광판에 환하게 뜨는 것이 아닌가.

'오 하느님 감사합니다. 너무 감사합니다.'

나도 모르게 감사의 눈물이 주르르 흘러내렸다.

수술이 끝난 뒤 회복실에서 30여 분을 머문 남편이 드디어 침대에 실려 수술실 밖으로 모습을 드러냈다. 얼굴에는 코 줄이 끼워져 있고 머리 위에서 인공혈액을 비롯한 여러 개의 비닐 주머니와 약병에 매달린 줄들이 무슨 연줄 걸리듯 정신없이 내려와 환자의 목 팔 가슴 등 여러 곳에 꽂혀 있었다. 공상과학영화(SF)에서 과학자들이 초능력인간을 탄생시키기 위해 여기저기에 복잡하게 줄을 연결시켜 놓고 수술하는 장면을 연상케 할 정도였다.

침대에 실려 중환자실로 옮겨지는 남편을 따라가며 "의정 아빠, 나 알아보겠어요?" 하고 연방 물었으나 아무런 반응을 보이지 않았다.

나중에 남편이 안정을 찾은 뒤에 물어보니 내가 소리치는 것을 어렴풋이 귓가로 들었다고 한다. 나는 딸아이들이 혹시 충격을 받을 것을 우려해 수술실에 오지 못하게 했다. 대기실에서 수술시간 내내 같이 기도해주던 큰형님과 성당 교우들, 그리고 남편의 지인 몇 분이 찾아와 수술실을 나오는 남편을 지켜보면서 성공적인 수술을 기원해주었다.

중환자실 안에는 별도의 무균실이 설치돼 있었다. 남편은 간암 수술 한자여서 무균실에 들어갔다. 이곳에 들어간 직후부터 간호사가 가래를 뱉지 않는다고 야단을 치고 숨을 들이쉬는 훈련을 계속하라고 매몰차게 몰아세우는 통에 무척 힘이 들었다고 했다.

수술하는 동안 폐가 수축됐기 때문에 폐 속에 가래가 쌓이지 않도록 뱉어내야 하고 기구를 이용해 숨을 들이쉬는 훈련을 반복해야 폐 기능을 정상화시킬 수 있다는 것이다. 남편은 간호사가 닦달하는 이유는 알고 있었지만 숨 쉬는 것도 힘 드는 판에 인정사정없이 몰아붙이니까 밉기만 했다고 말했다.

남편이 중환자실에 있는 동안 주치의 이승규 박사의 수술 팀에 참여했던 한 의사가 "절제수술이 깨끗하게 잘 됐다."고 나에게 귀띔을 해주었다. 간병하는 동안 낯이 익었던 이 의사는 칼질을 여러 번 하는 일 없이 단 한 번에 깔끔하게 수술이 이뤄졌다고 말했다.

나는 수술을 앞둔 어느 날 병원에서 남편에게 간식으로 줄 삶은 밤을 까고 있었는데 밤알 하나가 귀퉁이가 썩어 있었다. 이 부분을 칼로 도려내는데 깔끔하게 떼어져 나오는 것이 아닌가. 뭔가 수술이 잘 될 것 같은 기대감을 갖게 됐는데 정말 절제수술이 깨끗하게 됐다는 의사의 말을 듣게 된 것이다. 남편은 중환자실 무균방에서 이틀 밤을 지낸 뒤 일반병실로 옮겨졌다. 수술이 잘 된 결과 빨리 중환자실을 벗어난 것이다.

주치의 이 박사가 일반병실로 회진을 왔을 때 간의 40%를 잘라냈으며 수술이 잘 됐다고 말했다. 이 박사는 가식 없는 겸손함이 몸에 배어 있는 의사였고 바리톤 목소리의 차분한 설명이 환자 가족에게 무한한 신뢰감을 주는 분이다.

남편은 "대단한 명의가 어떻게 저렇게 자신을 낮추면서 친절한지 모르겠다."고 여러 차례 말하곤 했다.

'하느님, 이 박사 수술 팀의 손길에 은총과 자비를 내려주시어 생명

의 은인이 되도록 해주신 은혜에 깊이 감사드립니다. 아멘.'

남편은 퇴원 후 3, 4개월마다 이상 여부를 검사하기 위해 서울아산병원에 다니고 있다. 정기검사일이 다가오면 긴장감이 생겨서인지 간 있는 쪽이 공연히 쑤시는 것 같다고 불안감을 털어놓곤 한다.

처음 간암 판정을 받은 다음 날부터 하루도 빠짐없이 20년이 넘도록 매일 밤 5단 묵주기도를 해오고 있는 남편에 대해 성모님이 기특하게 생각하시는 것 같다.

제4부
다시 농구장으로

22년 만의 귀환

은퇴한 지 22년 만에 농구장에 다시 돌아왔을 때는 프로시대가 열려 있었다. 큰딸이 대학생이 되고 2년 후 쌍둥이까지 대학에 진학한 2002년 여름이었다.

남자농구보다 1년 늦게 1998년 7월 프로시대를 연 한국여자농구연맹(WKBL)의 경기감독관으로 참여해 은퇴한 농구인으로서의 활동을 본격적으로 시작했다. 경기감독관은 경기장 설비 및 부대시설 점검을 비롯해서 경기 운영 전반을 관리 감독하는 것이 임무로 감독관 활동을 하고 있던 후배 여러 명과 함께 돌아가며 며칠에 한 번 꼴로 경기장에 나갔다.

우리나라의 프로스포츠는 1982년 프로야구의 출범을 계기로 막이 올랐다. 1987년에는 프로축구가 시작됐고, 10년 후인 1997년에 남자농구가 프로시대를 선언했다. 이듬해 여자프로농구가 뒤따랐으며 남녀배구는 2005년부터 프로시대를 열었다.

특히 여자농구가 프로시대에 들어간 1998년은 프로골퍼 박세리가 LPGA챔피언십과 US여자오픈에서 우승을 차지해 IMF 사태로 실의에 빠진 국민들에게 희망과 용기를 불어넣어 주었던 일로 유명하다. 박세리가 US오픈에서 맨발로 연못에 들어가 공을 걷어 올리며 우승하던 장면은 많은 사람들의 뇌리에 감동으로 오래도록 남아 있다. 박세리는 '박세리 키즈'들을 많이 탄생시켜 세계 여자골프를 한국 선수들이 주름

잡는 시대를 만들었다.

　프로여자농구 시즌에 경기감독관을 맡아 플로어에서 뛰는 선수들을 가까이에서 직접 지켜보게 되니 자연히 내가 선수로 활동하던 시절과 비교를 하게 되었다. 신체조건이 좋아졌고 인물도 좋은 선수들이 가쁜 숨을 내몰아 쉬며 진땀승부를 펼치는 모습은 여느 경기와 다를 것이 없었지만 무언가 아쉬움이 남는 경우가 자주 있었다.

　프로다운 기량과 근성이 2% 부족한 것은 아닌가 하는 느낌이 떠나지 않았다. 내가 이런 얘기를 하면 "남이 보기엔 쉬운 법이고 자신의 과거 선수시절에 너무 취해 있다."고 반박할 분도 있을지 모르겠다. 30년 이상 격차가 나는 젊은 선수들이 보다 향상된 기량과 투지를 보여줄 것이란 기대감을 너무 크게 가진 탓일까.

　여자농구를 계속 지켜보면서 프로시대에는 선수들의 의식 자체에 큰 변화가 있을 수밖에 없겠다는 것을 이해하게 되었다. 내가 농구를 하던 아마 시절은 국가대표가 되어 태극마크를 달고 국제대회에 나가 뛰는 것이 자부심이었고 꿈이었지만 프로시대에는 소속 팀의 승리에 얼마나 기여해 높은 연봉을 받느냐가 목적이 되었다. 프로선수들이 최고의 가치를 연봉에 두고 운동하는 것은 나무랄 일도 아니고 당연한 것이다.

　그런데 프로선수라면 프로다운 기량을 발휘해 팬들에게 만족감을 줄 수 있어야 한다. 경기내용을 상품으로 친다면 고품질의 서비스를 제공해야 하는 것이다. 그를 위해서는 피나는 훈련을 쌓아야 하는데 내가 경기감독관을 하면서 지켜본 선수들의 경기내용은 그렇다고 흔쾌하게 인정하기가 솔직히 어려웠다. 무늬만 프로라는 얘기를 듣지 않도록 선수들이 기량을 갈고 닦는 노력을 기울였으면 좋겠다.

아마 시절 국가대표 선수들은 1년에 6, 7개월은 태릉선수촌에서 합숙하면서 강화훈련을 받았다. 일종의 국가체육 시스템 속에서 국제대회 메달 획득을 목표로 맹훈을 거듭했다. 아마 선수들의 프로선수 만들기 같은 훈련이었다.

선수들은 사생활의 희생을 감수하면서 태릉선수촌의 엄격한 강훈을 묵묵히 견디어냈다. 그 결과로 국제무대에 나가 놀라운 성적을 거둘 수 있었다. 한국 여자농구가 인구 5,000만 대 13억의 대결이라고 할 수 있는 중국과의 대결에서 우위를 지키는 전적을 기록하고 내가 은퇴경기를 치렀던 1980년 홍콩 아시아여자농구선수권대회(ABC)에서 101대 68의 기록적인 33점 차 대승을 거뒀던 것도 그런 맹훈이 있었기에 가능했다.

그 시절 대한농구협회 변승목 전무이사님은 나를 보면 "강 프로, 강 프로!" 하고 부르시곤 했는데 대표선수들의 기량이 프로 수준이라는 점을 칭찬하신 것으로 받아들였다.

지금의 프로시대 젊은 선수들에게 아마 시절 태릉선수촌의 강훈 같은 것을 요구하는 것은 무리다. 만일 어느 프로팀의 코칭스태프가 선수들에게 개인생활이 희생되더라도 훈련에 올인 하라고 요구한다면 견디어낼 선수가 얼마나 있을지 모르겠다. 그 전에 감독이나 코치가 그런 주문을 하지도 않을 것이다. 세상이 그만큼 바뀌었다.

그런데 내가 젊은 프로선수들에게 바라는 것은 과거와 같은 엄격한 훈련 시스템 속에서 맹훈을 하라는 것은 아니다. 프로시대에 운동을 하게 된 만큼 프로다운 기량을 발휘할 수 있도록 자율적이고 능동적으로 부단히 강훈을 쌓는 자세를 가져달라는 것이다. 그래서 고품질의 플레이를 팬들에게 서비스할 수 있어야 고객의 만족도를 높일 수 있고 이것이 바로 선수와 관중이 서로 윈-윈(win-win) 하는 길이 된다고 본다.

1세기에 한 번 나올까 말까 하다는 미 프로농구의 전설 마이클 조던의 어록 중에 이런 것이 있다.

"나는 9,000번의 골 시도를 실패했다. 게임에서 300번이나 졌다. 게임의 승부를 결정짓는 중요한 슛을 맡았지만 26번이나 놓쳤다. 나는 계속해서 실패를 거듭했다. 이것이 내가 성공한 방법이다."

진정한 프로가 되기 위해서는 얼마나 치열하게 피나는 훈련을 거듭해야 하는지 조던은 이런 얘기를 통해 들려주고 있다.

운동선수도 연예인처럼 '끼'를 타고나야 한다. 지금은 DNA라는 표현을 많이 쓰지만 일단 프로구단에 입단한 선수라면 기본적으로 운동 DNA를 갖고 있는 사람들이다. 실패를 거듭하는 끊임없는 노력으로 무늬만 프로가 아닌 진정한 프로가 되기 위해 스스로 자신의 기량을 갈고 닦는 열정을 가진 선수들이 많아졌으면 좋겠다.

결혼해서 세 아이를 키우고 대학까지 모두 보낸 다음 돌아온 여자농구장은 팬들의 열기가 예전만 같지 않아 안타까웠다. 박신자 선배 등이 맹활약을 펼치던 1960년대 중반부터 1980년대 후반까지만 해도 여자농구가 남자보다 훨씬 인기가 높았었다.

그러나 농구인이 되어 오랜만에 다시 찾은 농구장은 정반대가 돼 있는 모습이었다. 이와 같은 인기의 역진 현상은 우선 자체적 요인으로 여자농구가 저변 확대의 어려움 속에서 충분히 선수 육성을 하지 못하고 있는 데에 따른 것으로 보인다.

여기에 외부적 요인으로 한국스포츠의 역량이 커지면서 과거 국제경쟁력을 기대하지 못했던 종목에서 한국 선수들이 빛나는 전과를 거둠에 따라 여자농구와 같은 과거의 인기종목들이 상대적으로 위축되는 상황을 맞았다.

프로골퍼 박세리의 출현과 '박세리 키즈'인 한국 여자프로골퍼들이 세계무대를 휩쓰는 현실, 그리고 김연아 같은 천재 급 피겨선수가 등장한 상황에서 과거의 여자스포츠 인기종목이 어떻게 옛 영화의 재현을 바랄 수 있겠는가. 수영에서도 박태환이라는 거인이 올림픽 금메달을 획득할 정도로 한국스포츠의 국제경쟁력이 많은 종목으로 확대되어 스포츠팬들의 선택도 그만큼 넓어졌다. 과거 인기종목의 선수들이 정말 피나는 강훈을 통해 최상의 기량을 펼치지 못하면 팬들의 관심과 사랑을 받기가 쉽지 않은 이유다.

프로스포츠 시대를 맞아 팬들이 국제대회에서 메달을 따는 데 주력하는 금메달 스포츠로부터 스포츠 자체를 즐기는 쪽으로 관심이 옮겨간 점도 선수들이 프로다운 기량을 보여줘야 하는 또 하나의 이유다. 남자농구가 스피드와 다이내믹한 격렬함으로 팬을 사로잡는다면 여자농구의 매력은 우아하고 세련된 플레이로 물 흐르듯 하는 아기자기함이다. 여자농구가 이런 매력을 한껏 살리는 수준 높은 경기를 벌여 팬들을 다시 끌어당기는 노력을 기울여야 한다.

아마 시절에도 지금처럼 금융 팀 여자농구가 주류를 이뤘다. 나는 외환은행 소속이었는데 당시 선수들은 평직원의 월급을 받는 것이 수입의 전부였다. 경제적으로 넉넉지 못한 시절이었지만 선수들은 국가대표의 꿈을 안고 열심히 운동했고 국가대표가 되어서는 국제대회에서 좋은 성적을 거둬야 한다는 일념으로 정말 열정을 바쳐 뛰었다. 물질적으로 여유는 많지 않았어도 자부심과 긍지로 어려움을 극복하려는 의지가 있었다.

그때에 비하면 지금의 프로선수들은 모든 면에서 풍족해졌다. 그러나 정신력은 그만한 수준이 되지 못하는 것 같다. 그래서 '풍요 속의 빈곤'이라는 말을 듣는 것은 아닌지 선수들이 되돌아보는 시간을 가졌으면 하는 것이 나만의 바람은 아닐 것이다.

선수촌장 선수단장

한국여자농구연맹(WKBL)의 경기감독관으로 활동하는 것을 계기로 은퇴한 지 22년 만에 농구장으로 돌아온 다음 해인 2003년 대한농구협회 이사진에 참여하게 됐다. 이때 후배 박찬숙과 김화순도 같이 이사가 됐는데 농구협회 윤덕주 명예회장님의 추천에 의한 것이었다.

윤 회장님은 나라를 뺏긴 일제 강점기에 농구부를 창설해 1926년에 여고 팀으로는 첫 공식 대회 출전기록을 세웠던 숙명여고에서 선수로 뛰었던 분이다. 1937년 숙명여고가 전(全)조선 여자올림픽대회에서 우승해 전(全)일본 종합선수권대회에 출전했을 때 주장으로 활약하신 기록을 갖고 있다.

호남정유 회장의 부인이었던 윤 회장님은 농구협회 회장단으로 활동하시면서 한국농구의 육성 발전을 위해 물심양면으로 많은 기여를 해주셨다. 남자들보다 훨씬 통 크게 지원을 아끼지 않으셨다. 우리 대표선수들이 태릉선수촌에서 강화훈련을 받고 있을 때 보약을 지어 보내주시기도 했고 고된 훈련을 잘 이겨내라면서 선수들을 위한 회식 자리도 자주 마련해 주셨다.

1979년 서울 세계여자농구선수권대회 때 한국선수단 부단장을 맡았던 윤 회장님은 한국 팀이 골 득실차에서 뒤져 아깝게 미국에게 우승을 넘겨주고 준우승을 차지했을 때 우리 선수들에게 특별격려금을 주신 것이 기억에 남아 있다. 한국농구를 위해 드러나지 않는 처신으로 많은 지원을 해주셨던 윤 회장님은 2005년 84세를 일기로 타계하셨다.

대한농구협회는 산하 가맹단체였던 남자실업연맹과 여자실업연맹이 프로스포츠 시대를 맞아 1997년과 1998년에 잇달아 독립해 나감에 따라 초중고 및 대학연맹만 가맹단체로 두게 되었다. 아마농구를 관장하는 역할을 하게 된 셈인데 국제대회에 출전하는 국가대표 선발 권한은 그대로 갖고 있었다.

나는 2004년 여자 국가대표 2진이 대만 존스컵 대회에 참가했을 때 처음 선수단장을 맡아 젊은 선수들과 호흡을 같이 해보는 기회를 가졌다. 이때 우리 팀은 텃세가 심하기로 유명한 대만 팀에게 77대 79, 한 골 차로 패하고 우승을 놓쳐 아쉬움이 컸지만 최윤아 선수의 '두발장수' 발차기 사건으로 기억에 오래 남는 대회가 되었다.

한국 팀의 주전 가드인 1m 70cm의 최윤아는 승부욕이 강한, 근성 있는 선수다. 우리 팀은 스코어가 말해주듯 대만 팀과 격렬한 경기를 벌였는데 최윤아가 대만 팀의 주득점원인 첸웨이쥐안 선수를 집중 수비하는 과정에서 레이업 슛을 막다가 엉켜 넘어져 시비가 일어났다.

경기가 종료된 뒤 양 팀이 퇴장할 때 앙금이 남아 있었던지 첸 선수가 최윤아의 머리를 쓰다듬듯 하면서 가슴을 손으로 밀쳤다. 그러자 최윤아가 발차기를 날린 것이다. 첸 선수는 대만에서 인기가 대단한 터여서 실내체육관을 꽉 메운 대만 관중이 물병 등을 우리 선수들에게 마구 집어 던지면서 공포 분위기가 조성됐다.

우리 선수가 발차기로 응수한 것을 잘했다고 할 수는 없겠지민 원인은 대만 선수가 제공했다. 손님을 초대한 입장에서도 첸 선수가 자제했어야 했고 나이로 보더라도 첸은 34살로 22살이었던 최윤아보다 한참 위였다. 우리 선수들은 1시간가량 라커룸에 갇혀 있다가 나왔다. 나는 단장으로서 대만농구협회에 앞으로 심판이 공정한 경기 진행을 해줄 것을 요구하고 선수들의 안전 보장과 관련해서는 사과를 받았다.

2005년에는 부천에서 열린 FIBA(국제농구연맹) 월드리그의 선수촌장을 맡았다. 이 대회는 FIBA와 러시아농구연맹이 창설한 것으로 한국과 일본 호주 러시아 4개국 팀이 참가해 본선 진출 팀을 가리는 예선경기를 벌였다. 부천 월드리그는 4개 팀만이 참가한 대회여서 선수촌장을 하는 데 그다지 어려움은 없었다.

그런데 2년 뒤 인천에서 열린 아시아여자농구선수권대회(ABC) 때 선수촌장을 또 맡게 돼 결과적으로 부천 월드리그에서 선수촌장 리허설을 한 셈이 되었다. 인천 ABC 대회는 2008년 베이징 올림픽 출전권이 걸려 있어서 한국 팀은 반드시 우승을 차지해야만 했다.

대회에 참가한 12개국 선수단은 인천 시내 한 호텔에 함께 체류했다. 매일 아침 각국 선수단의 통역안내를 맡은 자원봉사자들을 소집해 당일 일정을 차질 없이 수행하도록 세세하게 점검하는 일부터 시작했다. 대회기간 내내 후배 박양계와 오미경이 나와 함께 호텔 선수촌을 함께 지키면서 수고를 아끼지 않았다. 경기장과 연습장 행 버스 편성을 포함해서 식사와 방 배정, 그리고 선수단의 빨래 문제에 이르기까지 참가 선수단에게 불편이 없도록 지원하기 위해 긴장 속에서 하루하루를 보냈다.

한 번은 일본 선수단의 한 임원이 대회 조직위를 찾아와 식사 메뉴에 대해 불평을 한 일이 있었다. 얘기를 들어보니 크게 문제될 것이 없는 사안이었다. 나도 선수생활을 하면서 국제대회에 많이 참가해봤지만 인천대회 조직위가 준비한 수준이면 양호한 것이라고 딱 부러지게 응대해 주었다. 나는 영어나 일어를 잘 못하지만 마주 앉아 요구를 듣고 대책을 설명해주는 데는 큰 문제가 없었다.

한창 더워지는 6월에 열흘간 선수촌장을 하느라 비지땀을 쏟았지만 한국 팀이 중국을 79대 73으로 꺾고 우승을 차지해 베이징올림픽 행을 결정짓게 되자 누적된 피로는 한 방에 날아가 버렸다. 일본도 우승을 노렸으나 대만과의 3, 4위전에서 73대 70으로 이기고 3위를 차지하는 데 그쳤다.

대만 존스컵 대회에 대표팀 2진이 참가했을 때 선수단장을 했고 이어 국내에서 열린 국제대회에서 두 차례 선수촌장을 하고 나자 2010년에는 제16회 체코 세계여자농구선수권대회에 출전하는 대표 팀의 선수단장을 맡게 됐다.

체코는 한국 여자농구가 자랑스러운 인연을 쌓아놓은 나라다. 1967년 박신자 선배가 이끄는 한국 대표 팀이 체코 프라하에서 열린 제5회 세계여자농구선수권대회에서 동유럽의 강호들을 연파하고 구소련에 이어 준우승을 차지해 온 국민을 감동에 휩싸이게 했었다. 그로부터 43년이란 세월이 흘러 한국 여자농구의 영광이 서려 있는 곳으로 대표 팀의 단장을 맡아 출전하게 되니 남다른 각오가 생길 수밖에 없었다.

체코 제2의 도시 브르노에서 열린 세계대회에는 16개국이 출전했다.

우리 팀은 2m가 넘는 장신센터 하은주와 가드 최윤아 포워드 김정은이 부상으로 대표 팀에서 제외된 대신 정선민 박정은 변연하 김지윤 등 고참들이 나서고 김단비 등 젊은 선수들이 가세해 열심히 싸워줬다. 그 덕에 첫 경기에서 브라질을 62대 61로 꺾었고 12강 리그 마지막 경기에서도 일본을 65대 64, 반골 차로 누르고 8강 결승리그에 진출했다.

한국 팀이 아시아국가 중에서 유일하게 8강에 오르자 국내 언론은 '최악의 상황에서 거둔 감격의 8강'이라고 격려해주었다. 나는 대회기간 매일 아침 호텔 숙소에서 멀리 올려다 보이는 고풍스런 성당을 찾아가 기도했다.

"성모님, 우리 선수들이 갈고 닦은 실력을 120% 발휘하도록 도와주소서!"

우리 대표 팀은 8강전 첫 경기에서 미국에 져 4강에 오르지는 못했지만 코칭스태프와 선수들이 한마음이 되어 최선의 경기를 펼쳐준 데 대해 나는 단장으로서 고마움을 담아 큰 박수를 보냈다.

내가 마지막으로 대표 팀의 선수단장을 또 맡았던 것은 2011년 일본 나가사키에서 열린 아시아여자농구선수권대회(ABC)였다. 2012년 런던올림픽 출전권이 걸려 있는 이 대회 예선리그 첫 경기에서 한국은 중국을 99대 93으로 격파해 올림픽 티켓을 손에 거머쥘 수 있을 것 같았다. 역시 런던 행을 노리던 홈팀 일본을 꺾고 중국과 결승리그에서 다시 격돌했을 때 안타깝게도 62대 65로 패해 런던올림픽 출전의 꿈을 접고 말았다. 차라리 예선리그에서 중국에게 지고 결승리그에서 이겼어야 했는데 모든 일이 뜻대로만 되지는 않는 모양이었다. 나가사키 대회에서는 1년 전 체코 세계대회에 출전하지 못했던 하은주 최윤아 김정은 선수도 뛰었다.

대표 팀 구성의 갈등

"아니, 감독이 원하면 원하는 선수를 선발해줘야지 대한농구협회가 뭔데 그걸 막고 안 해준단 말이야. 선수는 우리가 보내주는 건데 농구협회가 무슨 권한으로 멋대로 하는 거야. 이 문제에 책임 있는 사람 이 자리에 있으면 나가요. 당장 나가라고……."

정치인 출신의 한국여자농구연맹(WKBL) 총재는 나보고 들으라는 듯 막말을 마구 쏟아냈다. 2005~2006년 여자농구 시즌이 끝난 직후 여자연맹 관계자 전원이 모여 회식을 하는 자리에서 있었던 일로 기억된다.

나는 그때 대한농구협회 기술이사(여)를 맡아 여자 국가대표팀 선발위원장 역할을 수행하고 있었다. 따라서 선수들의 기량을 관찰해야 했는데 마침 여자연맹의 경기감독관으로도 활동하고 있던 터여서 경기장에 자주 나갔고 그 자격으로 여자연맹의 시즌 종료 회식 자리에 동석했다가 연맹 총재로부터 느닷없는 험담을 들은 것이다. 내가 듣기에는 폭언이나 다름없었다.

연맹 총재는 국가대표팀이 여자연맹의 프로팀 선수들로 구성되는 것이고 감독 코치도 프로팀의 벤치가 맡는 것인데 왜 감독으로 정해진 사람이 요구하는 대로 선수를 선발해주지 않고 농구협회가 마음대로 하느냐는 것이었다. 이 얘기도 일리가 없는 것은 아니겠지만 여자연맹이나 선임된 대표 팀 감독의 입장에서만 주장하는 논리일 수 있는 것이다.

대표 팀 구성의 책임을 지고 있는 농구협회로서는 대표 팀의 미래를 염두에 두고 새로운 선수를 키우는 방안까지 고려하면서 선수단을 구성해야 한다. 대회 출전 성적에 연연하는 감독은 고참 선수 위주의 대표 팀 구성을 원하게 마련이나 나는 이때가 세대교체가 필요한 시기라고 판단해 성적 부진의 리스크가 있더라도 앞을 내다보고 과감하게 젊은 피를 수혈해야 한다는 입장이었다.

그래서 2006년 9월 브라질 상파울루에서 열리는 제15회 세계선수권대회에 출전할 여자대표팀을 구성하면서 고참 3명을 제외하고 젊은 선수를 선발했다. 나는 여자대표팀 선발위원장으로서 세대교체의 필요성을 농구협회 강화위원회의에서 역설했고 받아들여졌다. 남녀 대표 팀 선발을 총괄하는 강화위원장은 농구협회 신동파 부회장이 맡고 계셨고 남자대표팀 선발위원장은 경희대를 대학농구의 강자로 키운 최부영 기술이사(남)가 수행했다. 강화위원 회의에는 대표 팀을 맡게 된 감독과 코치들도 참석했고 선수 세대교체에 동의했으나 고참 선수들에 대한 미련이 남아 있었는지 여자연맹 시즌 종료 회식자리에서 연맹 총재에게 불만스런 얘기를 한 모양이었다. 그러자 총재가 그 자리에서 큰 소리를 냈던 것이다.

나는 회식 자리의 막말사건이 있은 뒤 며칠을 곰곰이 생각한 끝에 연맹 총재에게 면담을 요청하고 서울 강남에 있는 그분의 개인 사무실을 찾아갔다. 총재는 내가 왜 자기 사무실로 찾아왔는지 잘 알고 있는 것 같았다. 나를 보자마자 자기가 나를 얼마나 좋아하는지 아느냐고 하면서 선제방어를 펴듯 했다. 나는 농구협회 기술이사로서 여자대표팀 세대교체를 해야 할 때가 됐다고 판단해 젊은 선수들을 과감히 기용하자는 주장을 폈고 농구협회에서 이를 수용한 것이라고 설명했다.

물론 그분이 그것을 모르고 있을 리 없지만 농구협회가 규정에 따른 절차를 거쳐 내린 결정이라는 점을 일부러 강조했다. 나는 그분의 사무실을 나오면서 정치인들은 다 저래야 하는 모양이구나 하고 쓴웃음을 지었다.

대한농구협회는 초중고 및 대학연맹을 산하 가맹단체로 두고 아마 농구를 총괄하면서 국제대회가 있을 때는 프로팀에서 활약하는 선수들을 선발해 대표 팀을 구성한다. 한국농구연맹(KBL)과 한국여자농구연맹(WKBL)의 협조를 받아 프로선수들을 남녀 국가대표로 선발하는 것인데 그러다 보니 선수를 보내주는 측인 연맹이나 소속 팀과 의견이 맞지 않을 경우에는 선수단 구성이 난항을 겪고 갈등을 빚기도 한다.

국제대회든 국내경기든 감독을 맡게 되면 우선 당장 성적을 내는 것에 집중하게 된다. 성적 부진의 위험 부담을 감수하면서 미래를 내다보고 젊은 피를 길러내겠다는 용기를 내기가 쉽지 않다. 국내 프로감독들이 구단과 계약은 2, 3년을 맺더라도 당장 시즌 성적이 나쁘면 곧바로 하차해야 하는 일이 흔하기 때문에 고참 선수들에게 지나치게 의존해 경기를 치르게 되는 현실적인 이유가 있기는 하다.

그렇다고 세대교체를 안 할 수는 없는 일이다. 내가 팀의 사령탑을 맡고 있을 때 하지 못한다면 결국 세대교체에 따른 과도기의 리스크를 다음 감독에게 떠넘기는 것밖에 되지 않는다. 물론 언제 세대교체를 단행하는 것이 최적의 타이밍이냐에 대해서는 사람에 따라 의견이 다를 수 있고 논란이 있을 수 있는 일이다.

어쨌든 나는 성적 부진의 리스크를 안고서라도 젊은 선수들이 큰 국제대회에 나가 경험을 쌓을 수 있도록 하는 것이 옳다고 판단했다. 그래서 상파울루 세계대회에 고참 선수 3명 대신 최윤아 이경은 김정은 선수 등을 출전시켰다.

상파울루 대회의 여자대표팀 성적은 내가 예상한 것보다 훨씬 부진했다. 참가 16개국 중 13위를 한 것이다. 세계대회 출전 사상 가장 나쁜 기록이었다. 세대교체 직후의 슬럼프를 감안했지만 너무 성적이 저조해 솔직히 착잡한 기분이었다.

이어 3개월 후인 2006년 12월 카타르의 도하 아시안게임에서 중국 대만 일본에 이어 4위를 차지해 아시안게임 사상 최악의 성적을 나타냈다. 3개월 사이 두 차례의 국제대회에서 수모에 가까운 결과를 낸 뒤 이듬해인 2007년 6월 인천에서 개최된 아시아여자선수권대회(ABC)에서 우승해 베이징올림픽 출전권을 획득하는 데 성공했다.

2007년은 한국농구 도입 100년이 되는 해여서 이를 기념하는 의미로 여자 ABC 대회를 국내에 유치했고 마침 이듬해의 베이징올림픽 출전 티켓 한 개가 걸려 있어 한국 팀의 우승이 어느 때보다도 절실했다. 이러한 배경에서 정선민 박정은 변연하 등 고참 선수들이 다시 대표 팀에 합류해 젊은 후배들과 함께 호흡하며 일본의 도전을 물리치고 2군 대표 팀을 보낸 중국도 꺾어 홈코트에서 올림픽 행 티켓을 따낼 수 있었다.

세대교체와 관련해 내가 선수로 뛰던 시절의 경험을 뒤돌아보면 1975년 콜롬비아 세계선수권대회가 하나의 좋은 사례가 될 수 있을 것 같다. 내가 대표팀 3년차였던 이때 과감하게 세대교체가 이루어져 센터 박찬숙과 장신포워드 조영란, 그리고 중거리슈터 가드 정미라 등이 젊은 피로 수혈됐다. 박찬숙과 조영란은 고교생 신분이었고 정미라는 실업 초년생이었다. 박찬숙과 조영란의 대표 팀 참여로 평균 신장은 커졌으나 두 선수가 아직은 국제대회에서 팀 성적에 기여하기는 힘들었다.

세대교체 후 첫 출전한 콜롬비아 대회에서 우리 대표 팀은 예선 탈락의 고배를 마시고 5위에 그쳤다. 이 대회에서 팀 전력이 전성기에 있던 일본이 구소련에 이어 준우승을 차지했고 체코가 3위에 입상했다. 여자대표팀은 이듬해 캐나다의 해밀턴에서 열린 몬트리올 프레올림픽에서도 예선 탈락해 여자농구가 처음 올림픽 종목으로 채택된 제21회 몬트리올 대회 출전의 꿈을 접었다.

이어 그해 11월 홍콩 아시아선수권대회(ABC)에서는 중국에 우승을 뺏겼다. 세대교체 후 1년이 조금 넘는 기간에 수차례 시련을 겪은 우리 대표 팀은 국제대회가 없던 1977년 유럽 전지훈련을 거치면서 팀 전력이 완성기에 접어들어 마침내 부활의 날개를 펼칠 준비를 끝냈다.

여자대표팀은 1978년 7월 쿠알라룸푸르 여자 ABC 대회에서 중국을 꺾고 아시아 정상에 복귀한 뒤 그해 말에 개최된 방콕 아시안게임에서 중국을 또 제압하고 금메달을 목에 걸었다. 1979년에는 아시아 지역에서 처음 개최된 서울 세계여자농구선수권대회에서 최강 미국 팀을 꺾었으나 골득실에서 뒤져 미국에게 우승을 내주고 준우승을 차지했다.

그리고 내가 대표선수로 은퇴경기를 치른 1980년 홍콩 여자 ABC 대회에서 중국을 101대 68, 기록적인 33점 차로 대파했다. 여자대표팀이 세대교체 후 5년의 경력을 쌓으면서 팀 전력의 절정기를 구가한 셈이다.

이후에도 한국 여자대표팀은 1984년 로스앤젤레스올림픽에서 박찬숙을 중심으로 당시 여고생이었던 샛별 성정아와 김화순 최애영 이형숙 등이 최상의 경기를 펼쳐 은메달을 획득하는 쾌거를 이룩했다.

1975년 콜롬비아 세계대회 때의 과감한 세대교체가 올림픽 은메달의 결실로까지 이어진 것이고 한국 여자농구가 저력을 유감없이 과시한 것이다. 로스앤젤레스 올림픽에는 박양계 김영희 문경자 정명희 이미자 김은숙 최경희 선수 등이 함께 출전했고 사령탑은 조승연 감독과 신현수 코치였다.

내가 선수로 뛰던 아마 시대에는 국가대표팀 구성과 훈련에 애로가 없었다. 태극마크를 다는 것이 선수들의 꿈이었고 팀에서도 소속 선수들을 대표 팀에 보내는 것을 자랑으로 여겼다. 그러나 프로시대가 되니 달라졌다. 국가대표가 되는 것보다 연봉이 우선이었다. 팀에서도 소속 선수들이 대표 팀에 차출되는 것을 그다지 달가워하지 않는 세상이 되었다. 그러다보니 대표 팀을 구성하는 데 항상 어려움이 따르고 국제대회 대비훈련도 제대로 이루어지지 못한다. 선수들이나 팀 관계자들을 나무랄 수만도 없는 일이다.

나는 이런 경우를 볼 때마다 미 프로농구의 천재 마이클 조던이 어느 방송 프로에서 올림픽 출전을 기피하는 NBA 선수들을 향해 던진 한마디가 생각난다.

"돈이 인생의 전부는 아니다."

뜻밖의 '女 포청천' 제안

2011년 9월 초였다. 전혀 생각지도 않은 뜻밖의 제안을 받았다. 한국농구연맹(KBL)의 한선교 총재로부터 심판위원장을 맡아달라는 전갈이 왔다.

"한선교 의원이 전화를 했는데 당신한테 남자연맹의 심판위원장을 맡아보지 않겠느냐고 하네. 의사를 들어봐 달라고 연락이 왔어요."

"뭐라고요? 나보고 남자농구의 심판위원장을 맡아보라고 한다고요? 아니, 여자연맹도 아니고 남자연맹의 심판위원장을 해보라는 거예요?"

남편이 한 총재의 전화를 받고 나서 나에게 연락해 이런 내용을 전해줬을 때 나는 순간적으로 당황스러운 기분이었다. 여자연맹이라면 몰라도 남자 프로농구의 심판위원장을 맡아보라니 이게 무슨 일인가 싶었다. 남편도 이날 오전 한 총재의 전화를 받고서 "남자도 해내기 힘들다는 심판위원장을 여자가 할 수 있겠느냐?"고 반문했다는 것인데 오후에 다시 한 총재와 통화를 했더니 본인 의사를 빨리 물어봐달라고 재촉하더라는 것이다.

나는 이 제안을 받고 이날 밤새 고민을 했다. 심판을 해본 경험이 없는 것도 그렇지만 거칠고 드센 남자농구 판에서 여자 농구인이 '포청천' 역할을 한다는 것이 간단치 않은 일 같아서 하겠다 말겠다고 결심하기가 쉽지 않았다.

포청천은 중국 북송시대에 공명정대한 판결을 내리고 사리사욕을 취하지 않아 백성들의 칭송을 받았던 판관이다. 그에 관한 고사가 드라마로 제작돼 대만 홍콩 중국에서 대히트를 했고 1990년대 중반 한국에서도 방영돼 큰 인기를 누렸다.

남편은 나에게 기회가 주어진 것이니 용기를 내서 해보라고 격려해 주었고 세 딸들의 의견을 물어보니 엄마가 어떻게 결심하든지 무조건 지지한다면서 "우리 엄마는 일단 결심이 서면 무엇이든지 해낼 수 있다."고 무한한 신뢰를 보내주었다.

나는 다음 날 한 총재에게 전화를 걸어 좋은 기회를 주셨는데 책임이 너무 무거운 자리인 만큼 좀 더 생각할 시간을 달라고 양해를 구했다.

나는 고심한 끝에 '한 번 해보자.'고 결심을 굳혔다.

여자 농구인에게 남자연맹의 심판위원장을 제안하는 것은 한 마디로 파격이고 이것에는 하느님의 뜻이 숨어 있다는 생각을 하게 되었다. 그렇지 않은 다음에야 어떻게 아마 농구도 아닌 남자 프로농구의 판관을 여자에게 맡겨보겠다는 구상이 나올 수 있겠는가. 그리고 또 내가 하는 역할이 후배 여자 농구인들에게 롤 모델이 되고 용기를 심어준다는 점에서 심판위원장의 임무를 당당하게 해보자는 결심이 섰다.

다음 날 오후 남편과 같이 집에서 가까운 남산을 산책하는 도중에 한 총재에게 전화를 걸어 심판위원장을 맡겨주시면 한 번 열심히 해보겠다고 밝혔다. 한 총재는 "생각 잘하셨다."면서 남자농구의 판정 시비를 근본적으로 없애기 위한 방안으로 고심 끝에 여성 농구인을 기용하는 혁신을 강구하게 됐다고 설명했다.

남자 농구인 출신이 심판위원장을 맡다 보니 각 팀의 감독 코치들과 어쩔 수 없이 학연 지연 등으로 연결이 되고 이것이 판정 시비가 났을 때 오해와 불신을 증폭시키는 요인이 되는 점을 '원천 차단'해 보겠다는 취지에서 파격적인 실험을 하는 셈이었다.

이제 심판위원장 인선 문제는 10개 구단의 단장으로 구성된 이사회에서 승인절차를 밟아야 하니 기다려달라는 한 총재의 얘기를 듣고 대화를 끝냈다.

나는 한국농구연맹(KBL) 이사회에서 여성 농구인의 심판위원장 인선이 큰 논란 없이 승인을 받을 수 있을까에 대해 궁금증이 커졌다. 이사회를 구성하는 각 팀의 단장들은 프로구단을 소유하고 있는 대기업의 임원들이다. 이들이 여성 농구인의 '깜짝 발탁'에 대해 아무래도 고개를 갸우뚱하는 경우가 많으리라고 예상했다.

이사회가 열렸을 때 역시 선뜻 동의하는 분위기는 아니었던 모양이다. 이사들의 발언 내용을 잘 알 수는 없지만 여성 농구인 출신이 30명에 가까운 남성 심판들과 어떻게 호흡을 맞추고 리더십을 발휘해서 매 시즌 150게임 안팎의 경기를 별 탈 없이 소화해낼 수 있겠느냐 하는 데 대해 회의적이었던 것 같다.

이사회 분위기가 흔쾌하지는 않았지만 한 총재가 판정 시비를 근원적으로 없애기 위한 특단의 대책이라는 점을 설득함에 따라 남자 프로농구 사상 첫 여성 심판위원장의 등장이 확성됐다. 나는 이 소식을 들었을 때 아마 이것은 전무후무한 파격인사로 기록될 것이라는 느낌을 강하게 받고 그럴수록 '여자 포청천'의 임무를 차질 없이 수행해나가겠다는 각오를 다졌다.

한 총재는 내가 심판위원장으로 확정된 뒤 월간 농구전문지 <점프

볼>과의 인터뷰(2011년10월호)에서 세계적으로 유례가 없는 여성 심판위원장의 기용은 "KBL의 첫 개혁조치"라는 점을 거듭 강조하면서 10개 구단과 아무런 인연이 없는 사람을 선택한 결과라고 설명했다. 그리고 다음과 같이 덧붙였다.

"저는 강현숙 씨와 농구장에서 인사만 나누던 사이죠. 앉을 때나 걸을 때나 서 있을 때나 항상 자세가 바른 분이셨습니다. 불필요한 말도 하지 않습니다. 부드러우면서도 내면으로는 항상 원칙을 지키는 강인함도 갖춘 곧으신 분입니다. 그것이 바로 심판의 정신에 있어 가장 중요한 부분이라고 생각했습니다."

막상 여성 농구인이 KBL 심판위원장이 됐다는 사실이 발표되자 많은 언론들이 관심을 나타냈다. 의외의 개혁적 조치라는 점 때문인 것 같았다. 남자농구 판에 '여자 포청천'이 뜬다고 기대감을 전하면서 한 총재의 발언을 인용해 정직하고 강직한 여성 농구인이 심판진을 이끌어 판정에 대한 불신을 해소하고 신뢰를 쌓은 데 기여할 것이라고 전했다.

나는 중책을 맡은 소감을 묻는 기자들 질문에 "우선 심판들이 자신감과 자긍심을 갖고 코트에서 휘슬을 불 수 있도록 뒷받침하겠다."고 밝혔다. 심판 한 명 한 명이 KBL 심판으로서 국내 최고 수준이며 국제 심판으로 파견되어도 손색이 없는 역량을 갖고 있다는 자부심 속에서 판정을 내릴 수 있어야 한다고 강조했다.

심판 27명과 첫 상견례를 했을 때 나는 기자들에게 말했던 것처럼 위원장이 여러분의 든든한 버팀목이 되겠으니 자신감을 갖고 소신껏 판정을 내리라고 당부했다. 사람이 하는 일이니 오심이 나올 수도 있는 것이지만 고의성 있는 오심이 아닌 한 책임을 묻지 않겠다고 선언했다.

위원장이 평소 심판들과 잦은 대화를 통해 유대감과 신뢰를 쌓는 것도 중요하나 심판들 간에 서로 교류하는 시간을 많이 가져 끈끈한 동료의식을 쌓아가는 것도 필요하다고 말했다. 그리고 심판 재교육은 큰 틀을 유지하면서 개혁해나갈 것이고 체력훈련도 보다 효율적으로 실시하겠으며 특히 외부강사를 초청해 교양강좌를 듣는 시간을 정례적으로 갖겠다고 약속했다.

심판위원장을 맡았을 때 나는 56세였다.

심판들은 3, 40대가 많았지만 50대도 있었다. 조직을 이끄는 데 나이가 중요한 것은 아니겠으나 어쨌든 나보다 나이가 위인 심판은 없었다. 나는 남자 심판들이 여성 농구인이 위원장으로 왔다고 해서 혹시 가볍게 생각하는 것은 아닐까 하고 우려했으나 상견례 자리에서 만난 심판들로부터 그런 인상은 전혀 받지 않았다. 나의 지나친 기우에 불과했다.

나는 의도한 것은 아니었지만 한 시즌이 끝나고 나서 심판 가운데 고참 2명을 용퇴시키는 일을 순조롭게 매듭지었다. 그들과 차례로 면담해 후배 심판들을 위해 결단해줄 것을 정중하게 부탁했다. 반발을 걱정하지 않은 것은 아니나 상대가 자존심을 다치지 않도록 예의를 갖춰 상담한 덕분인지 용퇴를 무난하게 받아주었다. KBL 심판은 1년 단위로 계약하기 때문에 매년 시즌이 시작되기 전 재계약을 하게 된다. 고참 2명은 재계약을 하지 못함으로써 물러나게 된 것이다.

심판실의 사무행정 업무와 관련해 나를 보좌해주던 김성태 과장은 이 결과를 보고 나더니 "쉽지 않은 어려운 일을 위원장님이 해내셨다."고 말했다. 고참 2명의 용퇴로 젊은 심판 2명을 새로 뽑을 수 있었고 이

것이 심판진에 활력을 불어넣는 계기가 되었다.

심판위원장 24시

　심판위원장을 맡고 나서 2011~2012년 시즌을 처음 맞게 되자 중압감은 대단했다. 여성 농구인 출신을 심판위원장으로 기용한 파격인사에 대해 고개를 갸우뚱하는 분위기가 남아 있는 상황에서 심판진 운영을 매끄럽고 차질 없이 해야 한다는 부담감이 밤잠을 설치게 만들었다.

　내가 심판위원장 일을 제대로 해내지 못한다면 중책을 맡겨준 한국농구연맹(KBL) 총재와 이사진에 대한 예의가 아니었고 여성 농구인의 명예에도 먹칠을 하는 결과를 가져온다는 생각이 엄청난 책임감을 느끼게 했다.

　초짜 여성 심판위원장이 통과해야 할 첫 관문은 시즌 1라운드 심판 배정을 짜는 일이었다. 한 라운드는 45게임 정도로 편성되고 한 경기에 주심 1명과 부심 2명 등 모두 3명의 심판이 배정된다. 경기마다 여러 가지 요소를 감안하면서 심판을 배정하는 일은 막상 해보니 머리에 쥐가 날 정도의 힘든 작업이었다.

　우선 팀의 감독 코치와 학연 지연 등이 없는 심판을 투입하는 것이 중요했다. 어느 한 팀의 경기에 같은 심판이 두 번 내리 배성되는 것도 금기사항이었다. 판정에 대한 조그만 오해라도 생기지 않도록 하기 위한 것이다. 여기에 주심과 부심이 서로 호흡을 잘 맞출 수 있을지도 염두에 두고 있어야 하기 때문에 심판 배정은 정말 고난도의 시험문제를 푸는 것만큼이나 어려웠다. 시즌 정규리그에 6라운드가 진행되는데 라운드마다 심판 배정을 할 때는 어김없이 밤을 꼬박 새웠다.

이렇게 완성한 심판 배정 계획은 총재에게만 보고한 뒤 보안을 유지한 상태에서 경기 하루 전날 오후 심판에게 통보되었다. 남자농구의 경우 서울 인천 고양 원주 창원 울산 부산 등 전국에서 홈 앤 어웨이로 열려 창원 울산이나 부산 경기를 배정받은 심판들은 통보를 받는 즉시 KTX 왕복 편을 예약하고 준비했다. 심판들은 경기 당일 농구장으로 출발할 때 심판위원장에게 출발 보고를 먼저 한다. 주심은 보통 전화를 하지만 부심들은 문자 메시지로 출발을 알려온다. 그리고 경기장에 들어서면 똑같은 방법으로 도착 보고를 하게 돼 있다.

나는 주중에 경기장에 가지 않을 때와 주말에는 서울 강남구 신사동에 있는 KBL 심판위원장실에 모니터 여러 개를 켜놓고 비번인 심판들과 함께 두세 게임이 벌어지는 경기장 현장을 라이브 중계로 지켜본다. 그리고 판정 시비가 나는 상황이 생길 때는 그 자리에서 즉각 예비분석을 시도한다.

경기가 종료되면 심판들은 현지 출발보고를 같은 요령으로 심판위원장에게 했다. 그리고 서울에 도착하면 밤늦은 시각이라도 귀가 보고를 해온다. 시스템적으로 심판들의 동선(動線)이 자율적인 감시를 받는 것이다. 심판들이 거짓보고를 한다면 막을 방법이 없지만 내가 2년 임기의 심판위원장을 하는 동안 그런 일은 단 한 번도 없었다고 믿고 있다.

심판위원장을 맡다 보니 현장에서 경기를 관전할 경우 경기 내용보다는 당연히 심판들의 판정 하나하나에 신경을 쓰면서 지켜보게 되었다. 경기가 끝나면 심판들을 격려하고 곧바로 귀갓길에 올랐다. 심판들과 마찬가지로 심판위원장도 현지에서 머뭇거릴 이유가 없고 그래서도 안 되는 일이다. KTX 개통으로 전국이 반나절 생활권이 된 덕분에 창원 울산 부산경기에 갔다가 그날로 귀가하는 데 문제가 없었다.

농구경기는 배구와 달리 선수들이 격렬하게 몸싸움을 하면서 득점 경쟁을 벌이기 때문에 심판 휘슬이 끊임없이 이어진다. 그러다 보니 팀 벤치에서 판정에 항의하는 일이 자주 생길 수 있고 감독이 흥분을 자제하지 못해 오버하는 때에는 테크니컬 파울을 받기도 한다.

경기에서 패한 팀이 판정에 대해 공식적으로 이의를 제기하는 경우에는 설명회를 개최한다. 심판실 분석관과 해당 경기를 맡았던 심판들이 함께 판정시비가 생긴 순간 장면을 비디오로 분석한 뒤 이의를 제기한 팀의 감독에게 그 결과를 설명하는 것이다.

심판위원장실에서 진행하는 설명회에 와서 비디오 분석결과를 보고 난 뒤의 감독들 반응을 보면 소속팀 단장에게 등 떠밀려서 설명회 개최를 요구하는 경우가 많다는 느낌을 받았다. 과거 설명회를 들으러 오는 감독 중에 심판위원장실 쓰레기통을 걷어차는 폭력적 행태를 보이는 경우도 있었다고 들었지만 내가 위원장을 하는 동안 그런 일을 겪은 적은 한 번도 없었다.

경기현장에서 피를 말리는 격전을 치르다 보면 감독들이 판정에 거칠게 항의하기도 하지만 일단 경기가 끝나면 감독들은 대부분 절제된 모습으로 돌아갔다. '농구대통령' 허재 KCC 감독은 전화를 걸어와 판정에 이의를 제기하지만 자존심을 지키는 태도였고, 오리온스의 추일승 감독은 박사학위를 가진 엘리트 체육인답게 매너가 넘쳤다. 동부의 강동희 감독은 설명회에 참석해 차분하게 비디오판독 결과를 보고 돌아가던 모습이 기억에 남아 있는데 착한 성품의 그가 승부조작 사건에 휘말려 농구장을 떠나게 된 것이 너무 안타깝다.

감독 중에는 특정 심판을 무조건 기피하는 습성을 가진 사람도 있었다. 무슨 연유인지는 모르겠으나 기피 심판이 배정되면 노골적으로 거부반응을 나타냈다. 실제로 경기가 끝난 뒤 패배한 팀의 단장이 경기장 내 심판실에 찾아와 특정 심판을 넣지 말아달라고 했는데 왜 배정했느냐고 거세게 항의하는 소동도 있었다고 했다. 그 때문인지 심판 배정을 할 때 이런 문제를 감안하는 것이 관행적으로 계속돼 왔던 모양이나 나는 그런 관행을 받아들일 수 없어 이를 무시하고 심판을 투입했다.

매너가 없는 행동은 감독 코치보다 팀의 단장이 해대는 경우도 있었다. 주중 경기가 열린 어느 날 현장에 갔다가 경기가 끝난 직후 농구장 내 심판실로 가는 참인데 패배한 팀의 단장이 불쑥 내 앞을 가로막고 서더니 판정 불만을 쏟아내며 어깨를 밀치는 것이 아닌가. 이런 경우 없는 행동을 단장이라는 사람이 하는 것을 보고 기가 막혔다.

나중에 KBL 이사회가 열렸을 때 한선교 총재가 심판위원장에게 사과하라고 그 단장에게 말했다고 한다. 그랬더니 그는 팀 감독을 시켜서 나에게 대리사과 전화를 해왔다. 어처구니가 없었다. 한 총재가 이 얘기를 듣고 그에게 제대로 사과하지 않으면 재정(裁定)위원회에 정식 안건으로 올리겠다고 하자 그제야 나에게 사과전화를 해오는 것이었다. 심판들은 잘해봐야 본전이고 늘 좋은 소리 못 듣는 것이 직업상 감수해야 하는 일인지 모르나 심판에 대한 선입감이나 피해의식 같은 것도 이제는 점차 없어졌으면 하는 바람이다.

내가 심판위원장 2년 임기를 하는 동안 심판실 간사를 맡았던 장준

혁 심판의 도움을 많이 받았다. 그에게 미 프로농구(NBA) 연수기회를 마련해 주고 NBA 심판으로 활동할 수 있는 계기도 모색해보도록 하려 했으나 실행에 옮기지 못한 것이 못내 아쉽다.

이밖에 박웅열 홍기환 최한철 강민호 신동재 황순팔 김도명 등 주심 그룹 심판들과 부심들인 이해건 김귀원 윤호영 김경민 허영 봉하민 김병석 심판 등이 KBL 심판의 자존심을 지키는 역량을 보여줘서 자랑스러웠다. 박병택 김백규 이승무 황인태 이승환 박경진 심판들도 열심히 뛰어 주었고 특히 신참들인 최성철 이정협 이상준 박범재 전병석 김태환 심판들이 경기 중에 자신 있게 휘슬을 부는 모습은 기억에 오래 남는다.

내가 임기를 마치고 떠날 때 심판 전원이 선물해준 감사패 문안 중에 '위원장님께서 남겨주신 큰 선물은 심판들이 더 큰 역경도 잘 이겨낼 수 있도록 단합된 자신감과 긍정적 마인드를 심어주신 것입니다.'라는 글귀가 실제로 내 마음에 와 닿았다.

2012~2013년 시즌에 심판실 총무를 맡아 나를 보좌해준 이혁준 대리는 "위원장님은 KBL을 위해 정말 귀감이 되는 큰일을 하셨다."고 말하곤 했는데 솔직히 싫지 않은 평가이고 고마운 반응이었다.

아들 셋 얻고 할머니 되고

　선수에서 은퇴한 지 22년 만에 다시 농구장으로 돌아와 농구인으로 활동하면서 나는 가정적으로 많은 선물을 받았다. 2010년 봄 큰딸을 출가시키고 4, 5년 뒤에 쌍둥이 딸을 차례로 결혼시켰다. 세 딸이 30대 초반을 넘기기 전에 모두 독립하고 사위 세 명을 봄으로써 아들이 없는 내가 아들 셋을 새로 얻었고 큰딸과 쌍둥이 막내딸에게서 각각 한 명씩 2명의 손녀도 봤다. 뉴욕에서 샌프란시스코로 일터를 옮긴 쌍둥이 둘째 딸이 아이를 낳게 되면 모두 3명의 손주를 보게 된다.

　나는 세 딸을 키우면서 자녀교육에 관한 전문서적을 일부러 찾아 읽어본 적이 없다. 아이들이 건강하게 잘 자라주면 우선 만족이고 각자 재미있어 하고 소질이 있어 보이는 것을 열심히 하도록 유도해 주겠다는 생각뿐이었다.

　나중에 커서 명문대를 가면 좋은 일이지만 꼭 보내야겠다는 욕심은 부리지 않았다. 애들 아빠와 의논한 끝에 가훈(家訓)을 '바르고 예쁘고 넓게'로 정했다. 아이들이 반듯하게 자라고 몸과 마음이 예쁘며 세상을 넓은 시각으로 보고 남을 배려할 줄 아는 정신을 배우도록 하자는 뜻이었다.

　큰딸 의정이는 대학 1, 2학년 때 성당 주일교사로 활동했다. 주말에 어린이 미사에 참석하는 초등학생들을 지도하는 봉사활동을 2년째 하던 중에 같이 주일교사를 하던 남학생을 알게 되었고 봉사활동이 끝나자 만나는 일이 없어지면서 잊고 지냈다.

그런데 인연이 되려고 했는지 3년쯤 지났을 때 이 남학생이 연락을 해오면서 끊어졌던 만남이 이어지게 됐다. 그러던 중 그는 군에 입대했다가 복무를 마친 뒤 복학했고 딸은 중어중문과 전문영어를 복수전공하고 졸업해 민간 기업에서 첫 사회생활을 시작했다.

두 사람이 만남을 이어갈 때 한 번은 이런 일이 있었다.

남편이 지하철을 타고 귀가하는데 큰딸과 우연히 같은 칸을 타게 돼 반갑게 부르려고 하다가 옆에 웬 남자가 같이 서 있는 것을 보고 급히 얼굴을 돌려버렸다. 딸의 귀갓길에 남학생이 동행하는 장면을 우연히 마주치게 된 것이었다.

남편은 집 안에 들어서자마자 "의정이가 사귀는 남자가 있느냐?"고 놀란 듯이 나에게 물었다. 나는 얘기를 듣고 있었기 때문에 빙그레 웃으면서 "그런 것 같다."고 답변했더니 "모녀가 짜고서 나를 따돌렸구먼." 하면서 볼멘소리를 했다.

큰사위가 된 남학생은 딸과 다시 만나기 시작한 뒤 결혼에 골인할 때까지 거의 5년간을 한눈팔지 않고 구애를 했다. 거기에 신뢰를 느끼게 된 딸은 결혼 문제를 진지하게 생각해보게 됐고 그가 가장으로서의 책임을 성실하게 수행할 수 있는 남자라고 판단해 부모의 반대가 없다면 결혼할 생각이 있다고 밝혔다.

3녀 1남의 가정에서 막내로 자란 큰사위는 부모님의 영향으로 어려서부터 자립심이 강했다고 한다. 대학에서 정보통신공학을 전공하면서 혼자 인도로 한 달간 배낭여행을 떠났을 때도 틈틈이 아르바이트를 해서 모아두었던 돈으로 여행 경비를 마련했을 정도였다. 남편과 나는 성인이 된 자식의 판단을 존중한다는 뜻에서 특별히 토를 달지 않고 결혼을 승낙했고 사돈댁에서도 같은 생각으로 동의하셨다고 나중에 들었다.

큰딸은 대학 졸업 후 민간회사에 2년간 다니다가 그만두고 통번역대학원에 진학해 졸업한 뒤 정부기관 등 몇 곳에서 한영 통번역사로 활동하다가 민간회사로 옮겨 같은 일을 하고 있고 큰사위는 미국계 IT회사에서 경력을 쌓아나가고 있다.

쌍둥이 둘째 의진이는 국내 대학에서 전통조리를 공부한 뒤 뉴욕시 북쪽에 있는 요리학교 CIA(Culinary Institute of America)에 유학했다. CIA요리학교 입학식에 나 혼자서 둘째를 데리고 갔다가 입학식이 끝난 뒤 기숙사에 떨어뜨려 놓고 올 때의 장면을 떠올리면 지금도 마음이 짠하다.

뉴욕에 사는 절친인 사비나의 밴 차량 조수석에 앉아 학교를 떠날 때 백미러로 어둠이 깔린 기숙사 입구에 혼자 덩그러니 서 있는 딸의 모습을 보는 심정이란……. 사비나는 눈물을 펑펑 쏟아내는 나를 위로하느라 바빴고 뒷좌석에 앉아있던 농구후배 나인숙은 내 어깨를 붙잡고 나를 진정시키려고 애썼다.

둘째는 CIA 요리학교 2년 과정을 졸업한 뒤 뉴욕 브루클린 지역에 있는 레스토랑에 취업했다. 이곳은 재학 중에 실습을 했던 곳으로 미국인 셰프가 경영하는 크지 않은 식당이었다. 그는 딸에게 멘토 같은 존재였는데 자신도 CIA를 졸업한 선배라는 사실을 한참 뒤에 알려주었다고 한다. 둘째는 이곳에서 1년 정도 요리사 경험을 쌓은 뒤 맨해튼으로 진출해 두 곳의 레스토랑에서 경력을 더 쌓고 나서 맨해튼 번화가에 위치한 최고급 식당에 도전했다.

프렌치 씨 푸드 레스토랑인 '르 베르나댕(Le Bernardin)'의 수석 세프에게 무조건 이력서를 보내놓고 1주일 뒤 전화를 걸어 맨땅에 헤딩하는 심정으로 "당신 식당에서 일하고 싶다."고 직설적으로 말했다.

이 식당은 프랑스의 세계적인 타이어회사 미슐랭이 전 세계 주요 도시의 고급식당을 상대로 비밀리에 시행하는 식당평가에서 매년 최상위인 미슐랭 별 3개를 받는 곳이다. 그런데 둘째의 공격적인 구직 활동이 성공을 거둬 최고급 유명 식당에서 요리사 경력을 쌓을 수 있게 된 것도 큰 행운이었는데 이곳에서 신랑까지 만나게 되었다.

둘째는 한 남자 요리사가 진지한 자세로 2년이 넘게 꾸준하게 접근해오자 결혼할 마음이 생기고 있다고 전해왔다. 남편은 국제결혼이 낯설고 상대가 같은 요리사 직업이어서 주저했으나 내가 자식의 의견을 존중해 주자는 입장을 보이고 큰딸과 쌍둥이 막내딸이 찬성한다는 의견을 내놓자 결국 받아들였다.

이렇게 해서 둘째는 뉴욕 북부지역에 있는 시댁의 뒤뜰에서 양가의 가족 및 가까운 친지들의 축하를 받으며 웨딩마치를 울렸고 나는 미국인 둘째 사위를 얻었다. 둘째 사위는 할아버지가 독일계이고 할머니는 일본계인데 동양인의 피가 흘러서인지 행동이나 사고방식이 동양적인 데가 많다.

쌍둥이 막내 의민이는 대학에서 서양화를 전공한 뒤 애니메이션 공부를 위해 뉴욕의 SVA(School of Visual Arts)에 유학했다. 샌프란시스코에 있는 미술대에도 지원서를 내 입학허가서를 받았으나 쌍둥이 둘째가 뉴욕에 먼저 가 있었기 때문에 같이 생활하는 것이 유학비도 절약하고 외로움을 이겨내는 데도 도움이 되겠다고 판단해 SVA를 선택했다. 막내는 4년 과정을 졸업하고 뉴욕에서 1년간 취업활동을 한 뒤 귀국해 애니메이션 제작사에서 2년간 일하다 유아교육 콘텐츠 제작회사로 일터를 옮겼다.

나는 막내가 안정된 마음으로 직장을 다니게 되자 농담반 진담반으로 시한을 정해 주고 신랑감을 데려오라고 재촉했다. 엄마의 채근 때문인지 여러 차례 소개팅을 하면서 남자를 만나는 모양이었으나 오래 가지 않았다. 몇 차례의 소개팅도 무위로 끝나더니 막내는 바로 같은 아파트단지 옆 동에 살고 있던 남자를 짝으로 만나게 되었다. 결혼상대는 가까운 곳에 있다는 말이 실감났다.

막내는 내가 다니던 동네 미용실에 같이 다녔는데 미용실 원장이 다리를 놓아 소개팅 하듯 상대를 만나더니 인연이 되려고 했는지 만남이 꾸준히 이어졌다. 그러던 중에 남자친구가 나한데 먼저 인사를 드리고 싶다고 전해왔다. 동네 커피 집에서 약식 상견례를 한 그는 큰 키에 체격이 당당해 듬직해 보였으나 성격은 섬세한 것 같았다.

그 후 남편과 같이 한 식당에서 만났을 때는 너무 긴장한 모습을 보이는 것이 순진하다는 느낌까지 들었다. 두 사람은 사귀기 시작한 지 1년을 채 안 넘기고 결혼식을 올리게 되었다. 인연이란 정말 따로 있는 모양이었다. 막내사위는 대학에서 화학 분야를 전공하고 졸업 후 외국계 제약회사에서 일하고 있다.

주위 사람들은 남편이 월급쟁이를 했으면서 어떻게 세 딸 중 쌍둥이 두 명이나 학비와 생활비가 비싸다는 뉴욕에 유학을 보냈느냐고 놀라는 반응을 보였다. 남편은 막내가 대학 졸업 한 학기를 남겨놓고 있던

2004년 여름 정년을 4년 정도 앞두고 신문사를 퇴사했다. 그때 받은 퇴직금으로 유학비를 댔다. 남편과 나는 신문사 퇴직 후의 생활 대책을 의논한 끝에 어쨌든 아이들을 위한 투자는 하는 데까지 해보자는 데 의견일치를 보았다.

큰딸은 졸업 직후 민간회사에 취업한 상태였기 때문에 쌍둥이에 대한 뒷감당만 하면 되었다. 주위 사람들 중에는 아이들을 대학공부까지 시켜 줬으면 됐지 노후는 어떻게 하려고 퇴직금으로 유학까지 보내느냐는 반응을 보이는 경우도 있었다. 물론 이런 지적도 틀리지는 않다. 그러나 우리 부부는 자식들이 사회에 나와 홀로서기를 하지 못한다면 부모가 노후대책을 잘 세워놓은들 무슨 의미가 있겠느냐는 생각이었다.

하여튼 퇴직금으로 생활을 하면서 유학비를 보내주다 보니 돈이 바닥나기 시작했다. 남편은 불안감을 감추지 못하면서 집을 팔아야 하나 어쩌나 하고 고민하는 모습이었다. 가장이라는 책임감 때문에 그럴 것이라고 이해는 했지만 나는 매사에 긍정적으로 대처하는 것이 몸에 배어 있는 탓에 남편만큼 큰 걱정을 하지는 않았다. 정 대책이 없으면 집을 팔면 되는 것이고 그것을 주어지는 상황으로 받아들이면 된다는 생각이었다.

그런데 참 신기했다.

바로 그때 남편이 공기업 임원으로 취업을 하게 되었던 것이다. 절친한 선배인 이금숙 언니는 이 소식을 듣더니 나를 보고 "현숙이 네 기도발에 하느님이 또 역사(役事)하셨구나." 하고 한 마디를 던져 웃기 잘하는 내가 폭소를 터뜨리게 만들었다. 또 한 명의 절친 선배인 김성순 언니는 "현숙이가 착해서 복이 많은 거야." 하고 거들었다.

나는 주어지는 대로 산다는 생각을 갖고 있다. 굳이 인생관이라는 표현까지 할 것은 아니지만 과욕을 부리지 않는 것이 몸에 배어 있다. 바라는 일이 뜻대로 이루어지면 감사한 것이고 그렇지 못하면 그것대로 다른 뜻이 있기 때문일 것이라고 생각하곤 한다. 되도록 매사에 긍정적으로, 성의를 다하는 자세로 대처하고 그 결과를 기다린다.

나는 농구인으로 계속 활동하면서 손녀 두 명을 돌봐주느라 바쁜 시간을 보낸다. 그리고 세 번째 손주의 소식이 태평양을 건너서 오는 날을 기다리며 원정 떠날 준비를 하고 있다. 늘 그래왔던 것처럼 모든 것을 하느님의 뜻에 맡기고 범사(凡事)에 감사하는 마음으로 나는 오늘을 보내고 내일을 맞는다. [끝]

*강현숙 해적이

1955 서울 왕십리 출생
1961 서울 광희초등학교 입학
1965 초등학교 5학년 때 농구 시작
1967 무학여중 입학
1968 신앙생활 시작(천주교)
1970 무학여고 입학
1972 제8회 쌍용기 쟁탈 남녀고교 농구연맹전 최우수선수상(MVP) 수상
         청소년 국가대표 선발
         제2회 마닐라 아시아청소년농구선수권대회 여자부 우승
1973 한국일보 제정 신인체육상부문 최우수장려상 수상
         시온합섬 여자농구 창단팀 입단
         국가대표 선발
         모스크바 유니버시아드대회 동메달
1974 시온합섬 농구팀 해체; 외환은행 농구팀으로 재창단
         제5회 서울 아시아여자농구선수권대회(ABC) 우승
         제7회 테헤란 아시안게임 2위(첫 남북대결 기권승)
         체육훈장 기린장 수상
1975 제7회 콜롬비아 세계여자농구선수권대회 5위
1976 몬트리올 프레올림픽 출전

　　　　제6회 홍콩 아시아여자농구선수권대회(ABC) 2위
1978 제7회 쿠알라룸푸르 아시아여자농구선수권대회(ABC) 우승
　　　　제8회 방콕 아시안게임 우승
　　　　체육훈장 백마장 수상
1979 제8회 서울 세계여자농구선수권대회 2위(잠실체육관 개관 기념)
　　　　세계 베스트5 선정
1980 모스크바 프레올림픽 9위(개최지 불가리아)
　　　　세계 베스트5 선정
　　　　제8회 홍콩 아시아여자농구선수권대회(ABC) 우승
　　　　체육훈장 거상장 수상
　　　　국가대표 은퇴, 국내대회 고별경기
　　　　결혼
1986 서울아시안게임 자원봉사
1988 서울올림픽 자원봉사
2002 한국여자농구연맹(WKBL) 경기감독관
2003 대한농구협회 이사
2004 대만 존스컵 국제농구대회 선수단장
2005 부천 국제농구연맹(FIBA) 월드리그 선수촌장
　　　　농구협회 홍보이사
2007 인천 아시아여자농구선수권대회(ABC) 선수촌장
　　　　농구협회 기술이사
2010 체코 세계여자농구선수권대회 선수단장
2011 나가사키 아시아여자농구선수권대회(ABC) 선수단장

한국농구연맹(KBL) 첫 여성 심판위원장(2011~2013)
2015 한국여자농구연맹(WKBL) 재정(裁定)위원
2017 한국여자농구연맹(WKBL) 재정(裁定)위원장